优化营商环境理论与实践

YOUHUA YINGSHANG HUANJING
LILUN YU SHIJIAN

周　玲◎著

中国出版集团有限公司
研究出版社

图书在版编目 (CIP) 数据

优化营商环境理论与实践 / 周玲著. —北京 : 研究出版社，2025. 6. -- ISBN 978-7-5199-1852-1

Ⅰ. F832.48

中国国家版本馆 CIP 数据核字第 2025JC0300 号

出 品 人：陈建军
出版统筹：丁　波
图书策划：寇颖丹
责任编辑：韩　笑

优化营商环境理论与实践

YOUHUA YINGSHANG HUANJING LILUN YU SHIJIAN

周玲　著

研究出版社 出版发行

（100006　北京市东城区灯市口大街100号华腾商务楼）

北京建宏印刷有限公司印刷　新华书店经销

2025年6月第1版　2025年6月第1次印刷

开本：710毫米×1000毫米　1/16　印张：19

字数：300千字

ISBN 978-7-5199-1852-1　定价：78.00元

电话（010）64217619　64217652（发行部）

引言

INTRODUCTION

1983年，美国经济学家赫尔南多·德·索托（Hernando de Soto）带领4名研究助理，分别在市场经济制度成熟度差异显著的秘鲁与纽约两地创建服装厂。研究团队被要求严格遵守许可证申请程序，仅在极端情况下允许采取非正规手段。实验结果显示，秘鲁耗时289天且需两次非正式支付（注：学术语境中对贿赂的委婉表述）才获批准；而纽约仅用4小时便通过合规流程完成审批，其行政效率经测算为秘鲁的578倍（按每日法定8小时工作时长折算）。该研究被学术界称为“德·索托制度性交易成本实验”。20世纪90年代末，针对中国的类似调研表明，美国企业注册平均耗时2—3小时，中国香港特别行政区为2—3天，中国深圳经济特区需2—3周，而中国内地部分行政区域可能长达2—3个月。这种差异不仅反映行政效能落差，更深刻揭示了制度性交易成本、公共治理模式、营商文化习惯及社会信任机制等复合性成因。

2015年3月，桔子水晶酒店集团时任CEO吴海以致信总理的方式，公开表达企业经营困境。这封题为《做企业这么多年，我太憋屈了》的公开信，迅速引发社会广泛关注。作为企业家代表，吴海基于自身经营实践，对基层政府部门的行政裁量权滥用现象提出批评：一是行政处罚自由裁量权过大，通过非正式渠道“疏通关系”可显著降低罚款金额；二是政策执行标准不统一，不同部门对同一政策的差异化解读演变为权力博弈工具，导致企业跨部门审批时面临

“前门放行、后门设卡”的困境，为权力寻租创造了空间；三是非制度化成本负担，部分地区存在“人情往来”、行政摊派等隐性负担。这封信直击企业经营痛点，揭示了简政放权改革背景下基层治理存在的“最后一公里”难题。

2018年1月2日，中诚信集团创始人毛振华在亚布力滑雪场公开控诉当地管委会的违规行为。他在视频中表示：“我叫毛振华，我希望黑龙江、全世界都看到，都评评理！”其指控包括：非法侵占企业用地、违规建设旅游设施、胁迫旅行社合作、强制交易等。毛振华对媒体坦言：“一个合法经营的企业家竟被迫以‘上访户’身份维权，这是职业生涯的低谷。”该视频在微博上引发热议，多位意见领袖转发声援，形成重大舆情。值得注意的是，黑龙江省人民政府在事件发酵48小时内即启动调查并作出回应。

从经济学家的研究到企业家的“憋屈”“喊冤”，都指向了最近十几年来中国经济领域的一个热门关键词：营商环境。自21世纪以来，全球化使得国家和地区之间的经济联系日益紧密，营商环境的好坏直接影响一个国家或地区吸引外资和促进经济发展的能力。为了提升国际竞争力，各国纷纷将优化营商环境作为重要的发展战略。随着我国经济进入高质量发展阶段，传统的依靠低成本要素投入的发展模式已经难以为继。为确保经济稳健持续向前发展，我们必须革新发展模式，调整经济结构，并更新增长引擎。优化营商环境不仅是顺应全球发展潮流的必然举措，更是推动我国经济迈向更高质量发展阶段的核心需求。党的十八大以来，党中央、国务院高度重视优化营商环境工作，作出了一系列重大部署和工作安排。习近平总书记明确提出，要改善投资和市场环境，营造稳定、公平、透明、可预期的营商环境，以解放生产力、提高综合竞争力。近年来，全国各地都非常重视优化营商环境工作，并将其作为提升本地区竞争力的主要手段。针对国内外大环境的变化，为适应经济发展需要，国家层面对优化营商环境进行了顶层设计，出台了一系列政策制度。地方紧扣国家要求，纷纷制定了具有创新性和差异性的措施。我国营商环境总体水平因此得到了很大提升，对激发市场主体活力、促进经济高质量发展起到了重要的推动作用。

2018年，习近平主席在首届中国国际进口博览会开幕式上的主旨演讲中强调："营商环境只有更好，没有最好。"说明我国优化营商环境的努力永远在路上，营商环境建设与优化是当前乃至将来相当时期内我国全面深化改革的重要任务。目前，国家实施了一系列政策措施，旨在从观念、执行及科技等多个维度对营商环境进行全面革新与优化。特别是2020年施行的《优化营商环境条例》，为市场主体经营发展提供了法治保障。然而，尽管我国各地区在营商环境建设方面取得了一定成效，但仍存在不少需要改进和提升的地方，如体制框架不健全、部门间协作效率低、建设规范缺乏一致性等问题。这些问题亟须我们深入剖析并探讨，提出具有建设性的对策与建议。同时，对于先进地区在优化营商环境方面的改革经验和做法，我们也需要进行总结宣传推广，为其他地区提供借鉴学习的机会。

本书分为三篇：上篇基础篇以厘清营商环境相关概念为起点，梳理其理论支撑及多角度研究的文献资料，分析世界银行《营商环境报告》等国际机构及国内各省市的评价指标体系，并回顾我国自改革开放以来优化营商环境的历程；中篇实践篇以N市（西部省会城市）为个案，剖析其优化营商环境的总体进展、专项表现及典型案例，探究现存问题与未来路径；下篇经验篇选取新加坡（国际）及上海、杭州、深圳（国内）的改革案例，总结其做法与启示，旨在为各省市提供系统性优化思路，提升企业满意度与获得感，助力我国打造国际一流的营商环境。

目录

CONTENTS

上篇 基础篇

上　篇

基础篇

第一章

营商环境内涵解构

中国共产党第十八次全国代表大会以来，“营商环境”作为一大热点词，频繁出现在各级领导人的讲话报告、各级政府的政策文件及各式各样的新闻报道中。自 2015 年起，学术界对营商环境的兴趣与研究活动持续攀升。然而，时至今日，关于营商环境的定义在学术界尚未达成共识。学者们根据自身研究的需求，对营商环境进行了多样化的描述与阐释，尽管这些描述触及了营商环境的部分核心属性，但未能全面、系统且深刻地揭示其概念、本质及范围。本章的首要目标是明确营商环境内涵的界定，通过与相关概念的对比分析，清晰明确其内涵、外延及核心特质，从而为后续的分析奠定坚实的理论基础。

一、核心概念谱系

（一）营商活动的多重释义

“营”在新华辞典中有多种释义，主要有经营、管理，如“营商”“营业”；谋求，如“营生”“营利”；建造，如“营造”“营建”；军队驻扎的地方，如“军营”“营地”等。“商”的释义主要有商业、贸易，如“商场”“商品”；商人，如“商贩”“客商”；商量、协商，如“商讨”“商议”；也是五音（宫、商、角、徵、羽）之一，还是星宿名等。“营商”结合起来，重点在于强调对商业活动的经营与运作，涵盖了从商业项目的策划、筹备，到具体的经营管理，以及与商业相关的各种事务的处理，以实现商业目标和获取经济利益。

《说文解字》中提到“营，市居也”。它的本义是围绕，有环绕、包围之意。后来引申为经营、谋求等义，这是因为经营活动往往需要围绕着一定的目标、资源和市场进行筹划与运作，就像围绕着一个中心进行活动一样。例如，企业在营商过程中，需要围绕着产品、客户、市场等要素进行规划和组织，以实现盈利和发展。《说文解字》中说"商，从外知内也"。清朝王筠《说文句读》云："谓由外以测其内也。"许慎认为商的本义是揣测、估量。在商业活动中，商人需要通过对外部市场的观察、了解，来推测内部的需求、趋势等，以便做出正确的商业决策。比如，通过市场调研了解消费者的需求、竞争对手的情况，进而估量市场的潜力和风险，从而确定经营策略。同时，商字从"辛"，有惩罚之意，下部之"冏"为居住区之象形，表示商星所对应的地面分野，也有人认为商的本义为商星。这些解释虽然与商业的直接联系不太紧密，但从文化根源上反映了"商"字所蕴含的一些深层次意义，如商业活动中的权衡利弊、风险评估等，与"从外知内"的揣测、估量之义有一定的相通之处。

百度百科中主要将"营商"与"营商环境"联系在一起。营商环境是指市场主体在准入、生产经营、退出等过程中，涉及的政务环境、市场环境、法治环境、人文环境等有关外部因素和条件的总和。

从我国一些文学作品来看，"营"字含有筹划、管理、建设的意思，这在我们常说的"营业""经营"中得以体现;《诗经·小雅·黍苗》中的"召伯营之"，意为谋求、营生或钻营。唐代白居易的《卖炭翁》中"问我得钱何所营"也有此意。"商"字常用义是相互交流看法或观点，后引申指贸易活动，再转指从事贸易的人。例如，元朝关汉卿的《四春园》第三折中写道："但是那经商客旅，做买做卖的，都来俺这里吃茶。"又如《水浒传》第三回所述："入得城来，见这市井热闹，人烟稠密，车马奔驰，一百二十行经商买卖，诸物行货都有，端的整齐。"因此，"营商"一词，可以理解为做生意、做买卖。

（二）环境要素的多维解析

环境是指人类生存的空间及其中可以直接或间接影响人类生活和发展的各种因素，它涵盖了物质性因素，如空气、水资源、土地、植被及动物等，同时也包含了非物质性因素，如观念、制度规范及行为准则等。

自然环境：简单来说，是未经人为加工或改造、自然形成的那些环境因素的总和，它是自然界中各种客观存在条件的集合。人类生活的自然环境，按环境要素又可分为大气环境、水环境、土壤环境、地质环境和生物环境等。

人文环境：指人类所创造的环境综合体，它囊括了物质与非物质两大层面的成就。物质层面涵盖古迹文物、园林绿地、建筑群落、工具设施等；非物质层面则包括社会习俗、语言文字、文化艺术、教育体系、法律体系及多种制度。这些内容深深烙印着人类的文化特征，洋溢着人文精神。人文环境不仅是民族历史积累的体现，也是社会历史与文化风貌的映射，对人的素养提升有着潜移默化的培育作用。人文环境反映了一个民族的历史积淀，也反映了社会的历史与文化，对人的素质提高起着培育熏陶的作用。

制度环境：一系列与政治、经济和文化有关的法律、法规和习俗，是人们在长期交往中自发形成并被人们无意识接受的行为规范，这种环境界定了个人或团体在追求自身利益时所能选择的制度框架范围，并对其行为施加了特定限制。制度环境是一系列用来建立生产、交换与分配基础的基本的政治、社会和法律基础规则，例如法律和产权规则、规范和社会传统等。它具有相对稳定性。

在现代复杂的市场经济中，市场主体必须关注并适应宏观和微观经济环境的变化。自然环境、人文环境、制度环境都会对经济活动产生重要影响，市场主体如果没有适应环境的能力，就难以存活和持续发展。同时，市场主体应该注重内部管理，完善企业制度，提高效率和降低成本，以面对外部环境变化所带来的挑战。总之，环境是一个复杂的系统，宏观和微观方面都会直接或间接地对企业产生影响。企业应该密切关注各类环境变化，及时调整战略规划，以求稳健发展。

（三）营商环境的内涵构建

“营商环境”一词的高频出现始于 21 世纪初期。2001 年，为了量化和评价各国企业的运营条件，世界银行（World Bank）创立了营商环境专项小组，着手构建评估指标体系，并从 2003 年起逐年发布《营商环境年度报告》。然而，该报告并未对“营商环境”给出明确定义，而是侧重于考察影响企业运营活动的监管框架或法规，以此反映对营商环境的理解。2004年，世界银行首次公布了《营商环境报告》(Doing Business，简称DB)，旨在对比各国中小企业运营所面临的外部环境，并发掘全球范围内的优秀实践。随后，该报告被译为《营商环境报告》，从而引入了中文术语“营商环境”。在此之前，英文短语“doing business”在中文中没有固定译法，既可译为“经商”，也可直译为“做生意”，“营商”这一译法并不常见。时至今日，我国台湾省在引用世界银行的*Doing Business*报告时，仍沿用《经商环境报告》的译名。而“营商”一词，在此之前更多见于我国香港地区的政务语境中。

从现有学术研究脉络观察，营商环境的内涵界定存在狭义与广义两种分析范式。狭义视角聚焦企业全生命周期所涉制度框架，典型如世界银行《营商环境报告》构建的评估体系，基于标准化与可比较性原则，系统考察企业设立、施工许可、电力获取、产权登记、融资环境、投资者权益保障、税收体系、跨境贸易、合同执行、破产清算及劳动力市场规范等11项核心制度领域。此类指标遴选具有典型性特征而非穷尽性覆盖，例如将电力获取作为公共事业服务的表征性维度，实则涵盖水务、燃气及通信等多元配套服务需求。广义阐释则突破制度性规制的边界，将评估维度延伸至经济社会发展的多维要素。如瑞士洛桑国际管理学院《全球竞争力年报》采用综合性评估框架，其指标体系涵盖宏观经济环境、市场规模、基础设施水平、行政效能、金融系统成熟度、人力资本储备、创新能力、生态可持续性、教育质量及科技创新能力等复合层面。这种全景式分析范式实质将营商环境拓展至国家综合竞争力的评价范畴，形成对区域发展生态的立体化测度。

从理论辨析层面，狭义范式聚焦于制度性框架的有限范畴，其核心价值在于构建精准化改革路径。该范式通过划定市场主体准入、运营及退出的监管政策调整边界，形成标准化评估与横向对标的治理工具。世界银行指标体系即体现此特性，其制度导向的量化模型虽未穷尽企业经营要素（如将能源供应简化为电力获取指标），却为政策优化提供了可干预、可验证的可操作性锚点。广义范式则构建全景式评估框架，其外延突破制度性治理的刚性边界，将营商环境重构为区域发展生态系统的映射。诸如市场规模、基础设施等结构性要素，虽显著影响企业绩效却处于制度规范的作用半径之外，其优化路径依赖长期资源投入与战略规划。此类要素实质上构成国家竞争能力的内生变量，需通过系统性制度安排与生产要素协同升级实现渐进式改善，而非单纯依赖营商监管规则的技术性调整。这一认知跃迁使研究视域从单一政策改革延伸至发展动能转换的多维分析层面。

从我国的实际操作来看，对营商环境的理解往往侧重狭义范畴，并在此基础上融入了符合中国具体国情的制度改革元素，使涵盖范围更为宽泛。举例来说，国家发改委组织的营商环境试评估工作，既参照国际标准，又紧密结合国内实际，在借鉴世界银行营商环境报告所涵盖的11个评估维度的基础上，还额外纳入了衡量城市投资吸引力、高质量发展等相关制度建设的评价指标。北京、上海等城市推行的优化营商环境改革举措，在与国际先进标准接轨的同时，也融入了投资、贸易、创新、人才、信用等领域的制度改革。国务院颁布的《优化营商环境条例》，针对我国营商环境存在的不足之处，在与国际先进水平对标的基础上，进一步增加了市场主体保护、社会信用体系建设、企业注销便利化、公用事业服务优化等领域的制度改革，从而更好地满足了我国提升营商环境的实际需求。①

从我国学术资料的分析中可见，营商环境普遍被理解为市场主体在设立、运营及退出等全生命周期中所面临的政务氛围、市场环境、法治框架及人文生态等外部条件和要素的综合体现。国务院发布的《优化营商环境条例》则具体将营商环境定义为“企业等市场主体在市场经济活动中所涉及的体制机制性因素和条件”，涵盖了对市场主体的保护、市场公平竞争、政务服务效率、监管执行力度以及法治基础保障等多个层面。简言之，营商环境包含了影响市场主体运作的一系列制度性架构，包括体制设计、法律法规体系及操

① 沈荣华：《优化营商环境的内涵、现状与思考》，《行政管理改革》2020年第10期，第24—31页。

作规则与流程等。

综上所述，营商环境是指市场主体在准入、生产经营、退出等过程中涉及的政务环境、市场环境、法治环境、人文环境等有关外部因素和条件的总和。广义“营商环境”是企业经营的全要素环境，既包括宏观经济学传统关注的自然禀赋、劳动力和资本积累，也包括产业经济学所关注的人力资本、技术进步、激励机制，还包括政治经济学所关心的政治体制、司法制度、社会治安。①

二、关联概念体系

（一）政务营商环境

政务营商环境是指政府在公共管理和服务过程中，通过优化政策、简化流程、提升效率、强化法治等手段，为企业、投资者和其他市场主体创造的良好外部环境。它是政府与市场之间的重要纽带，直接影响市场主体的运营成本、投资意愿和发展潜力。政务营商环境的核心在于政府如何通过制度设计和行政改革，降低市场主体的制度性交易成本，提升公共服务的质量和效率，从而激发市场活力和社会创造力。良好的政务营商环境不仅能够吸引外部投资，还能促进本地企业的创新与发展，推动经济高质量发展。因此，政务营商环境的优化是政府治理能力现代化的重要体现，也是实现经济可持续发展的重要保障。

从更广泛的角度来看，政务营商环境不仅涉及政府与企业的关系，还包括政府与社会、政府与公众之间的互动。它涵盖了政策制定、法规执行、公共服务供给、市场监管等多个方面，是一个系统性、综合性的概念。政务营商环境的优化需要政府从顶层设计入手，结合本地实际，制定科学合理的政策措施，同时注重政策的落地和执行效果。此外，政务营商环境还强调政府

① 张志铭、王美舒：《中国语境下的营商环境评估》，《中国应用法学》2018年第5期，第29—37页。

与市场主体的协同合作，通过建立有效的沟通机制，及时了解市场主体的需求和困难，提供精准化、个性化的服务。在全球化和数字化的背景下，政务营商环境的内涵也在不断扩展。例如，随着数字经济的快速发展，政府需要加强对新兴业态的监管和服务，确保市场秩序的公平和透明。同时，政务营商环境的优化还需要与国际接轨，借鉴国际先进经验，提升本地营商环境的国际竞争力。总之，政务营商环境是一个动态发展的概念，其内涵随着经济社会的变化而不断丰富和完善。

政务营商环境的第一个重要特点是法治化与透明度。法治化意味着政府行为必须依法依规进行，确保市场主体的合法权益得到有效保护。政府在制定政策、执行法规时，必须遵循公开、公平、公正的原则，避免任意性和不透明性。透明度则要求政府在决策过程中公开信息，确保市场主体能够及时获取相关政策、法规和行政程序的信息，从而减少信息不对称带来的不确定性。法治化和透明度不仅能够增强市场主体的信心，还能有效减少腐败和权力寻租现象，提升政府的公信力和执行力。透明度是政务营商环境的重要保障。透明的政府决策和信息公开能够增强市场主体的信任感，减少由信息不对称导致的误解和矛盾。例如，通过建立公开的政策咨询平台和法规数据库，政府可以更好地与市场主体沟通，确保政策的科学性和可操作性。此外，透明度还体现在政府与公众的互动中。通过举办听证会、征求意见等方式，政府可以广泛听取市场主体的意见和建议，使政策更加符合实际需求。

政务营商环境的第二个重要特点是高效性与便捷性。高效性体现在政府能够快速响应市场主体的需求，简化行政审批流程，缩短办事时间，降低企业的运营成本。便捷性则强调政府服务的可及性和便利性，通过数字化、信息化手段，实现“一网通办”“最多跑一次”等目标，让市场主体能够随时随地获取所需的服务。高效性和便捷性不仅能够提升市场主体的满意度，还能增强政府的服务能力，二者的结合，能够显著提升政务营商环境的整体水平。例如，一些地方政府通过推行“互联网＋政务服务”，实现了政务服务的全流程在线办理，不仅提高了效率，还增强了市场主体的获得感。同时，高效性和便捷性也是政府治理能力现代化的重要体现。通过不断创新服务方式，政府可以更好地满足市场主体的需求，推动经济社会的可持续发展。

政务营商环境的第三个重要特点是创新性与包容性。创新性要求政府在政策设计和执行中，能够结合本地实际，探索新的管理模式和服务方式，以适应不断变化的市场需求。包容性则强调政府在优化营商环境时，必须兼顾不同市场主体的需求，特别是中小企业和新兴业态的发展需求，避免政策“一刀切”或过度偏向大型企业。创新性和包容性不仅能够激发市场主体的活力，还能促进社会公平和可持续发展。创新性与包容性的结合，能够为政务营商环境注入新的活力。例如，一些地方政府推行“双创”政策，鼓励大众创业、万众创新，不仅激发了市场主体的活力，还促进了就业和社会稳定。同时，创新性和包容性也是实现经济高质量发展的重要保障。通过不断优化政策和服务，政府可以为市场主体创造更加公平、开放的发展环境，推动经济社会的全面进步。

（二）市场化营商环境

打造市场化营商环境是我国新时代优化营商环境的首要目标。所谓市场化，就是要求政府加强对各类市场主体的保护，按照竞争中性原则平等对待非公有制企业与公有制企业、大型企业与小微企业、外资企业与国内企业，清除各种歧视和隐性障碍等一切不合理体制机制，全面实施市场准入负面清单制度，依法保障不同类型企业在招投标、政府采购、行政审批、税费优惠等方面的公平待遇，坚决杜绝妨碍统一市场和公平竞争的各种规定和做法，充分发挥市场对资源配置的决定性作用。市场化营商环境是指基于企业需求，以企业感受度为导向，政府通过深化“放管服”改革，优化体制机制、强化协同联动、完善法治保障等手段，打造出稳定、公平、透明、可预期的营商环境。这种环境充分发挥出市场在资源配置中的决定性作用，让市场主体活力得到充分释放。同时，政府进一步转变职能，厘清与市场的关系，从广度上和深度上推进市场化改革，完善市场体系，最大限度取消下放行政审批事项。

党的十八大报告明确指出“更大程度更广范围发挥市场在资源配置中的基础性作用”和“更好发挥政府作用”，这是新时代经济发展的宏观调控力量的重大转变，是党的理论上的重大突破。习近平总书记在多个场合阐述了市场化改革的重要性及路径选择。2013 年，习近平主席在亚太经合组织工商领导人峰会上指出：“我们将推进行政体制改革，进一步转变职能、简政放权，理顺政府和市场关系，更大程度更广范围发挥市场在资源配置中的基础性作用。”[①] 在当年中央经济工作会议上，习近平总书记再次强调：“我们加大转变政府职能力度，把工作重点转向营造公平竞争市场环境、保护生态环境、支持创新等，增强经济发展动力和活力。”[②] 2014 年，习近平总书记在第十八届中共中央政治局第十五次集体学习时强调：“从广度和深度上推进市场化改革，减少政府对资源的直接配置，减少政府对微观经济活动的直接干预，加快建设统一开放、竞争有序的市场体系，建立公平开放透明的市场规则，把市场机制能有效调节的经济活动交给市场，把政府不该管的事交给市场，让市场在所有能够发挥作用的领域都充分发挥作用。”[③] 2020 年，习近平总书记在吉林考察时强调：“要加快转变政府职能，培育市场化法治化国际化营商环境”[④]。

由于市场主体是市场经济的微观基础，是稳定宏观经济大盘的关键力量，正是由于最近十年来我国加快构建市场化营商环境，出台了数十份相关政策制度，如 2016 年 6 月国务院印发了《关于在市场体系建设中建立公平竞争审查制度的意见》（国发〔2016〕34 号），2019 年 10 月国家发展改革委、商务部发布《市场准入负面清单（2019 年版）》（已被修改），2020 年 1 月《优化

---

① 习近平：《深化改革开放 共创美好亚太——在2013年亚太经合组织工商领导人峰会上的演讲》，https://news.12371.cn/2013/10/08/ARTI1381185949346813.shtml，2013-07-10。

② 习近平：《在中央经济工作会议上的讲话》（2013年12月10日），载中共中央文献研究室编：《习近平关于社会主义经济建设论述摘编》，中央文献出版社2017年版，第57页。

③ 习近平：《正确发挥市场作用和政府作用 推动经济社会持续健康发展》，《人民日报》2014年5月28日。

④ 《习近平在吉林考察时强调 坚持新发展理念深入实施东北振兴战略 加快推动新时代吉林全面振兴全方位振兴》，http://jhsjk.people.cn/article/31797224, 2020-07-24。

营商环境条例》正式实施，2022 年 4 月《中共中央、国务院关于加快建设全国统一大市场的意见》正式对外发布，同年 6 月全国人大常委会关于修改通过了《中华人民共和国反垄断法》……一系列政策制度的有效实施，极大激发了市场主体活力，市场主体总数逐年增长。

（三）法治化营商环境

打造法治化营商环境是我国新时代优化营商环境的第二个重要目标。法治化营商环境是指通过建立完善的法律法规体系，将市场主体和政府行为纳入法治轨道，保障市场经济的健康发展和企业的正常运营。在这个环境下，政府应当依法行政，市场主体应当依法经营，司法机关应当公正司法，形成公平、透明、可预期的法治环境。法治化营商环境的核心在于保护市场主体的合法权益，激发市场活力，促进经济发展。同时，也需要规范政府行为，防止权力滥用，维护市场秩序和社会稳定。2019 年 2 月，习近平总书记在中央全面依法治国委员会第二次会议中指出："法治是最好的营商环境。"① 为什么这么说？我们知道，市场经济本就是契约经济、法治经济，国家要为企业正常经营活动提供法律支撑，对各种违反市场规则的不正当行为给予纠正、约束和制裁，经济活动才能正常有序进行，市场化改革才能有效实现。同时，企业家的权益有了法治保障，他们才能安心经营，当遵守法律法规成为政府和企业的共识时，大家才会对未来经济发展产生稳定预期。

习近平一直重视法治化营商环境建设。他同出席博鳌亚洲论坛 2013 年年会的中外企业家代表座谈时强调，要继续加强法治建设，积极改善投资环境。2018 年在首届中国国际进口博览会开幕式上的主旨演讲中强调中国将加快出台外商投资法规，完善公开、透明的涉外法律体系，全面深入实施准入前国民待遇加负面清单管理制度。2019 年在第二届"一带一路"国际合作高峰论坛开幕式上的主旨演讲中，他说："中国将着力营造尊重知识价值的营商环

① 《习近平主持召开中央全面依法治国委员会第二次会议》，http://www.qstheory.cn/2019-02/26/c_1124166179.htm，2019-02-25。

境，全面完善知识产权保护法律体系，大力强化执法，加强对外国知识产权人合法权益的保护，杜绝强制技术转让，完善商业秘密保护，依法严厉打击知识产权侵权行为。”[①] 在2020年企业家座谈会上习近平总书记再次强调，法治意识、契约精神、守约观念是现代经济活动的重要意识规范，也是信用经济、法治经济的重要要求。[②] 于法治环境建设，习近平总书记说：“善于运用法治思维和法治方式解决问题、化解矛盾、协调关系，加强诚信建设，加强知识产权保护，常态化开展扫黑除恶，为各类经营主体创造稳定、透明、规范、可预期的法治环境。”[③]

十年来，我国一系列保护各类市场主体合法权益文件的出台让我国法治化营商环境建设更加行稳致远，也为激发市场主体活力奠定了扎实的基础。2016年《中共中央、国务院关于完善产权保护制度依法保护产权的意见》正式对外公布，该意见是从顶层设计上就完善产权制度、依法保护产权法提出的，并提出坚持平等保护、坚持全面保护、坚持依法保护、坚持共同参与、坚持标本兼治等五个原则。2021年8月中共中央、国务院印发了《法治政府建设实施纲要（2021—2025年）》，提出要打造稳定公平透明、可预期的法治化营商环境，旗帜鲜明地要用“法治”来规范政府和市场，使“法治化营商环境”建设有了更加明确指向。当前，我国正进一步提高法治化营商环境水平，根据环境变化及客观需要适时修订和废止相关法规，及时清理不合时宜、妨碍招商引资的政策制度，在执法、司法过程中坚持公平公正原则，平等保护各类市场主体权益，同时大力推动公职人员依法行政，引导市场主体合法经营。

① 《习近平在第二届“一带一路”国际合作高峰论坛开幕式上的主旨演讲》（全文），http://www.xinhuanet.com/politics/leaders/2019-04/26/c_1124420187.htm。

② 《习近平在企业家座谈会上的讲话》，《人民日报》2020年7月22日。

③ 《习近平主持召开新时代推动东北全面振兴座谈会强调　牢牢把握东北的重要使命　奋力谱写东北全面振兴新篇章》，https://www.12371.cn/2023/09/09/ARTI1694243798335611.shtml。

（四）国际化营商环境

打造国际化营商环境是我国新时代优化营商环境的第三个重要目标。国际化营商环境是指对标国际先进，加快涉企领域改革，加强国内国际两个市场两种资源有效联动，引进外资，促进合作，并提升中国营商环境的国际竞争力的外部条件的总和。打造国际化营商环境，要求有国际化的经济发展管理体系，有与国际接轨的经济运行方式，有开放型的新兴产业体系和国际化的运作制度等。国际化营商环境是指一个国家或地区的营商环境与国际接轨，符合国际通行规则和国际惯例，具有国际化水平和竞争力。国际化营商环境是指一个地区或国家在吸引和促进国际贸易和投资方面所展现出的市场开放程度和国际竞争力。这种环境不仅包括该地区或国家的硬件设施、自然资源等基础条件，更包括其政策环境、法律制度、行政效率、市场开放度等多个方面。一个良好的国际化营商环境意味着该地区或国家能够提供稳定、透明、公平的商业规则，降低企业运营成本，促进国际贸易和投资的发展。同时，这样的环境也能够吸引更多的国际资本和技术流入，提升该地区或国家的国际竞争力。总的来说，国际化营商环境是一个国家或地区经济实力和竞争力的体现，也是吸引国际投资和推动经济发展的重要保障。

习近平多次强调在经济贸易活动中要遵守国际规则，对接世界各国贸易和投资领域规则标准，建立各方普遍接受的营商制度，认真履行中外多边和双边经贸协议，完善涉外法律体系，规范引导外商企业在中国投资兴业。2013 年，习近平主席在二十国集团领导人第八次峰会第一阶段会议上的发言中指出："我们要维护自由、开放、非歧视的多边贸易体制，不搞排他性贸易标准、规则、体系，避免造成全球市场分割和贸易体系分化。"[①] 在参加十二届全国人大二次会议上海代表团审议时的讲话中强调："要牢牢把握国际通行规则，加快形成与国际投资、贸易通行规则相衔接的基本制度体系和监管模

---

① 《习近平在二十国集团领导人第八次峰会第一阶段会议上的发言》，https://www.xinhuanet.com/2013-09/06/c-117249618.htm。

式。”[①]2017年1月17日，习近平主席在瑞士达沃斯国际会议中心出席世界经济论坛2017年年会开幕式指出：“我们要坚定不移发展全球自由贸易和投资，在开放中推动贸易和投资自由化便利化，旗帜鲜明反对保护主义。”[②]“要维护世界贸易组织规则，支持开放、透明、包容、非歧视性的多边贸易体制。”[③]习近平总书记高度重视各类产业的对外开放。他要求结合我国实际，学习和借鉴国际上成熟的金融监管做法，补齐制度短板，完善资本监管、行为监管、功能监管方式，确保监管能力和对外开放水平相适应。[④]

目前中国的国际化营商环境建设正在快速推进，当下需要立足以国内大循环为主体、国内国际双循环相互促进的新发展格局，大力化解跨境经贸投资规则接轨、产权保护、市场准入涉企审批等方面的障碍，尊重国际营商惯例，对标国际先进规则准则，优化外商投资的体制机制，建立各方普遍接受的营商制度，鼓励并扩大自由贸易区建设与国际产业合作，认真履行中外多边和双边经贸协议，完善公开、透明的涉外法律体系，全力打造高水平对外开放新格局。

（五）“放管服”改革

“放管服”改革涵盖了简政放权、强化监管与优化服务三大方面。其中，“放”意指中央政府合理下放行政权力，削减缺乏法律依据或授权的权力，明确界定并消除跨部门重复管理的权限，从而降低市场准入壁垒。“管”侧重监管创新，旨在促进公平竞争，要求政府部门采用新技术与新机制，创新并强化监管职能，确保监管体系的现代化与高效性。“服”则强调高效服务，致力构建便捷的商业环境，推动政府职能转变，减少不必要的市场干预，让市场

① 《习近平在参加上海代表团审议时强调：推进中国上海自由贸易试验区建设 加强和创新特大城市社会治理》，《人民日报》2014年3月6日。

② 《习近平：共担时代责任，共促全球发展》，https://www.12371.cn/2020/12/15/ARTI1608025926636754.shtml。

③ 《习近平出席“共商共筑人类命运共同体”高级别会议并发表主旨演讲》，《人民日报》2017年1月20日。

④ 《习近平主持召开中央财经领导小组第十六次会议强调 营造稳定公平透明的营商环境 加快建设开放型经济新体制》，https://news.12371.cn/2017/07/17/ARTI1500295650696581.shtml。

在资源配置中发挥决定性作用，削减对市场主体行政审批流程的干预，降低其运营成本，以此激发市场主体的活力与创新潜能。简政放权不仅是新时代经济发展所需，也是民众的热切期盼，同时成为政府施政的重要方向。

“放管服”改革是中央和地方各级政府大力推行的政务改革。2015 年 5 月 12 日，国务院召开全国推进简政放权放管结合职能转变工作电视电话会议，首次提出了“放管服”改革的概念。2016 年 5 月 9 日，国务院召开全国推进“放管服”改革电视电话会议，李克强总理在当年的《政府工作报告》中强调，推动简政放权、放管结合、优化服务改革向纵深发展。以敬民之心，行简政之道，切实提升政府效能。可以说，“放管服”改革，本质上是政府的一次自我蜕变与升级。这一过程中，政府需要对自身权力结构进行优化调整，不可避免地涉及对既有权力的重新审视与适度削减，也需要各部门直面既得利益格局的变动，这无疑是一场需要极大勇气与决心的自我重塑。在面对利益权衡的关键节点时，政府始终心怀国家发展的宏大蓝图，秉持着深厚的为国为民情怀，积极主动地推动监管机制的创新变革，通过有针对性的举措，充分激发市场蕴藏的无限活力，全方位释放社会的创新潜能。

“放管服”改革进程，对内旨在革新既有的行政管理架构，加速政府治理体系的现代化转型，对外则致力于提高行政服务的便捷性，使之更好地匹配社会主义市场经济的实际需求。部分部门在“放管服”改革中率先行动。如 2018 年公安部推出简捷快办、网上通办、就近可办等 20 项交通管理“放管服”改革新举措，“申请材料减免”“18 类业务一证即办”“一窗办”“自助办”“网上办”等 8 项交通管理“放管服”改革措施已按要求在 36 个大城市率先推行。2019 年 10 月，国务院颁行《优化营商环境条例》，其中明确规定：“国家持续深化简政放权、放管结合、优化服务改革……切实降低制度性交易成本，更大激发市场活力和社会创造力。”因而，从根本上讲，“放管服”改革最终目的是最大限度利于经济社会的发展。

“放管服”改革触及民众生活的广泛领域，内部改革事项纷繁复杂，尤其在基层人力资源紧缺的背景下，既要梳理并优化管理机制，又要提升服务质量，所面临的难题确实不少。然而，若能积极转变思想观念，勇于充分利用先进科技手段来加速改革步伐，不仅能大幅度缩减企业民众办理事务的时间和经济成本，还能有效缓解各级政府部门的工作压力，使有限的人力资源能够更加集中于创新管理和高效服务的提供。从这个角度来看，借助改革的力量提升治理能力，主动实施“政策直送”策略，无疑是政府部门由被动应对转为主动服务的一个明智选择。

第二章

理论溯源与范式创新

一、马克思政治经济学制度分析框架

1. 资本循环理论与社会再生产理论：优化营商环境的制度性成本降低与流通效率提升

马克思主义政治经济学中的资本循环理论揭示了资本在生产、流通和再生产中的动态过程。资本循环分为三个阶段：货币资本转化为生产资本（购买生产资料和劳动力）、生产资本转化为商品资本（生产过程）、商品资本再转化为增值后的货币资本（销售环节）。这一过程的顺畅与否直接决定了资本积累的效率。马克思指出，资本循环的“时间继起性”与“空间并存性”是实现资本增值的必要条件，若流通环节受阻（如审批拖延、交易壁垒），资本周转速度将下降，进而制约整体经济循环。当今优化营商环境的实践，正是通过制度创新降低资本循环中的制度性成本。例如，我国多地进行的“一网通办”“一窗通办”改革，大幅缩短企业开办和项目审批时间，本质上是缩短了资本从货币形态到生产形态的转化周期。又如，“双盲评审”制度通过消除招标投标中的人情干扰，减少了商品资本向货币资本转化的阻滞，提升了资本循环的透明度与公平性。这些举措与马克思强调的“缩短流通时间以加速资本周转”高度契合，通过优化政务服务和市场环境，为资本循环创造了更高效的制度条件。

社会再生产理论进一步深化了这一逻辑。马克思认为，社会总资本再生产需实现生产资料部类与消费资料部类的动态平衡。若营商环境中的要素配置不畅（如区域垄断、审批冗余），将导致生产资料供给与市场需求脱节，加剧供需矛盾。当前中国推动的全国统一大市场建设，正是通过破除地方保护主义和市场分割，促进生产要素（如技术、人才、资金）在全国范围内自由流动，从而优化社会再生产的结构性效率。比如地方政府通过提升用地保障率，加强金融信用服务平台建设等措施，解决了企业扩张中的土地与融资问题，直接回应了社会再生产理论中“生产资料部类与消费资料部类协调”的要求。

2. 空间生产理论与要素配置：区域协同与全球价值链重构的辩证统一

马克思主义政治经济学的空间生产理论强调，资本扩张必然突破地理边界，形成全球市场。马克思在《资本论》中指出，空间是一切生产和人类活动的要素，资本通过开拓新市场、整合资源实现增值，而这一过程需要制度环境支撑。当前优化营商环境的实践，既需立足国内统一大市场的构建，又需对接国际规则，体现了空间生产理论中“本土化深耕”与“全球化拓展”的辩证关系。

在国内层面，区域协同发展的核心是打破要素流动壁垒，利用制度优势重构区域经济空间，促进资本、技术、人才等要素的跨区域配置。这与马克思所述“资本通过空间整合实现规模扩张”的逻辑一致。同时，针对中西部与东部发展失衡的问题，国家推动生产要素向欠发达地区倾斜（如科技特派团助力技术攻关），正是通过制度性干预弥补市场自发配置的缺陷，体现了社会主义市场经济的优越性。在国际层面，优化营商环境需对接全球规则以提升国际竞争力。马克思在《共产党宣言》中预见，资本全球化将推动各国经济深度互联。当前中国通过建设市场化、法治化、国际化营商环境，不仅吸引外资，更通过知识产权保护、跨境数据流动规则完善，推动国内企业融入全球价值链。比如一些省份设立首贷续贷服务中心试点，既解决中小企业融资难问题，又通过金融开放增强与国际资本市场的衔接能力，这正是空间生产理论在现代经济中的创新应用。

3. 劳动价值论与创新驱动：优化营商环境激发活劳动创造力

马克思的劳动价值论强调，活劳动（劳动者的创造性活动）是创造价值的唯一源泉。在知识经济时代，创新成为核心生产力，而优化营商环境的本质是通过制度设计释放人才的创新潜能。马克思指出，资本对剩余价值的攫取依赖技术进步与劳动效率提升，但资本主义制度下，技术垄断与剥削可能抑制劳动者积极性；社会主义制度则可通过公平的分配机制与创新环境，实现“人的全面发展”与“生产力解放”的统一。

当前中国优化营商环境的政策，聚焦构建激励创新的制度生态。比如，惩罚性赔偿制度对知识产权侵权的严厉打击（如《优化营商环境条例》要求落实侵权赔偿），直接降低了企业创新风险，使活劳动的成果得到有效保护。一些省份通过“知识产权专员制度”和科技特派团，帮助企业攻克关键技术难题，实质上是将劳动者的智力资本转化为现实生产力，符合劳动价值论中“复杂劳动创造倍加价值”的论断。此外，数字经济的发展（如电商平台消费者评价体系）通过信息透明化减少交易摩擦，使劳动成果更高效地对接市场需求，进一步放大了创新价值。

二、政府干预理论的演进过程

政府干预理论是指政府通过制定和实施政策、法规和措施，主动介入市场经济活动，以纠正市场失灵、优化资源配置、促进社会公平正义和经济稳定发展的一种理论框架。该理论认为，市场机制在某些情况下无法有效运行，例如存在垄断、外部性、公共物品供给不足或信息不对称等问题时，政府需要通过干预手段弥补市场缺陷，确保经济社会的健康运行。它的核心在于平衡市场效率与社会公平，既尊重市场的基础性作用，又强调政府在特定领域中的必要角色。政府干预理论并非特定时期的产物，而是随着经济学的发展和实践经验的积累逐步形成并演变的。

1. 产权保护与法治化：政府干预的合法性基础

产权制度是市场经济运行的基石。18 世纪哲学家休谟（David Hume）提出的“三原则”——稳定的财产权、自愿转让和契约履行——奠定了现代产权理论的基础。休谟认为，财产权的明确界定与保护是经济自由和社会发展的前提。这一思想被新制度经济学派继承，道格拉斯·诺斯（Douglass North）进一步指出，有效的产权制度能够降低交易成本、激励投资，从而推动经济增长。中国的《优化营商环境条例》明确将财产权、知识产权和中小投资者权益纳入法律保护框架，例如该条例第 14 条禁止随意查封企业财产，第 15 条建立知识产权侵权惩罚性赔偿制度。这些措施通过法治化手段稳定了市场预期，避免了因产权纠纷导致资源错配。

法治化不仅要求政府依法行政，还需构建公平竞争的市场秩序。世界银行营商环境评估（BEE）强调，法治环境是衡量监管有效性的核心指标，例如，施工许可的透明度和合同执行的效率直接影响企业运营成本。中国近年推行的“负面清单”制度（市场准入负面清单以外的领域一律平等开放）和反垄断执法，正是通过法治框架约束行政权力越位，消除“隐性壁垒”。历史经验表明，缺乏法治保障的产权制度将导致经济停滞。例如，拉美国家独立后未能建立类似英国的财产权体系，导致其陷入长期动荡；而美国通过宪法确立私有财产神圣不可侵犯，为其经济腾飞奠定基础。当前，中国通过《中华人民共和国外商投资法》和知识产权法院体系，对标国际规则，提升法治化水平，这也正是对“制度趋同”理论的实践回应。

2. 制度性交易成本与市场化改革：政府干预的边界重构

科思（Ronald Harry Coase）首次提出“交易成本”概念，指出市场运行中存在信息搜寻、谈判签约、监督执行等隐性成本，而制度设计的优劣直接决定这些成本的高低。诺思（Douglass C. North）进一步将制度定义为“博弈规则”，认为高效的制度能够减少不确定性，促进资源优化配置。世界银行营商环境评估即以降低制度性交易成本为主线，量化企业在审批、纳税、跨境贸易等环节的负担。

“放管服”改革是降低交易成本的典型政策工具。例如，“证照分离”改革将涉企审批事项分为直接取消、备案、告知承诺等类别，使企业开办时间压缩至 1 个工作日；浙江“最多跑一次”和湖南“一件事一次办”模式，通过流程整合与数据共享，将多部门串联审批改为并联办理，减少了企业跑动次数。此类改革通过制度创新减少政府过度干预，释放了市场活力。数字技术重构了政府与市场的互动方式。全国一体化政务服务平台实现“一网通办”，企业登记、纳税、社保等事项在线办理率超 90%；部分地区推出“智能秒批”系统，利用 AI（人工智能）自动核验材料，将审批时间从数天缩短至分钟级。这种技术赋能的治理模式，不仅降低了企业时间成本，还通过数据透明化减少了寻租空间。

3. 企业家精神与创新激励：政府干预的效能提升

奥地利学派经济学家熊彼特（Joseph Schumpeter）曾断言，经济发展的本质是“创造性破坏”，而企业家精神正是这一过程的灵魂。这一理论在当代政府干预框架下被赋予新的内涵：政府既需为企业家精神提供自由生长的土壤，又需通过制度设计引导其投向生产性领域。科兹纳（Israel Kirzner）的“市场过程理论”进一步指出，企业家精神的核心在于发现市场机会，但过度的行政管制会扭曲企业家对利润信号的判断，迫使其将资源消耗在应对审批、规避政策风险等“非生产性活动”中。世界银行数据显示，企业每增加一项行政审批流程，其创新投入占比平均下降 0.8%，验证了制度环境对创新导向的显著影响。

中国近年来推行的“负面清单”和“非禁即入”政策，正是破解这一困境的制度创新。通过将政府管制范围明确限定于清单内的禁止 / 限制类事项，其余领域一律平等开放，实质上重构了政府与市场的权力边界。这种“非必要不干预”的治理逻辑，使企业家能将更多资源投入技术研发与商业模式创新中。然而，单纯减少干预并不足以充分释放创新动能。政府需同步构建激励相容的制度体系：一方面通过信用体系降低创新风险，另一方面以产业政策引导创新方向。从理论演进看，这种治理转型暗合威廉姆森（Oliver Eaton Williamson）的“制度层级理论”：在减少行政干预（第一层级制度）的同时，通过信用体系（第二层级制度）和创新生态（第三层级制度）的协同，构建起支撑企业家精神的立体化制度网络。正如深圳从“三来一补”加工基地蜕变为全球创新之都的实践所示，当政府干预从“替代市场”转向“赋能市场”，企业家精神便能突破制度束缚，成为经济高质量发展的核心引擎。

优化营商环境本质上是政府干预理论的动态实践：在法治化框架下保障产权，通过制度创新降低交易成本，以服务型治理激发企业家精神。未来需进一步平衡三对关系："有效市场"与"有为政府"的协同，避免"诺斯悖论"中政府自利性与公共利益的冲突；标准化与差异化的统筹；例如东部地区可探索更高水平的制度型开放，中西部则需强化基础制度补短板。技术创新与制度包容的融合，利用区块链、大数据等工具构建"智慧监管"体系，同时完善容错免责机制，鼓励地方改革试验。唯有将政府干预理论转化为系统性制度设计，才能持续释放市场活力，实现高质量发展目标。

三、制度变迁理论的解释路径

制度可看作由个人或组织创造的公共品，这构成了制度的供应。鉴于人的有限理性及资源有限性，制度的供应呈现出有限性和稀缺性。随着外部环境变迁或个人理性水平的提升，人们对新制度的需求不断涌现，旨在获取更高的预期收益。当制度的供需达到基本平衡时，制度保持稳定；而当现有制度无法满足人们需求时，便会触发制度变革。制度变革的成本效益比是推动或延缓变革的关键因素，唯有当预期收益超越预期成本时，行为主体才会积极推动并最终实现制度变革，反之则可能阻碍变革进程。

1. 制度变迁本质上意味着旧有制度框架的创新与颠覆

著名新制度经济学家、诺贝尔经济学奖得主诺斯在其《西方世界的兴起》《经济史中的结构与变迁》等著作中，强调了"制度至关重要"的观点。诺斯认为，一国的贫富状况取决于其制度的质量。富裕国家成功构建了稳固且成本较低的制度，有效保障了产权并确保了合同的执行；贫困国家则缺失了这些促进市场交易的关键制度架构。诺斯的制度变革理论框架涵盖三大核心组件：一是阐述在特定体系中激励个体与集体的产权理论；二是界定并执行产权的国家作用理论；三是探讨影响个体对客观环境变化作出不同反应的意识形态理论。诺斯所论述的制度变革与制度创新，均基于这一综合性的制度概念。诺斯的制度变革理论建立在产权理论、国家理论和意识形态理论这三大支柱上。他深入探究了西方市场经济的演变历程，从中提炼出制度变革理论的核心思想，并利用这三大支柱搭建了他的分析架构。这个框架的显著特点就是运用成本—收益的分析方法来探讨问题，有力地论证产权结构选择的合理性，还深刻揭示了国家存在的必要性以及意识形态所扮演的关键角色。正是这一严谨而富有洞察力的分析，为诺斯的制度变革理论增添了强大的说服力。

2. 利用价格机制调配资源均会产生交易成本

在 20 世纪 30 年代的经济学领域，一项具有里程碑意义的研究悄然发生，诺贝尔经济学奖得主罗纳德·科斯开创性地超越了“生产成本”的传统范畴，首次引入了“交易成本”这一全新概念。他认为利用价格机制调配资源并非免费，其中涉及的产权保障、合同谈判与签订、合同执行的监督等环节，均会产生交易成本。什么是交易成本？如何测量？很多制度经济学家都对交易成本的概念进行了解释。威廉姆森利用各种经济制度安排来测算交易成本。美国经济学家阿罗（Kenneth Joseph Arrow）认为交易成本就是运行经济系统的费用；诺思（Douglass C. North）做了补充，将交易费用定义为测量正在用于交换的有价值属性的成本及监督和履行协议的成本。而张五常认为，交易费用实际上就是制度成本。在制度经济范畴内，营商环境还与交易成本紧密相关。自 2003 年起，世界银行开始实施营商环境评估，其核心在于减少制度性交易成本，评估标准涵盖企业运营的时间、流程、成本以及制度支撑，这一评估体系正是建立在交易成本这一核心要素上。

3. 制度变迁在实践中具有丰富图景

制度变迁是一个复杂且多维的过程，它可以被划分为“自下而上”与“自上而下”两种主要类型。前者即“自下而上”的制度变迁，通常源于个人或群体对潜在制度利益的敏锐洞察。这些个体或群体，受到新制度可能带来的利益驱动，自发地倡导、组织并推动制度的变革，这一过程也被称为诱致性制度变迁。它强调的是个体或群体在制度变迁中的主动性和创造性。相对而言，“自上而下”的制度变迁是由政府作为主导力量推动的。政府在这里扮演着第一行动集团的角色，通过政府命令和法律手段，直接引入和实施新的制度。这种变迁方式具有强制性和权威性，能够迅速且广泛地影响社会经济的各个方面，因此也被称为强制性制度变迁。这两种制度变迁方式各有特点，共同构成了制度变迁的丰富图景，对经济社会发展产生深刻影响。

四、新公共管理理论的探究模式

新公共管理理论（New Public Management，NPM）是20世纪80年代以来兴起的一种公共行政改革理论，旨在通过引入市场机制和企业管理方法，提升政府效率和公共服务质量。该理论的核心思想是将私营部门的管理理念和实践引入公共部门，强调结果导向、分权化、竞争机制和顾客导向。新公共管理理论主张政府应像企业一样运作，通过绩效评估、成本控制和市场化手段，提高公共资源的配置效率。其核心理念包括：一是“让管理者管理”，即赋予公共管理者更大的自主权，使其能够灵活应对问题；二是“以结果为导向”，强调通过绩效指标衡量政府工作的成效；三是“引入竞争机制”，通过市场化手段提高公共服务的效率和质量；四是“顾客至上”，将公民视为公共服务的“顾客”，注重满足其需求。新公共管理理论的提出，标志着公共行政从传统的官僚制模式向市场化、分权化和灵活化转变，为政府改革提供了新的理论框架和实践路径。

1. 分权化与自主管理：优化营商环境的制度基础

新公共管理理论强调分权化和自主管理，认为政府应赋予地方和基层更多的管理权限，使其能够根据实际情况灵活制定政策和提供服务。1991年，克里斯托弗·胡德（Christopher Hood）在《公共管理》期刊上发表的论文中鲜明地提出了这一观点。在传统官僚制模式下，政府决策往往集中化、僵化，难以快速响应市场变化和企业需求。而分权化改革通过将权力下放至地方政府和职能部门，能够更好地结合本地实际，制定更具针对性的政策措施。例如，中国近年来推行的“放管服”改革，正是分权化理念的体现。通过将行政审批权限下放至地方，简化审批流程，地方政府能够更高效地为企业提供服务，降低制度性交易成本。此外，自主管理还强调赋予公共管理者更大的决策权，使其能够根据市场变化灵活调整政策。例如，一些地方政府通过设立“营商环境专班”，专门负责协调解决企业面临的困难，显著提升了政策执行的效率和精准度。

2. 绩效评估与结果导向：优化营商环境的效率保障

新公共管理理论强调以结果为导向，通过绩效评估衡量政府工作的成效。这一理念由戴维·奥斯本（David Osborne）和特德·盖布勒（Ted Gaebler）在其1992年出版的著作《改革政府：企业家精神如何改革着公共部门》中提出。在传统公共行政模式下，政府工作往往注重过程而非结果，导致资源浪费和效率低下。而新公共管理理论主张通过设定明确的绩效指标，评估政府服务的质量和效率，从而推动政府工作的改进。例如，世界银行发布的《营商环境报告》通过一系列量化指标（如开办企业时间、办理施工许可成本等），评估各国营商环境的优劣，为政府改革提供了明确的方向。中国近年来也将营商环境评价纳入地方政府绩效考核体系，通过设立“营商环境指数”，激励地方政府提升服务效率。此外，绩效评估还强调数据的公开透明，使市场主体能够监督政府工作。例如，一些地方政府通过建立“营商环境监测平台”，实时公布政策执行情况和企业满意度调查结果，增强了政府的公信力和责任感。

3. 市场化与竞争机制：优化营商环境的创新动力

新公共管理理论主张引入市场机制和竞争机制，通过市场化手段提高公共服务的效率和质量。2000年，学者E.S.萨瓦斯（E.S. Savas）出版的著作《民营化与公私部门的伙伴关系》中提出了这一观点。在传统模式下，公共服务往往由政府垄断提供，缺乏竞争压力，导致效率低下和资源浪费。而新公共管理理论强调通过市场化手段引入竞争，打破政府垄断，激发市场活力。例如，在基础设施建设领域，政府通过公私合作（PPP）模式引入社会资本，不仅缓解了财政压力，还提高了项目的建设效率和服务质量。在优化营商环境方面，市场化手段同样具有重要意义。一些地方政府通过建立“政务服务超市”，引入多家服务机构竞争，为企业提供多样化的选择，显著提升了服务质量和效率。竞争机制还体现在政府内部的绩效考核中。通过设立“营商环境排行榜”，激励地方政府在优化营商环境方面不断创新和突破。市场化与竞争机制的结合，提高了公共服务的效率，为市场主体创造了更加公平、开放的发展环境。

4. 顾客导向与服务理念：优化营商环境的根本目标

新公共管理理论强调将公民视为公共服务的“顾客”，注重满足其需求。马克·H. 穆尔（Mark H. Moore）在其1995年出版的著作《创造公共价值：政府战略管理》中主张政府应以顾客为中心，通过倾听公众需求，提供高质量的公共服务。在传统模式下，政府往往以自身为中心，忽视市场主体的实际需求。而新公共管理理论主张以顾客为导向，通过倾听市场主体的声音，提供精准化、个性化的服务。比如一些地方政府通过建立“企业服务专员”制度，为每家企业配备专属服务人员，提供从政策解读到问题解决的全流程服务，显著提升了企业的满意度。此外，顾客导向还强调服务的便捷性和可及性。比如通过推行“互联网＋政务服务”，企业可以足不出户办理各类业务，极大提高了办事效率。顾客导向与服务理念的结合，增强了市场主体的获得感，推动政府从“管理型”向“服务型”转变，为优化营商环境提供持续动力。

五、新发展理念范式的理论突破

新发展理念包含创新发展理念、协调发展理念、绿色发展理念、开放发展理念以及共享发展理念，这些理念从全局的角度为我国经济发展提供导向和发展思路，起到管根本和管长远的作用，同时也为优化营商环境提供了理论指导和实践方向。

新发展理念中的创新发展理念，为优化营商环境提供了核心动力。创新不仅是经济增长的引擎，也是提升政府治理能力的关键。在优化营商环境的过程中，政府需要通过制度创新和技术赋能，降低企业的制度性交易成本，激发市场主体的活力。比如通过推行“互联网＋政务服务”，政府能够实现行政审批的数字化和智能化，大幅缩短企业办事时间，提升服务效率。创新发展还要求政府打破传统管理模式，探索新的政策工具和服务方式。一些地方政府通过设立“创新基金”和“创业孵化器”，支持中小企业和初创企业的发展，为其提供资金、技术和市场资源。创新发展理念的核心在于营造一个鼓励试错、包容失败的环境，使企业能够大胆创新、勇于突破。

协调发展理念强调区域、城乡和产业间的均衡发展。在优化营商环境的过程中，政府需要通过政策倾斜和资源整合，缩小地区间的发展差距，实现营商环境的整体提升。比如针对经济欠发达地区，政府可以通过财政转移支付、税收优惠和基础设施建设，改善当地的营商环境，吸引外部投资。协调发展还要求政府在制定政策时注重统筹兼顾，避免“一刀切”或过度偏向某一地区或产业。现实工作中，政府通过建立区域协同发展机制，推动发达地区与欠发达地区在产业链、供应链和创新链上的深度融合，实现资源共享和优势互补。协调发展的目标是实现共同富裕，而优化营商环境是实现这一目标的重要手段。通过协调发展，政府能够为所有市场主体创造公平、开放的发展环境，推动经济社会的全面进步。

绿色发展理念强调经济发展与生态环境保护的协调统一。在优化营商环境的过程中，政府需要将绿色发展理念融入政策制定和执行中，推动建立绿色产业和可持续发展模式。政府可以通过制定严格的生态环境法规和标准，引导企业采用清洁生产技术，减少环境污染；通过财政补贴、税收优惠等政策，鼓励企业投资绿色技术和绿色项目；等等。绿色发展还要求政府在基础设施建设中注重生态环境保护，比如推广绿色建筑和可再生能源。优化营商环境不仅是提升经济竞争力的手段，也是实现可持续发展的重要途径。通过绿色发展，政府就能够为企业创造一个生态友好、资源节约的发展环境，推动经济与自然的和谐共生。

开放发展理念强调通过扩大开放提升我国经济的国际竞争力。在优化营商环境的过程中，政府需要借鉴国际先进经验，推动营商环境的国际化、法治化和便利化。我国加入国际经贸协定和推行“负面清单”管理模式等一系列措施的目的，就是为企业提供更加开放、透明的市场环境。开放发展还要求政府加强与国际组织和其他国家的合作，参与全球治理规则的制定，提升本国营商环境的国际影响力。比如通过参与世界银行《营商环境报告》的评估，政府可以了解自身不足，明确改革方向。开放发展理念的核心在于打破制度壁垒、促进要素自由流动，而优化营商环境是实现这一目标的重要手段。

共享发展理念是新发展理念的最终目标，强调发展成果应由全体人民共享。在优化营商环境的过程中，政府需要注重社会公平，特别是为中小企业和弱势群体提供支持，确保其能够平等参与市场竞争。一些地方政府通过设立普惠金融平台和中小企业发展基金，就可以为中小企业提供融资支持和政策倾斜，帮助其克服发展中的困难。共享发展还要求政府在制定政策时注重包容性，避免政策过度偏向大型企业或特定利益群体。现在要求的“包容审慎”监管，就是为了给新兴业态提供发展空间，同时保护消费者权益。共享发展理念的核心在于实现社会公平，而优化营商环境是实现这一目标的重要途径。

第三章

学术演进与研究前沿

营商环境的优化对经济发展影响巨大，不同时期的学者从不同角度对营商环境进行了研究。已有的研究成果十分丰硕，国外文献基本从影响企业经营发展的外部环境条件入手分析，国内关于企业经营环境的研究，在20世纪末到21世纪初成果颇多，学者们更多围绕市场及企业管理问题进行阐述。党的十八大以来，学者们对营商环境的研究更为全面深入，更多是从优化营商环境的措施路径，特别是政府治理层面提出了意见建议。基于我国学者的重点研究方向，本章将从营商环境与经济增长、企业发展、创业创新、优化路径、评估内容等方面进行梳理分析。

一、营商环境与经济增长

营商环境对地区经济增长具有重要影响。一方面，优良的营商环境可以吸引更多投资，增加市场主体数量，推动生产规模的扩大，最终直接促进地区经济增长；另一方面，优良的营商环境可有效降低企业生产成本，提高生产经营效率，间接促进地区经济增长。众多学者对此作了研究。

（一）国外研究成果

David M等（2007）[①]研究了创新等营商环境要素对克罗地亚经济增长的促进作用。Batcha S（2012）[②]评估了1960年至2010年多哥国家商业关系（SBR）和国内生产总值（GDP）之间的相关性，研究发现SBR对GDP的增长有很大贡献。Andreeva T等（2013）[③]特别关注投资环境的因子分析方法，认为营

---

① David M, Athanasios V, "Economic Growth in Croatia: Potential and Constraints" [J]. *IMF Working Papers*, 2007, 7 (198): 1-1.

② Batcha S, "Evaluation of the Impact of State Business Relationship on the Economic Growth of Togo" [J]. *Economia: Seria Management*, 2012, 15 (2): 380-391.

③ Andreeva, T., & Iliadi, G. R. Problem assessment of the level of investment activity in the national economy[J]. *Economy and Sociology*, (2013).1(1), 147–157.

商环境变化是提高国民经济投资活动水平的基本条件。Sood A 等（2013）① 认为，非洲经济体要获得经济发展，教育、技术、创新和创业精神以及遏制反竞争行为、改善基础设施和金融服务、减轻监管要求的负担等是实现生产力和竞争力增长的关键。Salahi J 等（2013）② 从世界银行数据库和经合组织国家有关的统计数据中分析得出结论，企业家精神等营商环境要素使社会具有经济增长和发展的能力。Caporale 等（2014）③ 对1970—2010 年期间 119 个国家的数据进行分析，探究就业增长、通货膨胀和产出增长之间的短期和长期联系，建议每个国家都依据增长、就业和价格之间的数量关系来设计自己的经济政策，优化企业经营环境。Gillanders R 等（2014）④ 提出，有利于企业的经济政策（用世界银行的营商环境指数来代替）是人均收入水平的关键决定因素，营商环境是经济增长的一个关键解释变量。Javad S 等（2015）⑤ 研究发现营商环境指数直接影响创业，从而影响一国经济增长和发展的能力。Edrees A（2015）⑥ 研究了从1992 年到2012 年间39 个撒哈拉以南非洲国家经济数据，发现外商直接投资和营商环境对经济增长有直接影响作用。Alexei K（2017）⑦ 认为优化营商环境要素有利于吉布提实现包容性增长。Głodowska A 等（2019）⑧ 研究了 1995—2016 年间中东欧国家（CEE 10）向西欧国家（EU 15）的趋同过程，研究揭示经济一体化和趋同以及商业环境和增长之间的相互作

---

① Sood A, Basu A，“Competitiveness, Productivity, and Growth” [J]. *Global Journal of Emerging Market Economies*, 2013, 5 (3): 347-378.

② Salahi J, Payamnaderi，“The effect of business environment on entrepreneurship in OECD countries” [J]. *Arth prabandh: A Journal of Economics and Management*, 2013, 2 (12): 142-153.

③ Caporale, Škare，“The nexus between prices, employment and output growth: a global and national evidence” [J]. *Journal of Business Economics and Management*, 2014, 15 (2): 197-211.

④ Gillanders R,Whelan K，“Open For Business? Institutions, Business Environment and Economic Development” [J]. *Kyklos*, 2014, 67 (4): 535-558.

⑤ Javad S, Payamnaderi，“The effect of business environment on entrepreneurship in OECD countries” [J]. *Arth prabandh: A Journal of Economics and Management*, 2015, 2 (12): 142-153.

⑥ Edrees A，“Foreign Direct Investment, Business Environment and Economic Growth in Sub-Saharan Africa: Pooled Mean Group Technique” [J]. *Journal of Global Economics*, 2015, 3 (2): 1-5.

⑦ Alexei K，“Djibouti’ s Quest for Inclusive Growth” [J]. *IMF Working Papers*, 2017, 17 (270): 1-1.

⑧ Głodowska A, Pera B，“On the Relationship between Economic Integration, Business Environment and Real Convergence: The Experience of the CEE Countries” [J]. *Economies*, 2019, 7 (2): 54.

用，结论是经济增长对营商环境具有依赖性。Farooq R 等（2023）[①] 研究发现，优化营商环境可以缓解经济政策不确定性带来的负面影响，由此来缓解政策不确定性对不同区域或国家收入不平等的不利影响。

（二）国内研究成果

董志强等（2012）[②] 检验了营商制度软环境与经济发展的关系，利用世界银行提供的中国 30 个大城市的营商环境数据研究发现，优化城市营商环境对城市经济发展有比较明显的促进作用。江静（2017）[③] 利用2003—2016 年世界银行《全球营商环境报告》的数据进行实证分析，结果表明财产登记、获得信贷以及投资者保护、缴纳税款、合同执行这几项营商环境细分指标的优化，对服务业占 GDP 比重的提高有显著的正向作用。白重恩（2019）[④] 认为我国经济要实现从高速度增长到高质量发展的转型，就要改善营商环境，让企业能够有积极性，同时又能有效地为经济的发展做出贡献。白景明等（2019）[⑤] 认为民营经济要获得快速发展，就要消除制约民营经济营商环境优化的诸多因素。袁莎（2020）[⑥] 研究认为产业结构高度化是开放型经济营商环境政策促进经济增长的中介变量，开放型经济营商环境政策既能直接影响经济增长，也能通过促进产业结构高度化间接提高一个国家（或地区）的经济增长水平。王曙光等（2020）[⑦] 实证检验表明，区域经济转型成功的关键在于优化区域营商环境、激发市场活力、促进经济形成内生增长与自动转型的内在动力。孙

① Farooq R ,Chisti A K ,Rasheed S , et al.,“Economic policy uncertainty and income inequality: unveiling the effects of friendly business environment” [J]. *Business Strategy & Development*, 2023, 6 (4): 805-816.

② 董志强、魏下海、汤灿晴：《制度软环境与经济发展——基于30个大城市营商环境的经验研究》，《管理世界》2012年第4期，第9—20页。

③ 江静：《制度、营商环境与服务业发展——来自世界银行〈全球营商环境报告〉的证据》，《学海》2017年第1期，第176—183页。

④ 白重恩：《适应中低速增长，破解营商环境转型挑战》，《中国企业报》2019年11月26日。

⑤ 白景明、赵福昌、陈龙等：《民营经济营商环境发展报告——基于“降成本”调研》，《财政科学》2019年第10期，第38—55页。

⑥ 袁莎：《开放型经济新体制下营商环境与经济增长》，暨南大学，2020。

⑦ 王曙光、王彬：《矿产资源依赖型区域的经济转型与营商环境优化：内生增长视角》，《改革》2020年第6期，第87—99页。

蓉（2020）[①]研究认为营商环境对经济增长具有正向的促进作用，但是这种影响效应具有明显的区域异质性。赖先进（2020）[②]基于世界银行2014—2019年发布的《营商环境报告》，对全球162个经济体的营商环境数据进行实证研究，结果表明营商环境优化与经济增长呈显著正相关。杨爱兵等（2021）[③]以东北地区为例，基于东北三省2008—2019年的面板数据展开研究，结果显示，两系统间的耦合协调效果较好，综合协调系数和耦合协调度指数逐年上升。李言等（2021）[④]全面测度了2008年至2016年全国260个地级及以上城市的营商环境指数。营商环境改善能够驱动城市全要素生产率的提升，研究结果为进一步优化营商环境与推动经济高质量发展提供了企业家精神维度的理论依据。张蕊等（2021）[⑤]利用2011—2018年中国278个地级及以上城市的数据检验了数字金融的经济增长效应，数字金融可以通过优化营商环境来赋能经济增长。敖秀（2021）[⑥]基于营商环境异质性的视角，研究不同维度的营商子环境对城市经济增长的影响机制。研究表明，营商环境对城市经济增长具有显著的正效应，市场环境、人力资源、生态环境、基础设施和社会服务对城市经济增长具有促进作用。赵德森等（2021）[⑦]认为营商环境对绿色经济增长具有显著的正向影响，而企业家创业精神在营商环境对绿色经济增长的影响中存在遮掩效应。吴韶华等（2022）[⑧]通过实证分析发现营商环境与经济

---

① 孙蓉：《营商环境促进区域经济增长的机制研究》，华东师范大学，2020。

② 赖先进：《哪些优化营商环境政策对经济增长影响更有效？——基于全球162个经济体的证据》，《中国行政管理》2020年第4期，第145—152页。

③ 杨爱兵、王璐鹭：《东北地区营商环境与经济增长耦合协调发展研究》，《沈阳师范大学学报（社会科学版）》2021年第4期，第8—14页。

④ 李言、张智：《营商环境、企业家精神与经济增长质量——来自中国城市的经验证据》，《宏观质量研究》2021年第4期，第48—63页。

⑤ 张蕊、余进韬：《数字金融、营商环境与经济增长》，《现代经济探讨》2021年第7期，第1—9页。

⑥ 敖秀：《营商环境异质性对城市经济增长的影响机制研究》，云南大学，2021。

⑦ 赵德森、窦垚、张建民：《营商环境与绿色经济增长——基于企业家精神的中介效应与遮掩效应》，《经济问题探索》2021年第2期，第66—77页。

⑧ 吴韶华、胡振华：《营商环境对经济增长的影响研究》，《新经济》2022年第9期，第86—91页。

增长有显著正相关关系，改善营商环境能够促进经济增长。卢铁玲（2022）[①]以辽宁省14个城市为分析对象，构建2012—2019年营商环境与区域经济增长的耦合协调度模型并进行实证分析。研究发现，辽宁省整体的营商环境与经济增长耦合协调度呈上升趋势。曾光辉等（2022）[②]利用1999—2018年中国省级城市面板数据和2017—2019年城市信用监测数据，通过实证分析得出信用监管和营商环境有利于降低企业交易成本，促进潜在企业进入市场，进而推动区域经济发展。

二、营商环境与企业发展

从营商环境的内涵可知，企业全生命周期过程中所面临的外部要素总和称为营商环境。良好的营商环境不仅有利于企业长期稳定发展，促进其扩大投资，还能让企业在发展过程中创造更多的就业岗位，直接增加就业。另外，政府在优化营商环境过程中制定的一系列激励约束政策，会通过多种方式，对企业的生产经营活动产生促进或限制作用，因而，从研究文献看，营商环境与企业发展表现出最直接的关联。

（一）国外研究成果

Poon S（2000）[③]研究了小企业的外部环境条件，认为营商环境的优劣会影响小企业从互联网商业中获得的收益。Tokuoka K（2013）[④]认为通过降低营商成本、改善融资渠道和发展基础设施来改善营商环境，可以刺激企业投资。据估计，在印度城市中，将每个企业的平均成本降到最低限度，可以提高企业投资总量的10%，政府可以通过改善商业环境，在恢复印度企业投资

① 卢铁玲：《营商环境与区域经济增长耦合协调分析——基于辽宁省的实证研究》，《科技和产业》2022年第8期，第348—351页。

② 曾光辉、王荣、王赫：《信用监管、营商环境与区域经济增长》，《工业技术经济》2022年第1期，第12—20页。

③ Poon S，"Business environment and internet commerce benefit--a small business perspective" [J]. *European journal of information systems*, 2000, 9 (2): 72-81.

④ Tokuoka K，"Does a better business environment stimulate corporate investment in India? " [J]. *Indian Growth and Development Review*, 2013, 6 (2): 289-305.

方面发挥作用。Essmui H 等（2014）[①] 认为所有类型的公司都会受所处商业环境的强烈影响，良好的商业环境确保了他们的繁荣。研究中对三个不同商业实力的利比亚城市的制造业企业进行了调查，以确定商业环境对企业销售增长的影响，结果表明，腐败、犯罪、融资、基础设施、商业法规和人力资本等因素与企业销售额的增长之间存在很强的相关性。Aminu M I 等（2014）[②] 从 3671 个中小企业中挑选了 522 个样本，研究认为战略导向、融资渠道、商业环境对尼日利亚中小企业绩效产生了重要影响。Khan A E 等（2015）[③] 考察营商环境对微型企业经济绩效的影响，认为政策制定者要重点关注商业环境和企业绩效的良性互动。Lisowska R（2016）[④] 认为商业环境优化对支持中小企业发展具有良好作用。Daniluk A（2016）[⑤] 研究发现，在波德拉谢区域创新发展的背景下，优化营商环境可以提高企业间合作水平和质量。Rialp-Criado A 等（2017）[⑥] 基于权变方法，研究中国企业技术创新投入要素能够有效提高出口中小企业的国际化程度。Čepel Martin（2019）[⑦] 量化分析了营商环境中的重要社会和文化因素，以及它们对中小企业生存发展的影响，并比较它们在捷克和

① Essmui H, Berma M, Shahadan F, et al.,“Structural Equation Model for Analyzing the Impact of Business Environment on Firm' s Growth” [J]. *International Journal of Economics and Finance*, 2014, 6 (9): 177.

② Aminu M l, Shariff M N M, “Strategic Orientation, Access to Finanee, Business Environment andSMEs Performance in Nigeria: Data Sereening and Preliminary Analysis” [J]. *European Journal of Businessand Management*,2014,4 (2).

③ Khan A E, Quaddus M,“Examining the influence of business environment on socio-economic performance of informal microenterprises” [J]. *International Journal of Sociology and Social Policy*, 2015, 35 (3/4): 273-288.

④ Lisowska R,“The Potential of Business Environment Institutions and the Support for the Development of Small and Medium-sized Enterprises” [J]. *Entrepreneurial Business and Economics Review*, 2016, 4 (3): 85-101.

⑤ Daniluk A,“Conditions of cooperation between enterprises and business environment institutions using the Podlasie region as an example” [J]. *Ekonomia i Zarzadzanie*, 2016, 8 (4): 18-27.

⑥ Rialp-Criado A, Komochkova K,“Innovation strategy and export intensity of Chinese SMEs: the moderating role of the home-country business environment” [J]. *Asian Business & Management*, 2017, 16 (3): 158-186.

⑦ Čepel, M. . Social and cultural factors and their impact on the quality of business environment in the SME segment. *International Journal of Entrepreneurial Knowledge*, 2019,7(1), 65–73.

斯洛伐克共和国的重要性，结论认为营商环境的质量是各国企业健康发展的一个关键因素。Benhong P 等（2022）[①] 基于创业生态系统和资源整合理论的视角，运用线性回归分析和结构方程模型，探讨了创业环境与创业企业竞争力的影响机制。研究从创业生态系统的视角论证了营商环境的重要作用，并认为法律环境和市场环境对创业和创业企业竞争力都有显著的积极影响。同样，企业家精神在营商环境与创业企业竞争力之间存在部分中介效应。Otto H W 等（2022）[②] 对南非 10450 家中小企业进行调查研究，发现南非营商环境中的道德风险、信贷配给、信息阻滞、腐败等因素，对中小企业商业信用管理有效性产生重要影响。Gavana G 等（2023）[③] 分析了 2014—2021 年期间的法国、德国、意大利、西班牙和葡萄牙非金融类上市公司，发现家族企业和非家族企业的董事会结构与企业绩效之间密切相关，并认为法律等营商环境内容也对企业绩效产生明显影响。Thai Q L 等（2023）[④] 利用 2006—2012 年越南企业层面的数据，分析贸易自由化背景下本土营商环境对越南企业生产率的作用，考察了所有权制度、官僚障碍和劳动力市场等商业环境中的摩擦如何改变贸易带来的生产率收益，认为解决本地市场约束的补充政策需要与贸易改革一起实施。

---

① Benhong P, Yinyin Z,Ehsan E, et al.,“Does the business environment improve the competitiveness of start-ups? The moderating effect of cross-border ability and the mediating effect of entrepreneurship” [J]. *Corporate Social Responsibility and Environmental Management*, 2022, 29 (5): 1173-1185.

② Otto H W, Botha I, Els G,“The impact of the South African business environment on SMEs trade credit management effectiveness” [J]. *The Southern African Journal of Entrepreneurship and Small Business Management*, 2022, 14 (1): e1-e11.

③ Gavana G, Gottardo P, Moisello M A,“Board diversity and corporate social performance in family firms. The moderating effect of the institutional and business environment” [J]. *Corporate Social Responsibility and Environmental Management*, 2023, 30 (5): 2194–2218.

④ Thai Q L, Chiara T,“Trade liberalization and firms' productivity in Vietnam: the role of local business environment” [J]. *Regional Studies*, 2023, 57 (9): 1681-1713.

（二）国内研究成果

徐昱东等（2015）[①] 选取2006—2013年山东省17个地市的平衡面板数据，运用多元回归分析方法，研究山东省规模以上工业中小企业数量型发展的影响因素，发现地区人口数、性别比例、受教育程度、工资支付水平、自主创新水平、体制创新水平以及交通设施状况与中小企业数量型发展显著正相关，中小企业对营商环境的变化极其敏感。赵楠（2017）[②] 通过对沈阳市辖区内中小企业在发展过程中存在的问题深入研究分析，提出了完善中小企业保护政策、完善中小企业融资渠道等措施来优化营商环境，助力企业发展。韩芳（2018）[③] 指出民营企业营商环境从整体上是不断优化和进步的，但在部分地区还存在比较严重的实际问题。促进民营企业的健康发展，需要进一步优化营商环境。林洛（2019）[④] 认为营商环境是滋养企业发展、创新创造的丰厚土壤，对企业设立、运营、获取资本、提升绩效等方面具有直接影响。创造良好的营商环境有利于激发各类市场主体的活力，从而提升国家和各地区经济发展的质量和速度。王平（2019）[⑤] 分析发现营商环境通过产权保护夯实民营企业发展动力、通过行政效能提升降低企业交易成本、通过融资环境改善保障企业资金供给、通过塑造公平的竞争环境实现竞争中性，进而促进民营企业发展。冯涛等（2020）[⑥] 选取2007—2017年1660家企业样本数据进行实证检验。结果表明，优化营商环境能提升金融发展对创新项目的资本配置总量和效率，进而促进企业技术创新。陈太义等（2020）[⑦] 利用2018年中国企业综合调查的

① 徐昱东、崔日明：《山东中小企业数量型发展影响因素与营商环境建设——基于山东17地市2006-2013年的面板数据》，《华东经济管理》2015年第4期，第34—39页。

② 赵楠：《借力打造国际营商环境 推动沈阳中小企业发展构想研究》，《辽宁经济》2017年第8期，第40—41页。

③ 韩芳：《进一步优化营商环境 促进民营企业健康发展》，《辽宁省社会主义学院学报》2018年第2期，第78—81页。

④ 林洛：《持续优化营商环境 助力民营企业健康发展》，《商业观察》2019年第7期，第42—43页。

⑤ 王平：《环境与制度：营商环境促进民营企业发展研究》，《怀化学院学报》2019年第8期，第25—28页。

⑥ 冯涛、张美莎：《营商环境、金融发展与企业技术创新》，《科技进步与对策》2020年第6期，第147—153页。

⑦ 陈太义、王燕、赵晓松：《营商环境、企业信心与企业高质量发展——来自2018年中国企业综合调查(CEGS)的经验证据》，《宏观质量研究》2020年第2期，第110—128页。

数据，构建了反映企业真实感受的营商环境与企业信心测度指标，实证研究发现优化营商环境对企业高质量发展具有显著的促进效应。在我国，外商控股、无政治关联、非出口、非高新技术企业，以及企业家为年轻男性的企业，对营商环境更为敏感。李杰等（2020）[①] 认为政府行为、法治环境、市场化水平是营商环境的重要衡量标准，并从这三个方面对民营企业发展的作用机理进行分析。任瑱等（2021）[②] 提出一个地区瞪羚企业的高速发展与营商环境的优化具有十分密切的关系。邵传林（2021）[③] 将中国民营上市公司数据与地区营商环境数据相匹配，并基于面板数据模型考察地区营商环境影响民营企业高质量发展的机制，发现地区营商环境改善促进中国民营企业高质量发展。其中，法治化营商环境、市场化营商环境、金融营商环境指标和基础设施营商环境均正向促进民营企业高质量发展，并且地区营商环境改善对规模较小的民营企业高质量发展具有更大影响。王鑫（2022）[④] 以顺丰公司2015—2020年的公司财务数据为主要来源，以深圳对物流企业的政策扶持为背景进行研究，结果表明营商环境的优化对提升民营企业可持续发展能力具有正向作用，营商环境的优化会让企业从不同的层面（如研发层面、人力资源层面、财务层面等）增强自己的可持续发展能力。周泽将等（2022）[⑤] 选取2011—2019年中国资本市场A股上市公司为研究样本，系统考察营商环境如何影响企业高质量发展及其相应的情境特征和影响机制。研究结果表明营商环境优化能够显著提高企业发展质量，并且对民营企业、非高新技术企业的促进作用显著增强，而降低在职消费、提高审计质量以及抑制大股东不规范行为，可有

① 李杰、李虹：《营商环境对民营企业发展的作用机理及政策优化研究》，《商业经济》2020年第4期，第115—117页。

② 任瑱、刘美琳：《企业发展与地方营商环境密不可分》，《中国中小企业》2021年第1期，第39—40页。

③ 邵传林：《地区营商环境与民营企业高质量发展：来自中国的经验证据》，《经济与管理研究》2021年第9期，第42—61页。

④ 王鑫：《营商环境对民营企业可持续发展能力的影响》，内蒙古财经大学，2022。

⑤ 周泽将、雷玲、伞子瑶：《营商环境与企业高质量发展——基于公司治理视角的机制分析》，《财政研究》2022年第5期，第111—129页。

效促进企业高质量发展。王卫星等（2022）[①]以民营企业A股上市公司为研究对象，探究外部营商环境对企业高质量发展的激励作用以及作用路径。研究表明优化营商环境显著提高了民营企业的全要素生产率，促进了民营企业高质量发展。张乃丽等（2023）[②]研究表明营商环境优化显著促进制造业企业高质量发展，且影响效果具有异质性，好的营商环境对民营中小型企业以及技术含量不高且受资金约束的制造业企业具有相对更大的促进作用。张兆国等（2024）[③]以2013—2022年沪深两市A股上市公司为样本数据，采用主效应模型与中介效应模型，研究了营商环境对企业高质量发展的影响以及创新活跃度在这种影响中的作用。研究结果表明促进企业高质量发展有赖于政府改善营商环境；在营商环境对企业高质量发展的影响中，创新活跃度具有积极的传导作用；此外，政务、市场、法治、对外开放环境等也对企业高质量发展有显著正向影响。

三、营商环境与创业创新

科技创新已成为当今世界经济发展的关键驱动力，更是营商环境中不可或缺的核心内容。在全球经济一体化的大背景下，各国经济竞争越发激烈，科技创新能力直接决定了国家或地区的国际经济地位。从营商环境视角来看，科技创新为企业创造了无限机遇。它促使企业不断研发新产品、开拓新市场，从而提升自身竞争力。营商环境与创业创新的研究成果颇丰。

① 王卫星、梁伟：《新发展格局下营商环境、公司治理与民营企业高质量发展》，《常州大学学报（社会科学版）》2022年第6期，第51—59页。

② 张乃丽、马荣国：《营商环境优化对制造业企业高质量发展的影响》，《济南大学学报（社会科学版）》2023年第1期，第87—100页。

③ 张兆国、徐雅琴、成娟：《营商环境、创新活跃度与企业高质量发展》，《中国软科学》2024年第1期，第130—138页。

（一）国外研究成果

Peng（2002）[①] 通过研究亚太地区相关企业发现，营商环境会影响企业的创新投入。在良好营商环境条件下，法律对知识产权给予充分保护，有助于企业创新动力的提升，激励企业加大创新投入。Othman 等（2014）[②] 通过问卷调研，认为地方政府人员具备一定程度的创新工作行为，能改善营商环境，在创造有利于企业成长和繁荣的环境方面发挥着重要作用。Alex 等（2017）[③] 以中国为例进行研究，强调企业技术创新投入可提高出口中小企业的国际化程度，且这一过程受母国营商环境的巨大影响。Wang Nannan 等（2023）[④] 将地区营商环境数据与 2017—2020 年 A 股民营上市公司数据进行匹配，基于交易成本视角研究营商环境对民营企业技术创新的影响及其作用机制。研究表明，地区营商环境的优化促进了民营企业技术创新。优质的营商环境降低了民营企业的寻租支出和代理成本，进而激发创新活力。异质性分析表明，在市场竞争激烈时，营商环境更有利于激发民营企业技术创新的热情和动力。Dušan 等（2023）[⑤] 利用来自斯洛文尼亚的经验证据进行研究，发现企业外部环境的变化影响了企业创新战略选择，从而影响了企业的绩效。Yan Han

---

① Peng,M.W.,“Towards an Institution-Based View of Business Strategy”.[J].*Asia Pacific Journal of Management,* 2002(2-3).

② Othman Mohd Yunus, Hasnun Anip Bustaman, Wan Faridatul Akma Wan Mohd Rashdi，“Conducive Business Environment: Local Government Innovative Work Behavior” [J]. *Procedia - Social and Behavioral Sciences*, 2014, 129.

③ Alex Rialp-Criado, Ksenia Komochkova，“Innovation strategy and export intensity of Chinese SMEs: the moderating role of the home-country business environment” [J]. *Asian Business & Management*, 2017, 16 (3).

④ Wang Nannan, Cui Dengfeng, Dong Yin. Study on the impact of business environment on private enterprises' technological innovation from the perspective of transaction cost [J]. *Innovation and Green Development*, 2023, 2 (1).

⑤ Dušan Gošnik, Klemen Kavčič, Maja Meško, Franko Milost，“Relationship between Changes in the Business Environment, Innovation Strategy Selection and Firm' s Performance: Empirical Evidence from Slovenia” [J]. *Administrative Sciences*, 2023, 13 (4).

等（2023）① 选取 2013—2019 年中国上市公司的城市营商环境和微观企业数据进行研究，结果表明，优化营商环境能够促进企业创新效率的提升。良好的营商环境能够提高政府补贴，增强企业的风险承担能力，从而促进技术创新。融资约束和供应链集中度能够负向影响营商环境对企业创新的驱动作用。异质性分析表明，营商环境更有利于激发国有企业、大规模企业和制造业企业的技术创新动力。Javad 等（2013）② 从世界银行数据库中索取了与经合组织国家有关的统计数据。所得结果表明，营商环境指数直接影响创业。Zhao Yinyin 等（2022）③ 研究认为法律环境和市场环境等对创业和创业企业竞争力都有显著的积极影响。Yu Linhui 等（2023）④ 利用中国家庭金融调查数据和中国城市营商环境指数数据，考察了营商环境对中国创业行为的影响。实证结果表明，改善营商环境可以创造更多的就业机会，优化就业结构，促进创业；从营商环境的不同维度来看，公共服务、市场环境和法治环境的改善对创业的促进作用更强；从创业过程来看，改善创业环境能够显著提升创业意愿，促进创业群体的“新陈代谢”，增加个体的创业认同。机制分析表明，改善营商环境可通过创造更多创业机会、降低经营成本、降低融资成本、提高契约执行力度这四个途径，助力个体创业。

---

① Yan Han, Cheng Pan, Fengjun Jin,“Does the Improvement of the Business Environment Improve the Innovation Efficiency of Enterprises? Evidence from the Listed Companies in China” [J]. *Sustainability*, 2023, 15 (14).

② Javad Salahi, Payamnaderi,“The effect of business environment on entrepreneurship in OECD countries” [J]. *Arth prabandh: A Journal of Economics and Management*, 2013, 2 (12).

③ Zhao Yinyin, Elahi Ehsan, Wan Anxia,“Does the business environment improve the competitiveness of start-ups? The moderating effect of cross-border ability and the mediating effect of entrepreneurship” [J]. *Corporate Social Responsibility and Environmental Management,* 2022, 29 (5).

④ Yu Linhui, Tang Xuepeng, Huang Xianhai,“Does the business environment promote entrepreneurship?——Evidence from the China Household Finance Survey” [J]. *China Economic Review*, 2023, 79.

（二）国内研究成果

杨东涛等（2014）[①] 实证分析显示商业关系有助于促进创业企业科技创新，从而加快其成长速度；而政治关联则具有负向影响，当政府支持程度较高时，商业关系的促进作用和政治关联的抑制作用都显著增强。高达宇（2020）[②] 以北京市 2018 年至 2019 年的营商环境改革实践和 2017 年我国 10 个城市的营商环境作为研究对象，发现营商环境的优化大大降低企业进入市场的难度，进而促进创业，行政环境和金融环境越优良，企业创新活动越多。改善营商环境还能加强企业创新对企业价值的促进作用。夏绪梅等（2023）[③] 基于组态视角，以我国 285 个城市为研究对象，运用模糊集定性比较分析方法，探索营商环境驱动城市创新创业质量的协同机制以及营商环境各要素间的互动关系。研究发现良好的市场环境、创新环境以及金融服务是驱动城市高创新创业质量的必要条件。李志东（2023）[④] 通过辨析数字营商环境的特性与青年群体创新创业的痛点之间的联系，发现数字营商环境的建设有助于降低青年群体的创业门槛，提高创业相关政务服务效率并提升整个市场的活力，进而促进了青年群体的创新创业活动。张柳钦等（2023）[⑤] 利用2009—2019 年287 个城市的面板数据和企业工商注册信息数据，研究发现自贸区改革创新的制度性协调成本越低、法律授权支持力度越强以及治理模式越专业化，其所带来的创业效应就越大，自贸区建设加快了城市的市场制度变迁，推动了营商环境的市场化、法治化和国际化，从而激发了城市创业活力。韩云凤（2017）[⑥] 研究发现，在营商环境的优化初期，改革一定程度会抑制企业的创新活动，

① 杨东涛、苏中锋、褚庆鑫：《创业企业创新成长的政商环境影响机理研究》，《科技进步与对策》2014年第15期，第84—88页。

② 高达宇：《营商环境对企业创业创新的影响研究》，厦门大学，2020。

③ 夏绪梅、李翔：《营商环境与城市创新创业质量的协同机制及其关系检验》，《统计与决策》2023年第7期，第184—188页。

④ 李志东：《数字营商环境如何驱动青年创新创业——基于多城市的政策和调研分析》，《青年探索》2023年第3期，第57—68页。

⑤ 张柳钦、李建生、孙伟增：《制度创新、营商环境与城市创业活力——来自中国自由贸易试验区的证据》，《数量经济技术经济研究》2023年第10期，第93—114页。

⑥ 韩云凤：《营商环境、寻租与企业创新》，厦门大学，2017。

而从长远看，促进企业创新需要营商环境的不断改善；企业创新投入与寻租程度之间呈显著的倒U形关系，但企业创新产出则表现为显著的U形关系。龚兴军（2019）①以我国2007—2016年沪深非金融类A股上市公司为研究样本，从理论分析和实证方面检验了企业营商环境对企业创新的影响。研究发现企业营商环境越完善，越能够促进企业创新，且完善的企业营商环境也能激励企业提高研发投入。冯涛等（2020）②选取2007—2017年1660家企业样本数据进行实证检验，发现优化营商环境能强化金融对创新项目的资本配置总量和效率，并推动企业技术创新，这个结论对非国有企业表现更为明显。陈颖等（2019）③实证检验了中国城市营商环境指数和企业创新的微观匹配数据之间的关系，结果表明，城市营商环境对企业创新具有显著正向影响，营商环境的改善能够显著促进企业研发投入。许志端等（2019）④采用最小二乘法实证检验我国省域营商环境对上市公司的技术创新及企业绩效的影响机制。结果表明，持续优化营商环境能提升企业的技术研发投入强度，并提高其专利产出。非国有企业以及大量制造业企业更易受政府营商环境的影响，随着营商环境优化的不断推进，研发投入能够从更大程度上促进企业绩效。罗天正等（2020）⑤通过分析发现，在7组引致企业高创新投入的必要条件组合中，营商环境在相应类型企业的高创新投入中发挥关键作用。徐建斌等（2020）⑥借助世界银行对中国制造业企业的调查数据，实证分析了税收营商环境对企业技术创新的影响及异质性，结果表明良好的税收营商环境可明显促进企业

① 龚兴军：《我国营商环境对企业创新的影响研究》，《价格理论与实践》2019年第2期，第125—128页。

② 冯涛、张美莎：《营商环境、金融发展与企业技术创新》，《科技进步与对策》2020年第6期，第147—153页。

③ 陈颖、陈思宇、王临风：《城市营商环境对企业创新影响研究》，《科技管理研究》2019年第12期，第20—28页。

④ 许志端、阮舟一龙：《营商环境、技术创新和企业绩效——基于我国省级层面的经验证据》，《厦门大学学报（哲学社会科学版）》2019年第5期，第123—134页。

⑤ 罗天正、关皓：《政治关联、营商环境与企业创新投入——基于模糊集定性比较分析》，《云南财经大学学报》2020年第1期，第67—77页。

⑥ 徐建斌、朱芸：《税收营商环境对企业技术创新的影响》，《税务研究》2020年第2期，第99—105页。

技术创新，并在中小企业与新成立企业中表现得更为明显。晓芳等（2020）[①]选取2009—2017年中国沪深A股上市公司为数据样本进行研究，结果表明经济政策不确定性抑制企业创新，经济政策不确定性对企业创新的负向影响随着地区营商环境的改善而减弱，市场化、法治化的营商环境是企业缓解不确定性冲击、保持企业创新的保障。孙琛（2020）[②]以在沪深上市的企业为研究对象，采用实证分析发现企业创新水平与营商环境关联密切，研究结果进一步表明良好营商环境推动企业加强研发投入，促进企业创新。尚炜伦（2020）[③]基于中国工业企业调查数据，研究表明，优良营商环境可以显著提高民营企业创新水平，特别对于提高内陆地区以及生产率较高的民营企业创新绩效的边际效应更大。雷挺等（2020）[④]采用世界银行提供的中国企业调查数据进行实证检验，发现优化营商环境能够激发企业的创新活力；其中政府服务、市场机制完善和企业出口转内销行为，这三个激发机制的边际效应依次增强。王智新等（2021）[⑤]利用世界银行发布的中国企业数据进行分析，结果表明我国营商环境改善显著促进企业技术创新，从内在机制来看，营商环境改善是通过国际贸易变动和受教育程度两个机制影响企业技术创新。贺胜兵等（2021）[⑥]利用世界银行关于中国企业调查的微观数据，实证考察不同营商环境下融资约束对企业创新的影响。研究发现融资约束会显著抑制企业创新，该抑制效应在小型企业、东部地区及服务业表现更加明显。李婉爽（2021）[⑦]利用2006—2018年的1258家上市公司数据与国内31个省市数据进行回归分

---

① 晓芳、纪洁：《政策不确定性、企业营商环境与创新关系研究》，《内蒙古财经大学学报》2020年第3期，第95—99页。

② 孙琛：《营商环境对企业创新影响的研究》，山东大学，2020。

③ 尚炜伦：《营商环境对民营企业创新绩效的影响》，《国际经济合作》2020年第5期，第127—134页。

④ 雷挺、栗继祖：《营商环境优化如何激发企业的创新活力——内在机制及创新边际》，《山西财经大学学报》2020年第12期，第30—39页。

⑤ 王智新、赵沙俊一、朱磊：《营商环境改善对企业技术创新的影响——来自中国企业微观层面的经验证据》，《财经理论与实践》2021年第1期，第117—124页。

⑥ 贺胜兵、黄帅、周华蓉：《融资约束影响企业创新的门槛效应——基于营商环境异质性的视角》，《商学研究》2021年第2期，第5—19页。

⑦ 李婉爽：《营商环境对企业技术创新的影响研究》，河南大学，2021。

析后认为，营商环境不仅正向影响企业技术创新，还可通过缓解企业融资约束和加强产权保护执法力度两条中介路径提升企业技术创新水平。从企业产权性质角度，国企与非国企的技术创新水平均会显著受到营商环境及其传导机制的影响，但在中介效应的解释力方面，相对于国企，非国企对传导机制更为敏感。李拯非等（2021）[①] 利用2016—2018 年混合横截面数据，从减税和降费两个维度实证检验，结果表明减税和降费对小微企业创新都有激励作用，且二者的交互项也显著为正，即减税和降费对小微企业创新的影响具有互补性。随着营商环境优化，减税和降费对小微企业创新的作用增强。闫永生等（2021）[②] 选取 A 股民营上市公司微观数据为研究样本，结果表明营商环境优化对民营企业创新具有显著的正向影响；营商环境优化对民营企业创新的影响具有明显的异质性，营商环境优化对无政治关联、行业竞争程度较低、融资约束程度较高企业的创新影响更大；从作用机制看，营商环境优化显著降低了民营企业的费用性制度交易成本和效率性制度交易成本，从而促进民营企业创新水平的提高。霍春辉等（2022）[③] 研究发现营商环境显著提升企业创新质量，增强市场竞争、缓解融资约束是营商环境提升企业创新质量的重要路径。营商环境要素异质性分析发现，公共服务对创新质量的促进作用最强，市场环境、创新环境、政府效率次之，人力资源与金融服务的影响最小。王磊等（2022）[④] 指出营商环境优化显著促进企业创新效率提升，其通过降低企业层面的制度性交易成本、促进行业层面的市场竞争以及改善城市层面的要素资源配置的中介机制实现。姜爱华等（2022）[⑤] 以2015—2020 年A 股上市公

① 李拯非、张宏：《营商环境改革背景下减税降费对小微企业创新的影响——基于混合横截面数据的经验证据》，《江西社会科学》2021年第7期，第33—45页。

② 闫永生、邵传林、刘慧侠：《营商环境与民营企业创新——基于行政审批中心设立的准自然实验》，《财经论丛》2021年第9期，第93—103页。

③ 霍春辉、张银丹：《水深则鱼悦：营商环境对企业创新质量的影响研究》，《中国科技论坛》2022年第3期，第42—51页。

④ 王磊、景诗龙、邓芳芳：《营商环境优化对企业创新效率的影响研究》，《系统工程理论与实践》2022年第6期，第1601—1615页。

⑤ 姜爱华、费堃桀、张鑫娜：《政府采购、营商环境与企业创新——基于A股上市公司的经验证据》，《中央财经大学学报》2022年第9期，第3—15页。

司为研究对象，实证表明政府采购对支持企业创新发挥了正向激励效应，同时优化营商环境能够显著放大这一正向激励效应，优化营商环境产生的放大作用对小规模企业、治理水平较好的企业以及民营企业的影响更为显著。韦政伟等（2024）[①]研究发现：营商环境优化对企业的创新活动具有显著的促进效应，且存在单一门槛效应。同时，营商环境对非国有企业创新相较于国有企业创新具有更强的促进作用；营商环境能显著激发劳动密集型企业和技术密集型企业的创新动力，但对资本密集型企业的创新影响不显著。唐飞鹏等（2022）[②]指出，优化税收营商环境通过降低制度性交易成本、缓解融资约束、减少经营不确定性和增加现金流四个渠道促进企业创新质量的提升。拓展性分析表明，优化税收营商环境不仅可以吸引更多的企业从事非投机创新，还可以显著提升企业创新效率。程仲鸣等（2023）[③]研究发现：优化国际化营商环境促进了我国企业的技术创新，而且这种促进效应体现在技术创新质量的提升方面。机制检验发现，优化国际化营商环境通过成本效应、出口效应和竞争效应三种渠道促进技术创新投入，但仅通过出口效应促进技术创新质量提升。马珊娜（2023）[④]研究认为营商环境对高新技术企业突破式创新有显著的促进作用，营商环境通过提升人力资本水平、缓解融资约束，进而提升企业的突破式创新能力，位于东部地区、隶属于制造业分类、产权性质是国有的企业，营商环境促进突破式创新的效果更明显，创新环境和金融服务对突破式创新的促进作用最强。周申蓓等（2023）[⑤]将2009—2017年深圳证券交易所A股创业板上市公司数据作为研究样本，研究发现优化营商环境能够促进我国中小企业的技术创新发展。其中市场中介组织的发育和法律制度环境、

---

① 韦政伟、高亚林、杨川：《营商环境对企业创新的影响——基于门槛模型的研究》，《广西师范大学学报（哲学社会科学版）》2024年第1期，第1—16页。

② 唐飞鹏、霍文希：《税收营商环境优化与企业创新质量——基于税务系统“放管服”改革的经验证据》，《财政研究》2022年第12期，第91—106页。

③ 程仲鸣、孙浛情、虞涛：《国际化营商环境优化与企业技术创新——来自上市制造业企业的证据》，《财会通讯》2023年第5期，第70—76页。

④ 马珊娜：《营商环境对高新技术企业突破式创新的影响研究》，河南财经政法大学，2023。

⑤ 周申蓓、杨喆、张桂清：《营商环境对我国中小企业技术创新的影响——基于资源基础观的视角》，《资源与产业》2023年第4期，第93—104页。

要素市场的发育程度、非国有经济的发展对中小企业技术创新产生显著正向影响。营商环境既可以直接推动我国中小企业的技术创新，也可以通过促进政策资源获取间接推动。市场竞争强度在政策资源获取与中小企业技术创新之间发挥着正向调节作用，市场竞争强度越高，政策资源获取对中小企业技术创新的正向促进作用也就越大。孙湘湘等（2023）[①]研究发现，商事制度改革显著提升了企业创新水平。影响机制检验显示，商事制度改革降低了企业的制度性交易成本，改善了市场创新环境，进而提高了企业创新水平。此外，商事制度改革对企业创新的促进效应更多地表现在小规模企业、低融资约束企业以及法治环境较好地区的企业。熊云飏等（2024）[②]采用2010—2021年省级层面营商环境指数与上市企业微观数据进行匹配，研究发现，良好的营商环境能够促进企业绿色技术创新。营商环境对绿色技术创新的促进作用会因绿色专利类别、企业产权、企业所属行业、企业所处地区不同而存在显著差异，营商环境通过缓解融资约束，促进企业开展实质性绿色技术创新与策略性绿色技术创新。

四、营商环境的优化路径

我国对优化营商环境路径方法的研究集中在2018年以后，在此之前，研究者更多关注营商环境与经济增长、企业发展的关系。自2018年李克强总理在政府工作报告中提出“营商环境就是生产力”，营商环境一词热度空前，学者们也纷纷转向实用、可操作的路径方法研究。

汤达礼（2017）[③]从优化顶层设计、完善体制机制、坚持改革引领及创新创业并举、强化精神传承等方面提出了武汉市优化营商环境的基本路径。袁莉（2018）[④]针对营商环境建设中的法律制度体系不健全、行政执法过程中

① 孙湘湘、王贤彬、黄亮雄：《营商环境与企业创新——基于商事制度改革的理论分析与实证检验》，《产业经济评论》2023年第6期，第67—80页。

② 熊云飏、代宇杰：《营商环境、融资约束与企业绿色技术创新》，《财会月刊》2024年第5期，第1—8页。

③ 汤达礼：《武汉市民营经济营商环境的优化路径》，《学习月刊》2017年第11期，第20—23页。

④ 袁莉：《新时代营商环境法治化建设研究:现状评估与优化路径》，《学习与探索》2018年第11期，第81—86页。

的趋利现象、产权保护制度欠缺、法律法规对政府权力的约束不够、不同所有制经济主体市场待遇不平等等问题，提出完善营商环境，政府除了要构建相关的法律制度规范，还应在法律制度落实、依法行政和各种所有制经济产权保护、完善法律维权服务、强化营商法治文化等方面做出更多的努力。高淑桂（2018）[①]提出要采取进一步优化“一窗通”平台、加强产融对接、完善“互联网+网上政务大厅”等方式优化营商环境。曾宪聚等（2019）[②]提出优化营商环境需要协调发挥政府逻辑的引导性作用、市场逻辑的基础性作用以及社会逻辑的支撑性作用，同时需要注重保持制度融贯性，持续提升制度质量。冯茹（2019）[③]提出优化辽宁省营商环境的举措为继续深化简政放权改革、建立健全干部奖惩激励机制、释放民营企业市场活力、加强政府公信力的建设。钱锦宇等（2019）[④]通过研究认为，优化营商环境要通过机构改革推进市场监管方式创新，优化市场规则与明确机构职能，强化市场规则维护与监管机构的职能，整合政府信息公开、“互联网+”与大数据运用机构的职能，缩减行政事务审批机构及队伍。黄泽萱（2019）[⑤]从法治的角度指出，广西营商环境的优化应当以更高层次的制度目标与更具创新性的改革手段推进，这要求地方政府以法治化和国际化为导向，完善地方营商法治化规则体系和政务服务体系，制定精准扶持政策，建构国际化多元化纠纷解决机制，并建立法治化国际化导向的营商环境评价体系。索志林等（2019）[⑥]认为要通过健全行政服务机制、优化税收管理机制、优化法治环境、建立良性政企关系和投融资机制、建立层次性产业发展格局并形成产研联动机制，以优化哈尔滨市营商环

① 高淑桂：《进一步优化营商环境的路径探析》，《人民论坛》2018年第22期，第54—55页。

② 曾宪聚、严江兵、周南：《深圳优化营商环境的实践经验和理论启示：制度逻辑与制度融贯性的视角》，《经济体制改革》2019年第2期，第5—12页。

③ 冯茹：《自贸区建设背景下辽宁营商环境优化路径研究》，《改革与开放》2019年第2期，第29—31页。

④ 钱锦宇、刘学涛：《营商环境优化和高质量发展视角下的政府机构改革:功能定位及路径分析》，《西北大学学报（哲学社会科学版）》2019年第3期，第86—93页。

⑤ 黄泽萱：《广西营商环境优化的法治建构框架与实施路径》，《广西民族大学学报（哲学社会科学版）》2019年第5期，第178—184页。

⑥ 索志林、金晔：《“放管服”改革视阈下营商环境优化及服务型政府建构的逻辑与推进路径》，《东北农业大学学报（社会科学版）》2019年第6期，第21—26页。

境，推动城市发展方式转型和政府治理模式升级。翟金芝（2020）①提出优化辽宁省营商环境要建立营商部门协调沟通机制、科学制定营商政策和制度、加强营商环境监督。高少丽（2020）②建议从市场准入、要素获取、税制改革、市场监管和对外开放等方面入手，从而营造市场化、法治化、国际化营商环境。宋林霖等（2020）③基于印度政务环境改革的经验和教训提出，中国持续优化营商环境应着力处理好技术平台建设与有效制度供给、学习型制度嵌入与自发型制度体系完善及基本政策稳定性与配套机制灵活性这三个关系。马碧波（2020）④通过对河南省营商环境的调研分析，提出应该着力加强业务培训和工作考核，构建跨部门协同机制，强化“互联网+”的技术支持，提高部门信息共享率和一网通办率，持续完善“信用+”的办事制度，构建新型监管体制，重视公共服务和创新能力培育；提升城市要素保障能力，应出台包容性的人才和招商优惠政策，通过创新要素集聚，加快城市传统产业转型升级；提升融资环境便利度，应完善融资政策配套和机构配套，借鉴“银税贷”“信用贷”“政银担”等融资模式，减少审批环节，优化融资服务。王伟（2020）⑤认为应当建立具有行政主导性的强制除名、拟制清算等强制性退出机制，并辅之以停业登记等缓冲性制度，从而构建系统完整的市场退出机制，为市场经济的运行塑造良好的营商环境。文丰安（2020）⑥建议政府和市场同时发力，不断优化政务环境、市场环境和人才格局，构建政府、市场和民众之间开放共享、实时交流的平台，不断提升基层社会治理能力。佘令祥（2020）⑦提出了北京市优化税收营商环境的路径策略，包括加强政策宣传解读、简化业务

① 翟金芝：《辽宁省营商环境优化路径选择研究》，《特区经济》2020年第4期，第54—57页。

② 高少丽：《公平竞争视域下优化营商环境研究》，《价格理论与实践》2020年第5期，第37—40+97页。

③ 宋林霖、张培敏：《以放管服改革推进营商环境优化的路径选择——印度的经验、教训与启示》，《学术界》2020年第5期，第32—42页。

④ 马碧波：《河南省城市营商环境空间特征及优化路径》，河南大学，2020。

⑤ 王伟：《非正常经营企业强制性市场退出机制研究——优化营商环境背景下的行政规制路径》，《行政法学研究》2020年第5期，第53—67页。

⑥ 文丰安：《优化营商环境视域下我国基层社会治理的实践历程及提升路径》，《经济体制改革》2020年第6期，第22—28页。

⑦ 佘令祥：《北京市税收营商环境优化路径研究》，首都经济贸易大学，2020。

办理流程、细化纳税服务举措、提升12366热线服务水平、深化部门协作共享、创新数据平台应用、促进京津冀协同发展等，进一步压缩办税时间、降低纳税次数等。邓小军等（2020）[①]认为要从健全法规政策体系提升行政服务水平、保证涉企司法公正、营造社会诚信环境等方面优化法治化营商环境。王梦思（2020）[②]提出用大数据助力营商环境需要树立共享参与的公共价值理念，推动数据开放立法工作落地生根，要加强顶层设计以推动政策约束与行业自律，启用大数据综合监管服务平台，打造智慧监管服务新模式，完善信用体系“数据铁笼”。段葳（2021）[③]认为我国应从实体与程序两个层面来改进现有的公平竞争审查制度。就完善实体制度而言，应从自我审查向外部审查改进重塑审查职权，应细化与明确审查标准的核心概念，应健全社会监督机制和责任追究机制；就完善程序制度而言，应当改进审查流程，构建初步审查与深度审查相结合的实施程序，同时采取竞争评估与竞争倡导相结合的机制。黄树标（2021）[④]认为应加快推动法治政府建设，构建更加成熟定型的民族地区法治体系；落实民族区域自治政策，为优化营商环境提供稳定可预期的制度保障；深化“放管服”改革，创造高效便捷营商环境；创新发展公共法律服务，为边疆民族地区企业提供优质高效的法律服务。刘启川（2021）[⑤]指出权责清单的外部体系应当对照世界银行营商环境和中国营商环境评估体系进行设置，其内部构造的设计应当发挥权责清单的引导、规范、制约、保障和服务市场的功能。权责清单编制规则应当从编制依据、编制程序及动态管理等层面进行法治化建构，以确保其制度功能在优化营商环境中发挥作用。邢承设（2021）[⑥]研究了信息传播视角下优化义乌市营商环境的路径选择，指

---

① 邓小军、梁子川：《民营企业法治化营商环境的作用机理与优化路径》，《经济论坛》2020年第10期，第110—116页。

② 王梦思：《大数据视域下营商环境优化的现实困境与路径创新》，《西部学刊》2020年第23期，第141—143页。

③ 段葳：《优化营商环境视阈下公平竞争审查制度改进研究》，《理论月刊》2021年第9期，第124—134页。

④ 黄树标：《边疆民族地区优化营商环境的法治路径——以广西为例》，《广西民族研究》2021年第5期，第165—171页。

⑤ 刘启川：《权责清单优化营商环境的法治建构》，《江苏社会科学》2021年第6期，第129—137页。

⑥ 邢承设：《信息传播视角下的义乌市营商环境优化路径研究》，《科技创新与生产力》2021年第1期，第33—35+39页。

出通过协同构建文化阵地、拓宽对外传播渠道、选择有效对外传播途径、构建系统化的对外传播效果评估体系、开展语言培训消除沟通障碍等方式，既可优化义乌市对外传播效果，又有利于优化营商环境。马瑜（2021）①基于实证分析认为从知识产权保护视角优化营商环境需要从知识产权申请注册便利化、知识产权运营体系及多元化机制建设等方面着手。唐佳（2021）②选取税收营商环境作为研究对象，提出要从转变税务服务理念、构建协同共治新格局、优化完善办税流程、加强信息技术应用、提升纳税服务质效等五方面优化海口市税收营商环境。张秋梅（2021）③从数字化角度出发，认为加快平台数据归集共享、拓展应用场景、创新以企业需求为中心的在线服务、完善政企共治体系，以及加强数字空间治理五个方面可助力打造更好的营商环境。姜扬（2022）④认为东北地区进一步优化营商环境的关键在于全面深化体制改革，不断畅通运行机制，抓住数字化转型机遇，加快完善政策体系，推进经济治理现代化。谭世贵等（2022）⑤认为我国应当将企业合规上升为国家战略，推动企业各类型合规的均衡发展，明确公权力机关间的权力边界，激励企业自主参与合规建设，坚持合规公共服务的开源与节流并举，以全面优化营商环境。杨亲辉（2022）⑥以湖南省为例，从完善立法体制机制、依法履行政府职能、严格规范文明执法、维护司法公平正义、弘扬遵法守信观念、科学配备机构队伍六个方面提出了法治化营商环境优化路径。陈艺毛等（2022）⑦指出"一带一路"背景下税收营商环境优化路径包括加强税收法治建设，共同

① 马瑜：《知识产权视域下我国营商环境优化路径研究》，重庆理工大学，2021。

② 唐佳：《海口市税收营商环境优化路径研究》，华东政法大学，2021。

③ 张秋梅：《政府数字化转型助推营商环境优化：实践探索与未来路径》，《辽宁行政学院学报》2021年第5期，第11—15页。

④ 姜扬：《新时代东北地区优化营商环境的现实困境与路径选择——基于市场主体的视角》，《吉林大学社会科学学报》2022年第2期，第117—126+237—238页。

⑤ 谭世贵、陆怡坤：《优化营商环境视角下的企业合规问题研究》，《华南师范大学学报（社会科学版）》2022年第4期，第135—152+207—208页。

⑥ 杨亲辉：《湖南法治化营商环境建设的实践、问题和优化路径》，《湖南行政学院学报》2022年第1期，第84—91页。

⑦ 陈艺毛、安然、刘野：《"一带一路"税收征管合作机制背景下税收营商环境优化路径研究》，《国际商务财会》2022年第1期，第27—30页。

提升税收争议解决效率，推动税收征管能力建设，促进纳税遵从等。张三保等（2022）[①]通过比较分析《湖北省优化营商环境办法》与国务院及上海市的《优化营商环境条例》之间的异同，从制度设计与落实、市场准入、知识产权、考核评价等八个方面具体阐述了进一步完善湖北省的优化营商环境政策体系的主要路向。马菊花（2023）[②]认为有必要审视税务约谈制度的不足，结合本土实践，借鉴域外税务约谈有益经验，从制度和实践层面强化税务约谈的立法规范，完善税务约谈的构成要素，促进税务约谈制度有效运行。李芹（2023）[③]提出要持续优化营商环境，需从实体和程序双重面向规范运动式执法，协同威慑与遵从理念构建回应性执法，修复政企之间的信任关系，并以维护公平竞争为价值依归禁止不合理的差别对待。吴世农等（2023）[④]研究认为优化营商环境对不同类型的公司违规行为均存在显著抑制作用，建议政府进一步深化"放管服"改革，加强与资本市场违法犯罪行为相关的法律法规建设，监管部门要借助数字化手段对营商环境薄弱地区的企业进行重点关注。高泓（2023）[⑤]认为需要通过打造社会接受度高的重整文化、引入预重整制度、完善破产管理人制度等途径完善破产重整机制，进一步助力营商环境建设。

五、营商环境的评估内容

随着各界对营商环境重视程度的不断攀升，如何科学、精准地评估营商环境，构建一套行之有效的评估指标体系，已然成为学术界与实务界共同聚焦的核心议题。通过合理的评估指标体系，能够清晰洞察一个地区在市场准入、监管效率、政策支持、基础设施配套等诸多方面的表现，为政府部门优化政策供给、提升服务效能提供有力依据，助力企业精准把握投资机遇、合

---

① 张三保、刘芳瑞、张志学：《湖北营商环境政策的优化路径——基于政策比较的视角》，《长江论坛》2022年第1期，第23—30页。

② 马菊花：《优化营商环境视域下税务约谈制度的构建》，《税收经济研究》2023年第1期，第40—46页。

③ 李芹：《优化营商环境视域下行政执法的失范与重塑》，《理论导刊》2023年第12期，第78—86页。

④ 吴世农、陈韫妍、王建勇：《优化营商环境能够抑制公司违规行为吗？》，《财贸研究》2023年第9期，第96—110页。

⑤ 高泓：《完善破产重整制度优化营商环境》，《人民论坛》2023年第23期，第94—97页。

理规划发展战略。在此背景下，众多学者与研究机构从不同视角、运用多样方法展开了深入探究。

杨涛（2015）[①]为探寻区域经济差异、改善区域经济发展环境，认为国内营商环境的评价应该主要从市场发展环境、政策政务环境和科技创新环境三个方面展开。袁志明等（2018）[②]从产品市场发育程度、传统要素市场发育程度、高端要素市场发育程度、产业集聚程度、政务政策环境、空间及生态环境、人文社会环境七个方面构建了县域营商环境评价指标体系。李清池（2018）[③]借鉴俄罗斯、印度与新加坡、中国香港地区经验，认为我国应制定符合改革实践的营商环境评价指标体系。特别是考察地方落实党中央、国务院提出的“证照分离”“双随机、一公开”改革的政策目标和改革措施是否到位。彭迪云等（2019）[④]从经济环境、市场环境、基础设施、支持环境四个方面共23个二级指标构建了区域营商环境评价指标体系，并以长江经济带为样本进行了实测应用。张潇尹（2019）[⑤]参考世界银行和中国营商环境评价指标体系，结合广西营商环境现状，认为广西营商环境评价指标体系的构建应该从改善政务、建设经营、融资、人力资源、税费、通关、信用、法治八大方面入手。李江滨等（2019）[⑥]结合实际案例从软环境、市场环境、基础设施、社会服务、生态环境、商务成本等方面对黑龙江省营商环境进行了评估。张三保等（2020）[⑦]按照“国际可比、对标世界银行、中国特色”的原则，以“十三五”规划纲要提出的市场、政务、法律政策、人文四个维度为一级

---

① 杨涛：《营商环境评价指标体系构建研究——基于鲁苏浙粤四省的比较分析》，《商业经济研究》2015年第13期，第28—31页。

② 袁志明、虞锡君、顾骅珊等：《县域市场营商环境评价指标测度方法研究》，《嘉兴学院学报》2018年第4期，第105—110+118页。

③ 李清池：《营商环境评价指标构建与运用研究》，《行政管理改革》2018年第9期，第76—81页。

④ 彭迪云、陈波、刘志佳：《区域营商环境评价指标体系的构建与应用——以长江经济带为例》，《金融与经济》2019年第5期，第49—55页。

⑤ 张潇尹：《构建广西营商环境评价指标体系的思考》，《市场论坛》2019年第8期，第1—4页。

⑥ 李江滨、李明武：《黑龙江省营商环境评价指标体系构建研究》，《统计与咨询》2019年第5期，第11—12页。

⑦ 张三保、康璧成、张志学：《中国省份营商环境评价：指标体系与量化分析》，《经济管理》2020年第4期，第5—19页。

指标，涉及融资、创新、竞争公平、资源获取、市场中介、政府廉洁、政府关怀、政府效率、政策透明、司法公正、社会信用、对外开放共 12 个二级指标，以数据库作为资料来源进行了全国省份营商环境的评估排名。钱佳慧等（2020）[①]从微观、动态的视角，在政务舆情大数据的基础上提出构建区域营商环境指标体系的新思路。许晓冬等（2020）[②]从市场化、便利化、法治化、国际化这四个维度构建评价体系，并运用熵值法对 2015—2019 年辽宁、山东、江苏三省营商环境建设情况进行综合评价。翟金芝（2021）[③]从政务环境、市场环境、法治环境、人文环境及生态环境五个方面设计辽宁省营商环境评价指标体系。谢守祥等（2021）[④]基于“双循环”格局，从宏观经济、支持环境、基础设施、政府效能四个层面建立 13 个一级指标和 30 个二级指标的营商环境评价体系，对 2018 年沿海 11 个省份的营商环境进行实证研究。李锋（2021）[⑤]以企业全生命周期、企业高质量发展、自由贸易港建设这三个方面作为评价方向，设置 23 个一级指标，包括企业从设立到退出市场、海南自贸港跨境贸易与贸易自由等内容来评价海南自贸港营商环境。薛晴予等（2022）[⑥]基于生态视角，从核心要素、区域环境和核心支撑 3 个大层面，设计区域营商环境评价指标体系。核心要素包括基础设施、人才、技术、资本以及其他创新创业核心主体，区域环境层面围绕法治环境、市场环境、社会环境等方面进行，核心支撑层面主要从政策支撑、政务服务、中介服务等方面进行评价。景卫华等（2022）[⑦]从招投标领域提出了基于流程环节、责任主体和环境

① 钱佳慧、韩滨阳、罗晶钰等：《我国区域营商环境评价指标体系研究》，《中国商论》2020年第17期，第143—144页。

② 许晓冬、刘金晶：《我国省域营商环境评价指标体系构建与优化路径研究》，《价格理论与实践》2020年第11期，第173—176页。

③ 翟金芝：《辽宁省营商环境评价指标设计及运用》，《市场论坛》2021年第1期，第60—64页。

④ 谢守祥、田孟明：《“双循环”格局下营商环境评价指标体系构建——以沿海省份为例》，《商业经济研究》2021年第8期，第180—183页。

⑤ 李锋：《海南自贸港构建营商环境评价指标体系的若干建议》，《今日海南》2021年第8期，第32—33页。

⑥ 薛晴予、董元方：《基于生态视角的区域营商环境评价指标体系构建研究》，《科技和产业》2022年第2期，第17—21页。

⑦ 景卫华、周维、孟亦奇等：《关于构建招投标营商环境评价指标体系的思考》，《中国招标》2022年第9期，第93—95页。

要素的三大营商环境评价主线，并构建了相应的营商环境分级评价指标体系。赵红梅等（2022）[①] 基于“数字空间”建设和数字赋能传统营商环境要素两个方面，从数字化的基础设施建设、法治环境、人才供给、政务发展、金融环境、市场环境等构建数字营商环境评价指标体系并进行实证测评。冯守东等（2023）[②] 提出包括税制质量、税务行政效能、税法遵从度、税务司法效能、纳税便利度和总税费负担率 6 个一级指标和税制公平、税制效率等 23 个二级指标在内的税收营商环境评价指标体系。齐沐青（2023）[③] 提出要以法治化和优化营商环境为目标导向，以第三方主体为评价视角，以企业对于政府工作的满意度为评价维度，构建法治化营商环境评价指标体系，以企业需求的识别、政府服务的供给、政府制度的完善、政府政务的监管为基本框架，其中包括 4 个一级指标和 11 个二级指标。孔经纬等（2024）[④] 提出司法营商环境评价指标体系由“争端解决”与“企业破产”2 个一级指标领衔。

---

① 赵红梅、王文华：《数字营商环境评价指标体系构建与实证测评》，《统计与决策》2022年第23期，第28—33页。

② 冯守东、王爱清：《税收营商环境评价指标体系建设研究》，《税务研究》2023年第1期，第113—117页。

③ 齐沐青：《法治化营商环境评价指标体系研究》，《对外经贸》2023年第3期，第63—66页。

④ 孔经纬、王建文：《论我国司法营商环境评价指标体系的建构——以B-READY范式为参照》，《北方法学》2024年第1期，第107—124页。

第四章

主流评价体系综合概览

评价体系是用于考核、评估、比较营商环境质量及其效果的统计指标汇总。随着中国市场经济的不断深化，营商环境评价指标在经济发展中的作用越来越明显。它不仅能衡量中央和地方实现既定目标的程度，也是考评各部门对目标实现贡献程度的重要依据。国家对营商环境评价指标的合理设定，可以帮助各地方政府明确工作重点和方向，引导他们朝着特定目标努力，从而更有针对性地改进工作，提升政务服务水平和工作绩效。同时，地方也可以根据国家要求，结合自身特点，设定具有地方特色的评价指标体系，帮助决策者发现经济发展中的问题，分析原因，及时采取措施解决问题，进而改善营商环境，推动企业健康快速发展。

由于全球各国经济发展水平不同，文化背景差异较大，加上研究机构的关注重点各异，经过多年发展，不同国家和经济研究机构根据各自的关注点，形成了多样化的营商环境评价指标体系。

一、全球重要评价范式分析考察

从国际视角来看，当前由世界银行（WB）、世界经济论坛（WEF）、经济学人智库（EIU）、科尔尼公司（ATK）等机构构建的营商环境评估指标体系，经过长期实践应用，具有评估体系科学、覆盖维度全面等特点，在全球范围内享有较高权威性与影响力。

（一）世界银行营商环境评价指标体系的演变

世界银行于 2003 年建立了营商环境评价指标体系，并自此每年发布《营商环境报告》（Doing Business，DB）。该报告主要关注各国企业，特别是中小企业的营商便利度，重点考察各个环节的制度建设规范性、完善性以及企业行为的市场化程度。它为各国的营商环境提供了可比较的客观数据。由于统计数量庞大、发布周期稳定、评估手段相对科学、内容量化且客观，该《营商环境报告》已成为具有重大国际影响力的全球性公益产品，对全球投资、国际贸易以及营商环境的改善产生了重要的推动作用。它受到了世界各国的重视，并成为投资者、研究者和政策制定者的重要参考。

世界银行公布的《营商环境报告》评价体系涵盖一级指标与二级指标两个层次，围绕企业开办、注册登记、投资运营到破产退出的全过程共设立十大指标，详见表4-1。

表4-1 世界银行营商环境评价指标体系①

一级指标	二级指标
1. 开办企业	1.1 办理程序 1.2 办理时间 1.3 办理费用 1.4 开办有限责任公司所需最低注册资本金
2. 办理施工许可	2. 1 房屋建筑开工前所有手续办理程序 2. 2 房屋建筑开工前所有手续办理时间 2. 3 房屋建筑开工前所有手续办理费用 2. 4 建筑质量控制指数
3. 获得电力	3. 1 办理接入电网手续所需程序 3. 2 办理接入电网手续所需时间 3. 3 办理接入电网手续所需费用 3. 4 供电稳定性和收费透明度指数
4. 产权登记	4.1 产权转移登记所需程序 4.2 产权转移登记所需时间 4.3 产权转移登记所需费用 4.4 用地管控系统质量指数
5. 获得信贷	5.1 动产抵押法律指数 5.2 信用信息系统指数
6. 保护少数投资者	6.1 信息披露指数 6.2 董事责任指数 6.3 股东诉讼便利指数 6.4 股东权利保护指数 6.5 所有权和控制权保护指数 6.6 公司透明度指数

① 阳军、刘鹏：《营商环境制度完善与路径优化：基于第三方视角》，《重庆社会科学》2019年第2期。

续表

一级指标	二级指标
7. 纳税	7.1 公司纳税次数 7.2 公司纳税所需时间 7.3 总税率 7.4 税后实务流程指数
8. 跨境办理	8.1 出口报关单审查时间 8.2 出口通关时间 8.3 出口报关单审查费用 8.4 出口通关费用 8.5 进口报关单审查时间 8.6 进口通关时间 8.7 进口报关单审查费用 8.8 进口通关费用
9. 合同执行	9.1 解决商业纠纷的时间 9.2 解决商业纠纷的成本 9.3 司法程序的质量指数
10. 破产办理	10.1 回收率 10.2 破产法律框架的保护指数

截至 2019 年，世界银行的《营商环境报告》覆盖了全球 191 个经济体。然而，由于世界银行仅选择分析经济体内最大商业城市的指标数据（若经济体人口规模超过 1 亿，则会酌情选取该经济体内两个最大商业城市的数据指标进行分析，如在中国选取上海和北京的数据），加之世界各国在政治、经济、文化等要素上千差万别，因此，使用统一指标来评估这 191 个经济体的营商环境，不可避免地存在一定的局限性。尽管世界银行每年的评估指标都会进行微调，力求实现量化可比，促进竞争与改进，以确保其科学性，但仍无法完全消除这种内生局限性。

2020 年 8 月，世界银行发表声明，确认《营商环境报告》存在数据不规范的问题。一年后，该行决定暂停发布《营商环境报告》，并承诺将调整并修正营商环境评估指标。2022 年 2 月，世界银行推出了新的营商环境评估体系说明，这意味着发布了 17 年的《营商环境报告》，即 Doing Business（DB），已完成了其历史使命。与此同时，世界银行营商环境评价指标体系（Business

Enabling Environment，BEE）宣告启动，标志着世界银行对全球营商环境的评估迈入了一个新阶段。

与 DB 相比，BEE 评估体系在指标上进行了重大调整。尽管两者在一级指标的总数上均为 10 个，但在具体内容上有显著不同。BEE 评估体系仍然是按照企业全生命周期进行设计，涵盖了从进入市场、运营到退出市场的全过程。具体而言，该体系包含 10 个一级指标，每个一级指标下设有 3 个二级指标组，合计 30 个二级指标。详见表 4-2。

表 4-2 世界银行营商环境评价指标体系[①]

一级指标	二级指标
1. 企业准入	1.1 企业准入的监管质量 1.2 开办企业的数字服务及信息透明度 1.3 开办企业的效率
2. 获得经营场所	2.1 不动产租赁、不动产买卖以及城市规划的监管质量 2.2 公共服务质量和信息透明度 2.3 获得经营地点的效率
3. 公用服务连接	3.1 公用服务监管质量 3.2 公用服务表现及透明度 3.3 公用服务监管和服务的效率
4. 劳动力	4.1 劳动法规质量 4.2 劳动力市场公共服务的充足性 4.3 雇佣劳动力的便利性
5. 金融服务	5.1 担保交易、电子支付及绿色金融的监管质量 5.2 信用报告框架的质量 5.3 金融服务便利性
6. 国际贸易	6.1 国际货物贸易和电子商务法规的质量 6.2 促进国际货物贸易的公共服务质量 6.3 进出口商品和电子商务的效率
7. 纳税	7.1 税务法规质量 7.2 税务服务质量 7.3 税收负担及税务系统效率
8. 争端解决	8.1 商业争端解决机制的质量 8.2 商业诉讼中公共服务的充分性 8.3 解决商业争端的便利性

① 国脉电子政务网，https://www.163.com/dy/media/T1502952122858.html。

续表

一级指标	二级指标
9. 市场竞争	9.1 促进市场竞争的法规质量 9.2 促进市场竞争的公共服务充分性 9.3 促进市场竞争的关键服务效率
10. 办理破产	10.1 破产程序规则的质量 10.2 破产程序体制及机制的质量 10.3 破产司法程序的便利性
跨领域—数字技术 跨领域—环境可持续性	备注：2022 年数字技术应用和环境可持续性将作为跨领域主题置入全部指标领域。2023 年 5 月后不再作为跨领域指标显示，但在概念书文本中仍有相关表述。具体变化，有待进一步研读后再做判断

（二）经济学人智库商业环境指数的监测维度

经济学人智库（The Economist Intelligence Unit，EIU），成立于 1946 年，是经济学人集团（The Economist Group）旗下的经济分析智囊机构，通常译作经济学人智库、经济学人信息部或经济学家情报社。它因其专有的预测和高级风险评估模型而著称。EIU 公布的《营商指标模型》重在考察区域发展的市场化程度，设计了侧重于宏观环境以及市场关键要素的评价指标。该模型由政治环境、宏观经济环境等 10 个一级指标构成，详见表 4-3。

表 4-3　经济学人智库（EIU）营商环境评价指标体系

一级指标	二级指标
1. 政治环境	1.1 政治稳定性 1.2 政府效率 1.3 法律和监管框架
2. 宏观经济环境	2.1 经济增长 2.2 通货膨胀率 2.3 汇率稳定性
3. 市场机会	3.1 市场规模 3.2 市场增长潜力 3.3 消费者购买力
4. 政策和制度环境	4.1 税收政策 4.2 贸易和投资政策 4.3 劳动市场法规

续表

一级指标	二级指标
5. 基础设施	5.1 交通基础设施 5.2 通信基础设施 5.3 能源供应
6. 人力资本	6.1 教育水平 6.2 劳动力技能 6.3 健康水平
7. 金融环境	7.1 金融市场的深度和广度 7.2 融资成本 7.3 资本流动性
8. 创新和技术	8.1 研发投入 8.2 技术创新能力 8.3 知识产权保护
9. 社会环境	9.1 社会稳定性 9.2 文化适应性 9.3 生活质量
10. 环境可持续性	10.1 环境法规 10.2 自然资源管理 10.3 污染控制

注：本表格内容根据文献资料整理。

EIU 每 5 年对全球 80 多个国家或地区的营商环境进行评估和排名。在评估过程中，EIU 不仅考察营商环境过去的表现，还会预测未来 5 年的变化趋势。尽管 EIU 发布的营商环境排名是专注于营商环境研究的权威报告，但由于其发布周期较长（每 5 年一次），难以获得逐年连续性的数据。此外，报告覆盖的经济体数量有限，仅涵盖 82 个，这在某种程度上限制了不同经济体之间营商环境的可比性。然而，凭借 EIU 的权威性和专业性，其评价结果仍然具有重要的影响力。

（三）世界经济论坛全球竞争力报告的范式

世界经济论坛（World Economic Forum，WEF）总部位于瑞士日内瓦，该论坛创立了一套用于评价国际竞争力的理论原则、研究方法和指标体系。自 1979 年起，WEF 开始对全球主要国家和地区在促进经济增长、推动生产力发展等多方面的动力因素进行评估，并根据评估结果每年发布一次《全球竞争力报告》(WEF-GCR)。WEF 认为，国家竞争力是“决定一国生产率水平的一系列制度、政策和因素”，而生产率水平则决定了经济的持续繁荣程度、民众的收入水平以及投资者的投资收益率，进而影响到一国的中长期增长潜力。

世界经济论坛发布的《全球竞争力报告》是同类报告中发布时间最早的，其团队建设、方法应用以及数据获取都较为成熟。报告中的大部分指标体系与综合竞争力紧密相关。多年来，WEF 不断改进和完善国际竞争力评价体系的内容和形式，使得评价方法日渐科学完整。加入 WEF 全球竞争力评估的国家和地区数目持续攀升，现已突破百个，遍及全球。历年编纂的《世界竞争力年报》已成为各国政府及企业界洞察本国或本地经济国际竞争力态势、剖析外部环境因素的宝贵资料和重要参照。世界经济论坛全球竞争力评价指标体系分为制度环境、基础设施等 12 个一级指标。其指标既包含统计类指标，又包含调查类指标，是主观与客观的综合评价。总体看，内容不仅涉及基本业务流程与运营过程，还关注了权益、行为、态度和观念等视角。见表 4-4。

表 4-4　世界经济论坛全球竞争力评价指标体系

一级指标	二级指标
1. 制度环境	1.1 公共制度质量 1.2 产权保护 1.3 政府效能 1.4 透明度与问责制 1.5 安全环境
2. 基础设施	2.1 交通基础设施质量 2.2 公用事业基础设施质量 2.3 通信基础设施质量
3. 信息通信技术应用	3.1 技术应用程度 3.2 互联网普及率 3.3 数字技能水平
4. 宏观经济稳定性	4.1 通货膨胀率 4.2 政府债务水平 4.3 财政平衡
5. 健康	5.1 健康预期寿命 5.2 医疗服务质量

续表

一级指标	二级指标
6. 技能	6.1 教育质量 6.2 劳动力技能匹配度 6.3 数字技能普及率
7. 产品市场	7.1 市场竞争程度 7.2 贸易开放度 7.3 市场准入壁垒
8. 劳动力市场	8.1 劳动力市场灵活性 8.2 人才吸引力 8.3 性别平等
9. 金融体系	9.1 金融体系稳定性 9.2 融资渠道可获得性 9.3 金融服务质量
10. 市场规模	10.1 国内市场规模 10.2 国际市场规模
11. 商业活力	11.1 创业文化 11.2 企业成长环境 11.3 创新生态系统
12. 创新能力	12.1 研发投入 12.2 科研机构质量 12.3 产学研合作

注：本表格内容根据文献资料整理。

《全球竞争力报告》的数据来源主要包括两个方面：一是联合国教科文组织、世界银行、世界卫生组织等国际权威机构发布的统计数据；二是世界经济论坛开展的年度高管意见调查（Executive Opinion Survey）所收集的数据。该报告主要依据人均国内生产总值（GDP）水平和经济驱动因素这两个核心标准，对各经济体的发展阶段进行科学评估。其中，人均 GDP 水平采用市场汇率法进行计算，而经济驱动因素则通过矿产等初级产品出口额在商品出口总额中的占比来衡量。基于上述评估标准，报告将经济发展阶段划分为要素驱动、效率驱动和创新驱动三个阶段。全球竞争力指数采用加权计算方法，其指标权重体系会根据经济体所处的发展阶段进行动态调整。当经济体处于过渡阶段（如从要素驱动向效率驱动过渡）时，相关指标的权重将在相邻两个阶段的权重值之间进行平滑过渡处理。

（四）科尔尼管理咨询公司商业环境指数评估模型

科尔尼管理咨询公司（A.T. Kearney）1926年成立于芝加哥，1983年进入中国市场。作为投资与营商环境研究领域的领先机构，自2008年起与芝加哥全球事务委员会及《外交政策》杂志合作，共同研究并发布全球城市指数报告。该报告是最早的全球城市综合评价体系之一，因其对城市综合实力和未来发展潜力的全面评估而广受认可。经过十余年的发展，该指数体系不断完善，评估城市数量从最初的60个扩展至百余个，更好地反映了影响城市发展的关键因素。2019年，科尔尼公司综合《全球城市指数》与《全球潜力城市指数》的研究成果，筛选了与整体营商环境紧密相关的多维度指标，创新性地打造了一个全球性的城市营商环境评估框架。该框架下的科尔尼营商环境评价指标数据，为全球商界精英在衡量各国市场投资营商环境时提供了极具价值的参考基准。

作为营商环境及投资研究领域的领先机构，2019年，科尔尼公司推出了全球首个《全球城市营商环境指数》（GCBEI）。该指数囊括了45个国家共100座城市的营商数据，其中，首期榜单中包括中国的20座城市。基于对城市发展历程的长期跟踪研究，科尔尼管理咨询公司发现，提升城市营商环境和竞争力需要多方协同努力：企业的商业成功有赖于政府、社会和企业自身三者的协调发展。政府应当着力优化政策环境、提高行政效率、完善管理制度，为企业创造良好的基础设施和经营环境，同时加强人才储备与培养体系建设；企业则需要通过提升创新能力、优化运营效率、增强文化活力来强化自身发展实力，从而吸引和留住优秀人才，推动市场主体持续发展；社会层面应当注重提升文化体验、加强人文关怀、完善社会福利，以增强居民幸福感，打造宜居环境。因此，科学的营商环境评价体系应能够全面评估政府、商业和社会等多维度的影响因素。作为一套综合评估体系，该指数全方位涵盖了社会、经济、政治和法律等营商环境重要因素。见表4-5。

表 4-5 科尔尼全球城市商业环境指数评价指标体系

一级指标	二级指标
1. 商业活力	1.1 创业环境 1.2 商业多样性 1.3 市场开放度 1.4 创新生态系统
2. 人力资本	2.1 人才可获得性 2.2 教育质量 2.3 劳动力技能匹配度 2.4 人才吸引力
3. 市场潜力	3.1 市场规模 3.2 消费能力 3.3 经济增长潜力
4. 制度环境	4.1 政府效能 4.2 监管环境 4.3 法治水平 4.4 行政效率
5. 基础设施	5.1 交通基础设施 5.2 数字基础设施 5.3 公用事业设施 5.4 物流效率
6. 金融环境	6.1 融资可获得性 6.2 金融体系稳定性 6.3 金融服务质量
7. 社会文化	7.1 文化包容性 7.2 生活质量 7.3 社会稳定性 7.4 环境可持续性
8. 全球联系度	8.1 国际投资吸引力 8.2 全球网络连接度 8.3 国际人才流动 8.4 跨国企业影响力

注：本表格基于科尔尼《全球城市营商环境指数》报告整理。

根据《经济学人》的统计数据，目前全球范围内存在超过 150 种涉及不同主题的全球治理指数。其中，以经济发展为主题的指数就超过了 50 种。除了之前提及的几项外，还有诸如福布斯发布的《全球最佳商业国家》（Forbes Best Countries for Business），该报告对全球 161 个经济体的营商环境进行了综合排名。此外，澳大利亚咨询机构 2thinknow 推出的《全球创新城市指数》(Innovation Cities Index）则聚焦于科技、智能、初创企业及创新者所处的环境；美国商会全球知识产权中心（GIPC）发布的《国际知识产权指数》(International IP Index）主要关注专利、商标等知识产权的保护情况；联合国进行的《在线政府调研》(E-Government Survey）则着重于政府信息化的进展；而日本森纪念财团发布的《全球城市实力指数排名》(GPCI）则特别针对研发情况进行评估。可以说，各个经济研究机构发布的评估报告均有所侧重，聚焦于营商环境的某些特定领域指标，并展现出各自的专业性和独特性。由于各研究机构在设定评估指标时存在差异，因此同一城市在不同排行榜上的排名也会有所不同。

二、国内评价体系的创新实践

开展营商环境评价是一项具有开创性的工作，它要求我们在实践中不断探索和完善，以构建出各具特色的营商环境评价体系，并积极参与试评价。这一过程不仅是一个有益的探索，更是对营商环境改良的有力推动和促进。在我国，由于各地实际情况的差异，营商环境的分析评价需要更加全面和深入。目前，我国对营商环境尚未形成统一的评价指标，但普遍认识到其内涵的广泛性，涵盖了影响企业活动的经济、政治、文化、社会乃至环境质量等各个方面。

近年来，为了更好地适应实际需求和目标，国家各部委、各省市以及不同的研究机构都纷纷制定了各自的营商环境评价指标体系。这些体系虽然各有侧重，但都旨在通过科学的方法和手段，对营商环境进行全面、客观、准确的评价，从而为政府决策、企业投资和社会监督提供有力的参考依据。这一系列的探索和努力，无疑将为我国营商环境的持续优化和提升奠定坚实基础。

（一）国家发展和改革委员会营商环境评价指标体系

2018 年，国家发改委牵头，制定了中国第一个在政府层面推行的营商环境评价指标体系，它遵循了对标世界银行、具有国际可比性和体现中国特色的原则。具体表现为，这份营商环境评价指标体系，既保留和丰富了国际通行的评价指标，又融入我国改革要求和地方特色，在参考世界银行企业全生命周期评价指标基础上，增加了城市投资吸引力和城市高质量发展水平这两个大的维度。也就是说，这是一套在借鉴吸收基础上，又融入符合中国特色的评价指标。国家发改委的营商环境评价指标体系围绕企业全生命周期、城市投资吸引力、城市高质量发展水平三个维度，最终由开办企业、政府采购、市场监管、包容普惠创新等 18 个一级指标构成。见表 4-6。

表 4-6 国家发改委 2018 年营商环境评价指标体系

一级指标	二级指标
1. 开办企业	1.1 办理环节 1.2 办理时间 1.3 办理成本 1.4 办理便利度
2. 办理建筑许可	2.1 审批环节 2.2 审批时间 2.3 审批成本 2.4 质量控制指数
3. 获得电力	3.1 办理环节 3.2 办理时间 3.3 办理成本 3.4 供电可靠性和电费透明度
4. 登记财产	4.1 登记环节 4.2 登记时间 4.3 登记成本 4.4 土地管理质量指数
5. 获得信贷	5.1 合法权利力度指数 5.2 信用信息深度指数 5.3 征信机构覆盖率
6. 保护中小投资者	6.1 信息披露程度 6.2 董事责任程度 6.3 股东诉讼便利度 6.4 股东权利

续表

一级指标	二级指标
7. 纳税	7.1 纳税次数 7.2 纳税时间 7.3 总税率和社会缴纳费率 7.4 报税后流程指数
8. 跨境贸易	8.1 出口边界合规成本 8.2 出口边界合规时间 8.3 进口边界合规成本 8.4 进口边界合规时间
9. 执行合同	9.1 时间 9.2 成本 9.3 司法程序质量指数
10. 办理破产	10.1 回收率 10.2 破产框架力度指数 10.3 破产程序时间 10.4 破产程序成本
11. 劳动力市场监管	11.1 劳动合同管理 11.2 劳动争议处理 11.3 劳动保障
12. 政府采购	12.1 采购透明度 12.2 采购效率 12.3 采购公平性
13. 获得用水用气	13.1 办理环节 13.2 办理时间 13.3 办理成本 13.4 服务质量
14. 招投标	14.1 招标透明度 14.2 投标便利度 14.3 评标公正性
15. 政务服务	15.1 服务效率 15.2 服务便利度 15.3 服务满意度
16. 知识产权保护和运用	16.1 知识产权保护力度 16.2 知识产权运用效率 16.3 知识产权服务水平
17. 市场监管	17.1 监管效能 17.2 监管公平性 17.3 监管透明度
18. 包容普惠创新	18.1 创新环境 18.2 创新支持 18.3 创新成果

注：本表格内容基于 2018 年国家发改委公布的对 22 个城市试评价结果的相关资料整理而成。

这套营商环境评价指标体系充分展现了中国新时代的特色与实际国情。相较于世界银行的评价体系，它不仅全面覆盖企业全生命周期，还大幅拓宽了评价范围，纳入了城市投资吸引力和城市高质量发展水平等维度，从而更全面反映营商环境状况。同时，该体系符合中国开放发展目标，通过市场准入和市场竞争力等开放度指标，衡量地区营商环境优劣，贴合现实需求。此外，它还兼顾城市治理核心，设置环境和民生指标，有效回应市场主体关切，对推动城市经济社会高质量发展具有重要意义。

当然，随着全球经济环境和企业运营需求的不断变化，营商环境评价指标体系也要不断更新调整。旧有的指标体系可能无法全面反映当前的营商环境状况，因此需要纳入新的评估维度，国家发改委后期也纳入了诸如数字技术应用、环境可持续性和性别平等维度，以更准确地衡量营商环境的优劣，提升国际竞争力，吸引更多投资和企业入驻。

（二）浙江省营商环境评价指标体系

浙江省 2019 年制定的营商环境评价指标体系，特点是以习近平新时代中国特色社会主义思想为指导，坚持以供给侧结构性改革为主线，以市场主体需求为导向，以深化“最多跑一次”改革为抓手，借鉴国际国内先进经验，通过以评促改、以评促优，建设营商环境最优省，为企业和群众创新创业增加便利，打造人民满意的服务型政府。

2019 年版的浙江省营商环境评价指标体系，秉持问题导向和实事求是的原则，深入关注市场主体企业在营商环境中的满意度和获得感，特别是针对法治、成本和便利化等创新创业过程中的关键问题，设计了与国际国内先进做法相接轨的评价指标和评价方法。这一做法旨在通过评价推动改革，解决实际问题。同时，考虑到市县两级事权的差异，该体系分别建立了针对设区市和县（市）的差异化评价指标体系，并通过多维度数据采集和校核印证，确保评价结果的精准性。此外，浙江省还强调协同推进，建立健全了营商环境评价工作的协同机制，强化省级部门和地方的责任落实与业务协同。通过梳理总结评价中的创新经验，研究解决共性问题，不断深化“最多跑一次”改革，持续推动营商环境的优化升级。

该营商环境评价指标体系分为“服务企业全生命周期”“促进公平竞争”“体现公正监管”“优化服务供给”“激发创新活力”5个维度，根据事权不同，形成设区市、县（市）2套评价指标体系。设区市营商环境评价指标体系，包含21项一级指标、90项二级指标。见表4-7。

表4-7 2019年浙江省营商环境评价指标体系[①]

序号	一级指标	二级指标	省级牵头责任部门
一、服务企业全生命周期			
1	（一）开办企业（参评指标）	开办企业手续（个）	省市场监管局
2		开办企业时间（天）	
3		开办企业费成本（占当地全社会人均可支配收入百分比）	
4		办理便捷度	
5	（二）办理建筑许可（参评指标）	办理建筑许可手续（个）	省建设厅
6		办理建筑许可时间（天）	
7		办理建筑许可成本（占仓库市价百分比）	
8		建筑质量控制指数（0—15）	
9		办理便捷度	
10	（三）获得电力（参评指标）	获得电力手续（个）	省能源局 省电力公司
11		获得电力时间（天）	
12		获得电力成本（占当地全社会人均可支配收入百分比）	
13		供电可靠性和电费透明度指数（0—8）	
14		办理便捷度	
15	（四）获得用水用气（参评指标）	获得用水手续（个）	省建设厅
16		获得用水时间（天）	
17		获得用水成本（占当地全社会人均可支配收入百分比）	
18		获得用气手续（个）	

① https://fzggw.zj.gov.cn/art/2019/11/29/art_1599544_40618962.html，浙江省发改委官网。

续表

序号	一级指标	二级指标	省级牵头责任部门
19	（四）获得用水用气（参评指标）	获得用气时间（天）	省建设厅
20		获得用气成本（占当地全社会人均可支配收入百分比）	
21		用水用气价格（占当地全社会人均可支配收入百分比）	
22	（五）登记财产（参评指标）	登记财产手续（个）	省自然资源厅
23		登记财产时间（天）	
24		登记财产成本（占财产价值百分比）	
25		土地管理质量指数（0—30）	
26		办理便捷度	
27	（六）获得信贷（参评指标）	合法权利度指数（0—12）*	省法院
28		信用信息深度指数（0—8）*	人行杭州中心支行
29		征信机构覆盖面*	
30		企业融资便利度	
31	（七）保护少数投资者*（观察指标）	披露程度指数（0—10）*	浙江证监局
32		董事责任程度指数（0—10）*	省法院
33		股东诉讼便利度指数（0—10）*	
34		股东权利指数（0—10）*	浙江证监局
35		所有权和管理控制指数（0—10）*	
36		公司透明度指数（0—10）*	
37	（八）纳税（参评指标）	纳税时间（小时 / 每年）	浙江省税务局
38		总税收和缴费率（占利润百分比）	
39		报税后流程指数（0—100）	
40		网上综合办税率（%）	
41	（九）跨境贸易（参评指标）	出口边境审核时间（小时）*	杭州海关 宁波海关
42		进口边境审核时间（小时）*	
43		出口单证审核时间（小时）*	
44		进口单证审核时间（小时）*	

续表

序号	一级指标	二级指标	省级牵头责任部门
45	（九）跨境贸易（参评指标）	出口边境审核成本（美元）*	省交通运输厅 省口岸办
46		进口边境审核成本（美元）*	
47		出口单证审核成本（美元）*	
48		进口单证审核成本（美元）*	
49		当地海关报关单量及同比增幅（观察指标）	
50	（十）执行合同（参评指标）	解决商业纠纷的时间（天）	省法院
51		解决商业纠纷的成本（占索赔额百分比）	
52		司法程序质量指数（0—18）	
53	（十一）办理破产（参评指标）	收回债务所需的时间（年）	
54		收回债务所需的成本（占资产价值百分比）	
55		回收率（%）	
56		破产框架力度指数（0—16）*	
57	（十二）注销企业（参评指标）	注销企业手续（个）	省市场监管局
58		注销企业时间（天）	
59		注销企业费成本（占当地全社会人均可支配收入百分比）	
二、促进公平竞争			
60	（十三）市场开放（参评指标）	外资开放度*	省商务厅
61		市场准入负面清单落实度	省发展改革委
62		人才流动活跃度	省人力社保厅
63		双创整体活跃度	省科技厅
64	（十四）政府采购（参评指标）	政府采购信息化程度指数*	省财政厅
65		采购过程便利度	
66		采购履约保障程度	
67		办理便捷度	
68	（十五）公共资源交易（参评指标）	招投标信息化程度指数	省发展改革委
69		交易履约保障程度*	
70		外地企业权益保护	
71		市场主体诉求响应程度	

续表

<table>
<tr><th>序号</th><th>一级指标</th><th>二级指标</th><th>省级牵头责任部门</th></tr>
<tr><td colspan="4">三、体现公正监管</td></tr>
<tr><td>72</td><td rowspan="3">（十六）市场监管（参评指标）</td><td>“双随机、一公开”落地率</td><td rowspan="3">省市场监管局</td></tr>
<tr><td>73</td><td>监管信息透明度</td></tr>
<tr><td>74</td><td>监管信息共享程度</td></tr>
<tr><td>75</td><td rowspan="4">（十七）信用体系和信用监管（参评指标）</td><td>信用制度建设程度*</td><td rowspan="3">省发展改革委</td></tr>
<tr><td>76</td><td>基础设施建设程度*</td></tr>
<tr><td>77</td><td>守信激励和失信惩戒*</td></tr>
<tr><td>78</td><td>信用监管水平</td><td>省市场监管局</td></tr>
<tr><td colspan="4">四、优化服务供给</td></tr>
<tr><td>79</td><td rowspan="3">（十八）政务服务（参评指标）</td><td>“移动办事”便利度</td><td>省大数据局</td></tr>
<tr><td>80</td><td>政策知晓度</td><td rowspan="2">省经信厅</td></tr>
<tr><td>81</td><td>政务服务企业满意度</td></tr>
<tr><td>82</td><td rowspan="3">（十九）公共服务（参评指标）</td><td>现代交通物流便利度</td><td>省交通运输厅</td></tr>
<tr><td>83</td><td>生态环境指数</td><td>省生态环境厅</td></tr>
<tr><td>84</td><td>公共服务社会满意度</td><td>省统计局</td></tr>
<tr><td colspan="4">五、激发创新活力</td></tr>
<tr><td>85</td><td rowspan="3">（二十）知识产权活力（参评指标）</td><td>申报质量</td><td rowspan="3">省市场监管局</td></tr>
<tr><td>86</td><td>运用活跃度</td></tr>
<tr><td>87</td><td>保护水平</td></tr>
<tr><td>88</td><td rowspan="3">（二十一）服务非公经济（参评指标）</td><td>产业基金服务中小微企业活跃度*</td><td>省财政厅</td></tr>
<tr><td>89</td><td>企业帮扶力度</td><td>省发展改革委</td></tr>
<tr><td>90</td><td>企业权益保护程度</td><td>省经信厅</td></tr>
</table>

注：加*指标仅对设区市开展评价，县（市）不开展评价。

（三）广东省营商环境评价指标体系

广东省是我国研究营商环境起步最早的省份，在探索构建营商环境评价指标过程中，逐步走向高阶，沿着市场化、法治化、国际化方向，按照“国际可比、对标国评、广东特色”的原则，对标国家营商环境评价体系和方法，衔接中央优化营商环境政策部署，构建具有广东特色的营商环境评价体系。广东省营商环境评价指标体系具有对标国际、全面覆盖、市场主体导向、动态调整以及注重实效等特色。以2022年版指标体系为例，可以看出广东的评价体系能够准确反映该区域营商环境的实际情况和发展趋势，能为进一步优化营商环境、推动经济高质量发展提供有力支撑。具体评价指标见表4-8。

表4-8 2022年广东省营商环境评价指标体系①

一级指标	二级指标	指标要点
1. 开办企业	1.1 开办企业环节	评价企业从设立到具备一般性经营条件，所涉及的政府审批和外部机构办事流程
	1.2 开办企业时间	评价企业完成上述开办流程所耗费的时间
	1.3 开办企业成本	评价企业完成上述开办流程所花费的成本
	1.4 开办企业便利度	评价申请人新办企业的便利程度，包括电子营业执照推进情况、新增市场主体数量及增速等方面
2. 办理建筑许可	2.1 办理建筑许可环节	评价企业投资建设普通工业项目，从立项审批到竣工验收、不动产初始登记截止，所涉及的政府审批和外部机构办事流程
	2.2 办理建筑许可时间	评价企业投资建设普通工业项目所耗费的时间
	2.3 办理建筑许可成本	评价企业投资建设普通工业项目所花费的成本，包括行政审批成本、技术审查及第三方行为产生的费用
	2.4 办理建筑许可便利度	评价企业办理建筑相关许可的便利程度，主要考察工程建设项目审批制度改革工作落实情况，包括“一网通办”情况、审批数据共享情况、审批逾期情况、并联审批落实情况、“一张蓝图”、区域评估、联合验收等方面内容
3. 获得电力	3.1 获得电力环节	评价企业首次获得永久性用电，所涉及的政府审批和外部机构办事流程
	3.2 获得电力时间	评价低压报装、高压报装的系统平均办理时间、供电企业承诺时间及行政审批承诺时间
	3.3 获得电力成本	评价企业首次获得电力的办理成本，及供电企业投资界面政策

① https://drc.gd.gov.cn/qtwj/content/post_3757253.html，广东省发展和改革委员会官网。

续表

一级指标	二级指标	指标要点
3. 获得电力	3.4 获得电力便利度	评价企业首次获得电力的便利程度，包括外线行政审批政策落实情况、政企数据共享、政企联动、规范转供电环节价格和收费行为等方面内容
	3.5 供电可靠性和电费透明度指数	主要评价供电可靠性以及电费是否透明易获知
4. 获得用水用气	4.1 获得用水用气环节	评价企业首次获得供水、供气，所涉及政府审批及外部机构办事流程
	4.2 获得用水用气时间	评价企业首次获得供水、供气所耗费的时间
	4.3 获得用水用气成本	评价企业首次获得供水、供气所花费的办理成本及供水企业投资界面延伸政策、清理规范供水供气行业收费等方面内容
	4.4 获得用水用气便利度	评价企业首次获得供水、供气的便利程度，包括信息公开、服务渠道、外线行政审批政策落实情况、政企数据共享等方面内容
5. 登记财产	5.1 登记财产环节	评价企业间转让不动产，所涉及的政府审批及外部办事流程
	5.2 登记财产时间	评价企业间转让不动产所耗费的时间
	5.3 登记财产成本	评价企业间转让不动产过程中按照政府规定必须缴纳的税收和行政事业性收费
	5.4 登记财产便利度	评价各城市企业间转让不动产的便利程度，包括跨区通办、不动产登记存量数据整改情况和上链情况、信息公开、不动产信息应用、“不动产＋民生”、“不动产＋法院”、“交房即发证” 等方面内容
6. 获得信贷	6.1 企业信贷获得率	评价各城市普惠小微贷款、中小企业信用贷款、中小企业融资担保贷款、知识产权质押贷款、绿色信贷、首贷户数量、银税互动信贷规模等方面情况
	6.2 企业融资便利度	评价各城市金融机构发展情况、直接融资状况、政策性融资担保机制、为促进企业融资推出的政策创新举措和改革落实等方面情况
7. 保护少数投资者*	7.1 诉讼便利度*	评价各城市中小投资者在利益冲突情况下受到保护的情况，包括银行、证券期货、保险类纠纷案件诉讼便利度，多元化纠纷解决便利度，上市公司监管，投资者保护宣传教育等方面情况
	7.2 多元化纠纷解决便利度*	
	7.3 上市公司监管*	
	7.4 投资者保护宣传教育*	

续表

一级指标	二级指标	指标要点
8. 纳税	8.1 纳税次数	评价企业支付所有税费的次数、实际税费种申报便利化推进情况等方面内容
	8.2 纳税时间	评价企业准备、申报、缴纳税费所需的时间，以及各地在压缩纳税时间方面的政策举措等方面内容
	8.3 报税后流程指数	评价增值税留抵退税的申请、获得时间；企业所得税更正申报时间、获得企业所得税汇算清缴退税所需时间等方面内容
	8.4 纳税缴费便利化	评价各城市电子税务局后台审核响应时间、增值税专用发票增量增版审批、简易处罚事项网上办理、税收优惠政策落实、社会保险费退费等方面内容
9. 跨境贸易	9.1 进出口单证合规时间、成本*	评价企业开展进出口贸易所涉及的政府审批和外部办事流程的办理时间费用
	9.2 进出口边境合规时间、成本*	
	9.3 跨境贸易便利度	评价各城市商务、海关、交通、市场监管等相关管理部门为提升跨境贸易便利程度的具体做法，包括推进口岸收费规范化、物流枢纽建设、优化通关流程、提升查验效率、物流单证电子化等方面情况
10. 执行合同	10.1 立案便利度	评价各城市立案服务信息化、规范化、精细化改革情况，包括诉讼服务中心建设、网上立案等方面
	10.2 审判质效	评价各城市优化司法资源配置，提升审判质效的改革推进情况，包括审判周期、繁简分流、多元解纷、速裁快审、审判质量、司法公开等方面
	10.3 执行质效	评价各城市执行工作质效，包括执行立案、执行时间、执行工作机制改革、执行方式创新等方面
11. 办理破产	11.1 破产债权保护	评价各城市办理破产案件的具体情况以及债权人收回债务的时间、成本、回收率
	11.2 破产制度规范化建设指数	评价各城市在企业破产制度、机制、专业化及信息化建设上对企业再生和企业清算的保障能力，包括提升案件办理质效、规范司法程序、保障管理人依法履职等方面内容
12. 政府采购	12.1 电子采购平台*	评价广东政府采购智慧云平台、深圳政府采购电子平台的功能
	12.2 采购流程	评价采购流程规范性，包括开标、评标、投标保证金收取情况、合同标准文本制定等方面内容

续表

一级指标	二级指标	指标要点
12. 政府采购	12.3 采购监督管理	评价监督管理制度建设情况，包括政府采购负面清单制定情况、质疑和投诉机制落实情况、信用体系建设等方面内容
	12.4 拓展政府采购政策功能	评价政府采购发挥扶持中小企业发展等政策功能，包括面向中小企业预留采购份额和落实情况、政府采购合同融资推进情况、绿色采购扶持力度等方面内容
13. 招标投标	13.1 电子交易及服务平台	评价各城市公共资源交易平台及相关服务平台功能，包括全流程电子化情况，重点关注在线开评标、远程异地评标、在线支付、履约管理功能的实现情况；各城市招标投标电子交易系统与省公共资源交易平台对接情况；CA 证书跨区域互认情况
	13.2 交易成本负担	评价依法必须招标项目投标保证金缴纳情况、电子保函推进情况
	13.3 公开透明度	评价招投标各阶段信息公开情况，包括相关法律法规集中公开情况，中标候选人关键信息、投诉处理结果等方面信息公开情况
	13.4 公正监管	评价交易到履约的监管情况，包括从业人员信用评价、异议投诉和行政监管情况、招标投标领域“双随机、一公开”情况
14. 市场监管	14.1“双随机、一公开”监管覆盖率	评价相关部门“双随机、一公开”工作的推进程度，重点关注监管覆盖率、两库建设、部门联合抽查等内容
	14.2 信用监管	评价各城市信用体系建设、以信用为基础的新型监管机制构建情况，重点关注部门间信用信息共享、信用分级分类监管、信用应用、失信惩戒、信用修复、政务诚信等内容
	14.3“互联网 + 监管”*	评价部门监管数据与国家“互联网 + 监管”系统数据汇集情况
	14.4 监管执法规范度	评价各城市监管执法规范性和透明度，包括规范行政执法行为、落实三项制度、执法信息公开、包容审慎监管等内容
15. 知识产权创造、运用和保护	15.1 知识产权创造质量和运用效益	评价各城市知识产权创造质量提升和价值实现的情况，包括高价值发明专利、知识产权质押融资等方面

续表

一级指标	二级指标	指标要点
15. 知识产权创造、运用和保护	15.2 知识产权全面保护	评价各城市知识产权保护的方式和手段，以及知识产权保护的力度，包括司法保护、行政保护、社会共治等方面
	15.3 知识产权公共服务	评价各城市便民利民的知识产权公共服务体系的构建和地方知识产权公共服务的均等化和可及性，包括知识产权一站式服务、知识产权信息服务、专利导航、中介机构培育与监管等方面
16. 政务服务	16.1 数字化支撑能力	评价政务数据挂接情况、办件信息与监管数据汇聚、证照汇聚与应用、电子印章制发和使用情况、网上统一身份认证体系、省统一认证平台单点登录、省级平台一网服务等方面内容
	16.2 数字化服务能力	评价政务服务事项管理、地市数据同源、全程网办率、移动端应用服务等方面内容
	16.3 数字化服务成效	评价用户使用度、政务事项减时间和减跑动成效、中介超市使用情况、“好差评”评价数据汇聚、“好差评”评价情况等方面内容
	16.4 政务服务热线效能	评价政务热线整合、专家座席和涉企专线、知识库动态管理、12345 热线效能考核、热线接通率、按时办结率和服务满意率等方面内容
17. 劳动力市场监管	17.1 聘用情况*	评价企业的聘用员工情况，包括劳动合同的签订情况，企业用工登记情况以及当地的最低工资标准，合同时长，试用期时长等
	17.2 工作时间*	评价员工的工作时间，包括企业的用工时间、加班时间、夜间工作等
	17.3 裁员规定*	评价裁员的法律法规规定，包括企业裁员的报备情况、大规模裁员的应对机制以及劳动争议的工作联动机制等
	17.4 裁员成本*	评价企业的裁员成本，重点关注裁员的经济补偿金、通知解聘的时限等
	17.5 工作质量	评价各城市劳动力市场监管和公共就业服务情况。包括和谐劳动关系构建、公共就业服务便利化、多渠道促进就业、多元化劳动争议解决、劳动者权益保护等
18. 包容普惠创新	18.1 创新创业活跃度	评价各城市创新创业的整体发展水平，包括创新创业载体和主体发展情况、创新创业投入产出、研发支撑能力以及高新技术企业培育状况等方面
	18.2 人才流动便利度	评价各城市各类人才及人才载体发展现状，包括人才引进机制、人才培育情况等

续表

一级指标	二级指标	指标要点
18. 包容普惠创新	18.3 市场开放度	评价各城市对外资金的吸引力，包括进出口贸易、对外投资合作和利用外资等情况
	18.4 基本公共服务满意度	评价各城市文化服务基础设施供给、各教育阶段的教育资源配置供给、基础医疗服务、养老服务等方面的情况
	18.5 蓝天碧水净土森林覆盖指数	评价各城市生态环境保护和污染治理情况，主要涉及空气质量、水体质量、土壤保护和森林绿化等方面
	18.6 综合立体交通指数	评价各城市立体交通基础设施建设和运输情况
	18.7 产业链和产业集群指数*	评价各城市产业链现代化水平、产业集群和产业竞争力，包括产业集群数量、高新技术制造业和战略性新兴产业发展、产业集群建设扶持及上下游产业链引导、产业公共配套服务、重点项目招引落地等内容
19. 市场主体满意度	19.1 要素环境	考察市场主体对本地营商环境建设的满意度。采用省工商业联合会 2021 年全省民营企业评营商环境调查数据
	19.2 法治环境	
	19.3 政务环境	
	19.4 市场环境	
	19.5 创新环境	

注：打“*”的指标为考察法律法规内容或省统一建设平台，省内无差异，设为观察指标。

2022 年广东省营商环境评价指标体系，作为全国首个以世界银行评估标准为蓝本、结合广东实际制定的省级评价体系，不仅为广东优化营商环境提供了科学指引，更成为推动改革深化、激发市场活力的关键工具。指标体系将企业感受作为重要评价维度，通过问卷调查、企业访谈等方式，深入了解市场主体诉求，推动政府服务理念和方式转变。通过年度评估和排名，指标体系有效传导压力，推动各地市对标先进、查找不足，形成“比学赶超”的浓厚氛围。广东省探索制定的营商环境评价指标体系，是优化营商环境的“指挥棒”和“加速器”，为地方经济社会高质量发展注入了强劲动力。

（四）某研究机构营商环境评价指标体系

该经济研究机构属于国家级研究机构，多年来密切关注营商环境动态，受委托在全国各地开展了多次营商环境评估工作，其评价指标体系及评估结果在国内有广泛的影响力。研究机构建立的营商环境评价指标体系具有多元与全面的特点，注重中国特色与国际接轨，讲求针对性与实用性。以 2023 年该研究机构使用的评价指标体系为例，主要包括指标评估内容和满意度调查内容两个方面。具体指标充分结合了《国务院办公厅关于进一步优化营商环境降低市场主体制度性交易成本的意见》（国办发〔2022〕30 号）有关要求，设立了“开办企业、人力资源服务、办理建筑许可”等 20 个一级指标以及 86 个二级指标，具体见表 4–9。

表 4–9　某研究机构 2023 年营商环境评价指标体系

一级指标	二级指标
1. 开办企业	1.1 开办企业环节
	1.2 开办企业时间
	1.3 开办企业费用
	1.4 开办企业便利度
	1.5 市场主体发展情况
2. 人力资源服务	2.1 优化就业创业服务
	2.2 公共就业服务
	2.3 稳岗扩岗政策
	2.4 人才队伍建设
	2.5 支持提升职业技能
	2.6 深化构建和谐劳动关系综合配套改革
3. 办理建筑许可	3.1 办理建筑许可环节
	3.2 办理建筑许可时间
	3.3 办理建筑许可费用
	3.4 建筑质量控制指数
	3.5 办理建筑许可便利度

续表

一级指标	二级指标
4. 政府采购	4.1 支付和交付
	4.2 规范政府采购
5. 招标投标	5.1 “互联网 +” 招标采购
	5.2 投标和履约担保
	5.3 规范招投标
6. 获得电力	6.1 获得电力办理时间
	6.2 获得电力办理环节
	6.3 获得电力办理费用
	6.4 获得电力便利度
	6.5 供电可靠性及电费透明度指数
7. 获得用水用气	7.1 获得用水办理时间
	7.2 获得用水办理环节
	7.3 获得用水办理费用
	7.4 获得用气办理时间
	7.5 获得用气办理环节
	7.6 获得用气办理费用
	7.7 获得用水用气办理便利度
8. 登记财产	8.1 登记财产办理环节
	8.2 登记财产办理时间
	8.3 登记财产办理费用
	8.4 土地管理质量指数
	8.5 登记财产便利度
9. 获得信贷	9.1 提升普惠金融服务能力
	9.2 企业融资便利度
	9.3 征信机构覆盖面
10. 保护中小投资者	10.1 健全完善中小投资者保护机制
	10.2 强化合法权益保护机制
11. 知识产权创造保护和运用	11.1 知识产权保护
	11.2 知识产权创造质量
	11.3 知识产权运用效益

续表

一级指标	二级指标
12. 跨境贸易	12.1 出口边境审核耗时
	12.2 出口单证审核耗时
	12.3 进口边境审核耗时
	12.4 进口单证审核耗时
	12.5 出口边境审核费用
	12.6 出口单证审核费用
	12.7 进口边境审核费用
	12.8 进口单证审核费用
	12.9 跨境贸易便利度
13. 纳税	13.1 纳税次数
	13.2 缴纳税费时间
	13.3 总税款和缴费率
	13.4 税后实务流程指数
	13.5 纳税便利度
	13.6 减轻税费负担
14. 执行合同	14.1 解决商业纠纷的耗时
	14.2 解决商业纠纷的费用
	14.3 司法程序质量指数
15. 办理破产	15.1 收回债务所需时间
	15.2 收回债务所需成本
	15.3 债权人回收率
	15.4 破产法律框架质量指数
	15.5 企业破产和市场退出制度改革
	15.6 办理破产便利度
16. 市场监管	16.1 “双随机、一公开”监管覆盖率
	16.2 “互联网+监管”
	16.3 完善市场监管机制
	16.4 政务诚信度
	16.5 商务诚信度

续表

一级指标	二级指标
17. 政务服务	17.1 网上政务服务能力
	17.2 政务服务事项便利度
18. 对外开放	18.1 实际利用外资
	18.2 进出口总额
	18.3 企业“走出去”综合服务
19. 创新创业	19.1 创新主体培育
	19.2 创新要素高效配置
	19.3 提高科技成果转化质效
20. 包容普惠创新	20.1 文化教育医疗公共服务
	20.2 交通便捷程度
	20.3 生态环境保护程度

注：表格内容来自网络媒体和调研材料整理。

综合国家发改委及几个代表省份所构建的营商环境评价指标体系内容，可以看出，我国的营商环境评价指标体系均重点考虑了数据和指标的客观性、全面性和可比性，能紧密结合本地实际，关注当下市场主体重要诉求，具有明显的共性特征：首先，指标体系完整吸收了世界银行的 10 个指标，评价术语和计算方法相近，采用前沿距离得分法和营商便利度排名，确保评价结果具有国际可比性。同时，指标体系将评价指标落实到可量化、可比较的程序、时间和费用上，增强了评估的客观性和精准性。其次，指标体系并未局限于世界银行的标准，而是根据中国实际情况进行了创新和补充，比如综合评估投资贸易便利度和长期投资吸引力，为衡量城市高质量发展水平提供了科学依据。最后，指标体系坚持以评促改，通过数据直观反映各地营商环境的现状和问题，为精准改革提供有力支撑。

当然，随着经济发展外部环境的变化，营商环境评价指标体系一定会随之进行调整变化。世界银行 2022 年对营商环境评价指标的调整为我们提供了新的视角和思路，也对我们提出了更高的要求。比如世界银行在新版的营商环境评价指标中，将性别平等作为重要考量内容深入贯彻到政府采购的全过程中。这要求我们不仅要关注女性所有的公司在进入政府采购市场时的平等性，还要确保她们在获得政府采购项目时的平等地位。一些国际新营商环境评价体系还将政府合同执行中的收付款和滞纳金时间问题纳入，其中包括政府付款的时间、滞纳金支付频率等关键细节，都成为评价政府采购效率与透明度的重要指标，因为这不仅关系到供应商的合法权益，更直接影响到政府采购市场的整体运行效率。一些研究机构也提醒我们要尽快完善我国政府采购支付制度，以更好地适应新营商环境评价体系的要求。总之，各类新的评价指标的出现，需要我们给予高度关注，并对这些新指标进行深入研究与充分准备，以确保我国市场主体在发展过程中始终享有公平性和包容性，从而加速推动营商环境的持续优化，助力经济高质量发展。

第五章

历史演进与阶段特征

新中国成立以来，我国经济社会发展经历了波澜壮阔的历史变迁，实现了从计划经济向社会主义市场经济模式的深刻转型，并最终建立起具有中国特色的社会主义市场经济体系。这一历程呈现出鲜明的阶段性特征：从初期的探索试验，到框架的确立与构建，再到改革的不断完善，直至今天的全面深化，经济改革事业始终在推进。与此同时，营商环境的优化与改善也从未停步。七十多年来，中国经济社会发展取得的辉煌成就，既是经济体制改革的结果，也是营商环境不断优化的生动体现。可以说，新中国经济的腾飞史，也是一部营商环境改革的进步史。

一、1949—1978 年：计划经济主导与市场管制阶段

（一）经济管理的突出特征

1. 集中统一的管理模式

在计划经济体制框架下，生产资料与土地完全属于国有，全面推行生产资料公有制。公有制实现形式在集中统一的管理方式上与传统计划经济的运行机制存在相似之处，进而强化了个人对单位的依附关系，极大程度地限制了个体在经济层面的自由活动空间。从另一视角而言，国家针对经济活动实施高度集中化的管理模式。凭借行政指令，直接对财政收支、粮食供应、税收征管、编制安排、贸易往来以及银行运营等诸多关键领域予以调控。这种高度集中统一的管理范式，赋予国家以强大的能力，使其得以对近乎全部的经济资源进行统一调配与规划。在新中国成立初期，我国采取了优先发展重工业的战略方针。通过将有限的资源集中投入至重工业以及国防建设等关键领域，旨在推动国家实现快速工业化进程。在这一特定历史时期，倾斜性的发展策略确实促使某些重点关键领域得以迅速发展，然而，其不可避免地引致了其他领域资源配置不足的问题，对经济结构的均衡性产生了一定程度的影响。

2. 忽视市场机制作用

在传统计划体制的架构下，政府扮演着无所不包的角色，实施过度管控且权力范围极为广泛。政府未能充分考量商品生产的功能以及价值规律，同时对市场功能也缺乏深刻认知。这些缺陷致使资源配置效率低下，引发了供给与需求之间的矛盾冲突。市场经济的核心要义在于"无利不起早"这一准则，进一步阐释即为"无利则无以为继"。传统体制对"计划"的过度侧重，是以牺牲对"收益"的合理考量为代价的。当时中国的社会福利体系被划分为三个截然不同的部分：面向城市职工的单位福利、民政福利以及农村福利，这三者之间几乎不存在交叉。政府作为社会保障体系的主要实施主体，资金由中央政府拨付，并向相关社会成员给予适度补贴。在1978年之前，中国的分配体制呈现出显著的平均主义特征。因而，社会福利已无法被视作社会公平与平等概念的等同表述，忽略了个体对社会福利的差异化需求。

3. 企业经营活动僵化

这一时期，国家对经济和社会生活实行全面深度管控。从宏观经济布局到微观企业生产活动，事无巨细皆由国家统筹安排。企业作为经济活动的基本单元，几乎完全丧失自主决策权。在生产方面，生产什么、生产多少以及如何生产，均依照上级下达的指令性计划执行，企业无法依据市场需求与自身实际灵活调整。在资源配置上，原材料的供应、劳动力的调配以及资金的投入等，都由国家统一分配，企业缺乏自主获取资源的渠道。这使得企业的外部经营环境条件变得极为僵化，难以对市场的动态变化做出及时响应。由于缺乏自主决策空间和灵活应对市场的能力，企业内部的生产积极性受挫，创新动力匮乏，整体活力严重不足，无法充分释放其潜在的经济效能，在一定程度上制约了经济的多元高效发展。

（二）促进经济发展的方式

1. 重工业优先发展战略下实行资源集中配置

国家明确将重工业置于优先发展地位，通过一系列政策手段确保资源向重工业领域倾斜。例如，在财政方面，国家将大量财政资金直接投入重工业项目，包括钢铁、机械制造、化工等关键产业。在物资分配上，实行严格的计划调拨制度，优先保障重工业企业所需的原材料、能源等物资供应。如在钢铁产业，国家集中调配铁矿石、煤炭等资源，确保大型钢铁厂的生产需求。

从宏观调控上看，建立了高度集中的计划管理体制，从中央到地方层层设立计划管理部门，负责制订和执行重工业发展计划。企业的生产任务、产品规格、销售渠道等均由计划部门统一安排。例如，第一汽车制造厂的建设，国家从全国范围内调配人力、物力和财力资源，集中众多优秀工程技术人员和大量建筑材料，确保工厂按时建成投产，迅速提升了我国汽车制造的能力，为国家的工业化进程奠定了重要基础；又如在当时的倾斜政策支持下，鞍山钢铁厂成为全国重工业发展的重点企业，国家投入大量资金进行技术改造和设备更新，使其钢铁产量在短时间内大幅增长，同时围绕鞍钢形成了一系列配套产业，如矿山开采、运输等，带动了当地经济的发展，也为国家的基础设施建设和国防工业提供了坚实的钢材保障，在一定程度上推动了国家工业化进程。

2. 行政力量干预企业组织与生产协作方式

这一时期国家确立了公有制经济在国民经济中的主导地位，城市中的企业基本都归国家或集体所有，形成了国营企业和集体企业两大主要类型。国营企业由国家直接投资和管理，在国民经济中占据核心地位，承担着国家重点项目建设和关键产品生产任务；集体企业则主要分布在轻工业和服务业等领域，为满足人民日常生活需求发挥重要作用。在企业管理上，实行高度集中的行政管理模式。企业内部建立了严密的层级管理体系，从厂级领导到车间班组，层层落实生产任务和管理职责。企业间的协作关系由国家计划安排，形成了以大型骨干企业为核心、众多中小企业配套的生产体系。例如，在机械制造行业，大型国营机械厂负责生产主机设备，周边的集体企业则为其提供零部件加工和配套服务，这种协作模式提高了生产效率，保障了国家重点项目所需设备的生产供应。以上海纺织工业为例，众多国营纺织厂和集体纺织企业相互协作，形成了完整的产业链。从棉花种植（通过与农村集体的合作建立原料供应基地）、纺织加工到印染、服装制作等环节，在国家计划的统一协调下有序运行，上海的纺织品不仅满足了国内市场的大量需求，还出口到国外，为国家赚取了宝贵的外汇收入，成为当时计划经济时期推动经济发展和出口创汇的重要力量。

3. 国家计划调配劳动力与就业保障体系

国家对劳动力实行全面的计划调配，根据经济发展需求将劳动力分配到不同的行业和企业。在城市，毕业生和待业人员由国家统一安排就业岗位，企业没有自主招聘和解雇员工的权力。同时，为了保障劳动者的权益和生活稳定，建立了相对完善的就业保障体系，包括提供稳定的工资收入、基本的住房、医疗和教育等福利。户籍制度与就业紧密挂钩，城市户籍居民享有优先就业权利，并且在工作调动等方面受到严格的计划管理。劳动部门制订劳动力调配计划，企业按计划接收员工。在企业内部，实行低工资、高福利的分配制度，员工的工资水平由国家统一规定，企业根据经营效益发放少量奖金，但住房、医疗、子女教育等福利基本由企业或国家承担，减轻了劳动者的生活负担，保障了社会的稳定。在大型工程项目建设中，如修建铁路、水利工程等，国家会从各地调配大量劳动力前往施工现场，满足工程建设的人力需求。比如在大庆油田的开发建设过程中，国家从全国各地调配了大量石油工人、技术人员和管理人员，这些人员在国家的统一安排下奔赴大庆。他们的工作、生活等各方面都由油田和国家相关部门负责保障，大庆油田在开发初期面临艰苦的自然环境和技术难题，但在国家政策的支持下，通过全体建设者的努力，迅速建成投产。不仅为国家提供了大量的石油资源，推动了国家能源工业的发展，还带动了当地相关产业的兴起。这种模式不仅促进了区域经济的繁荣，还体现了计划经济时期劳动力计划调配和就业保障体系在重大项目建设中的作用。

4. 农业领域实行集体化生产与农产品统购统销

在广大农村，推行农业集体化生产，组织农民成立人民公社，并集中土地等生产资料，实行统一生产和分配。同时，国家对农产品实行统购统销政策，农民须按国家规定的价格和数量出售农产品，国家再通过计划分配供应城市居民和工业企业。人民公社建立了三级所有、队为基础的管理体制，公社、生产大队和生产队在生产、分配等方面各司其职。生产队负责组织农民进行日常生产活动，根据国家计划安排种植作物种类和面积。农产品统购统销由国家粮食部门和供销社等机构负责实施，通过设立收购站点、规定收购价格和标准等方式，确保农产品的收购和供应。特别是在粮食生产方面，生产队按照国家计划种植水稻、小麦等主要粮食作物，收获后统一交售给国家粮库，国家再根据城市人口数量和工业用粮需求进行计划分配。在农业集体化背景下，国家通过统购统销政策，将农业生产和基础工程建设也紧密联系在一起，以河南省林县红旗渠的修建为例，林县人民在县委的带领下，以人民公社为组织单位，集中全县的人力、物力和财力修建红旗渠。在修建过程中，人民公社和生产队合理调配劳动力，保障了工程建设的人力需求。红旗渠的建成，改善了当地农业生产条件，不仅灌溉了大量农田，还增加了粮食产量，促进了当地农业经济的发展，也成为计划经济时期农业集体化生产和国家支持农村基础设施建设的典型案例，体现了当时政策在推动农村发展方面的积极作用。

5. 教育与科技发展有计划地投入与布局

国家高度重视教育和科技事业，对其进行计划性投入和布局。在教育方面，逐步建立起从小学到大学的完整教育体系，国家统一规划学校设立、招生规模及专业设置等。同时，大力发展职业教育和工农速成教育，为国家培养急需的技术人才和工农干部。在科技方面，集中资源建立科研机构，确定科研重点方向，如在国防科技、工业技术等领域开展研究，推动科技成果转化为生产力。教育部门根据国家经济发展需求制定教育发展规划，高校招生实行全国统一考试和计划分配制度，毕业生按照国家计划分配到相应的工作岗位。科研机构由国家设立和管理，科研项目由国家下达任务，科研经费由国家财政保障。例如，在“两弹一星”工程中，国家调集了大批优秀科学家和科研人员，集中全国的科研资源，投入大量资金，建立了专门的科研基地和试验设施，在原子弹、导弹和人造卫星等领域开展科研攻关，取得了举世闻名的成就，提升了我国的国际地位，带动了相关学科和产业的发展。清华大学在计划经济时期的发展也体现了教育与科技计划性投入的特点。国家加大对清华大学的资金投入，支持学校建设实验室、图书馆等教学科研设施，同时选派优秀教师充实师资队伍。清华大学根据国家需求设置专业，如机械制造、电子工程等专业，为国家培养了大量高层次技术人才。在科研方面，清华大学承担了许多国家重点科研项目，如在核能技术研究方面取得了重要成果，为我国核电事业的发展奠定了基础。学校的发展紧密契合国家规划，为国家的工业化和科技进步做出了重要贡献。

6. 对外贸易实行国家垄断与计划管理

国家对外贸活动进行严格的计划管理，根据国内经济建设需求和国际形势制订进出口计划，包括进出口商品种类、数量、贸易对象等。对外贸易由国家实行垄断经营，成立了中国进出口公司等专门外贸公司，负责全国进出口业务。出口商品主要涵盖农产品、矿产品和轻纺产品等初级及简单加工产品，而进口商品则聚焦于国家急需的工业设备、技术和原材料等。外贸公司按照国家计划开展业务，企业没有自主对外贸易权。国家对外贸价格实行统一管理，出口商品价格由国家制定，以保证在国际市场上的竞争力；进口商品价格也由国家与外商谈判确定。此外，国家实施外汇管制，统一管理和分配外汇资源，确保其用于国家重点进口项目。这一时期，中苏贸易是我国对外贸易的重要组成部分。在国家计划安排下，20 世纪 50 年代，我国向苏联出口大豆、肉类等农产品以及钨矿等矿产品，从苏联进口大量机械设备、汽车、钢材等物资。中苏贸易协定的签订和执行，促进了双方经济的发展，也为我国引进苏联先进技术和管理经验提供了机会。苏联援助我国建设的 156 项重点工程，其中许多设备和技术就是通过中苏贸易获得的，这些项目对我国建立独立的工业体系发挥了关键作用，为国家的工业化建设提供了重要支持，体现了计划经济时期对外贸易国家垄断和计划管理在推动国家经济建设方面的重要意义。

7. 金融领域实行计划性运作与资金调控

这一时期，国家建立了高度集中的金融体系，中国人民银行成为国家唯一的货币发行和金融管理机构，承担着发行货币、管理信贷、组织结算等多种职能。国家对金融活动进行严格的计划调控，银行信贷资金按照国家计划分配给国有企业和重点建设项目，以支持国家的工业化和基础设施建设。同时，推行低利率政策，降低企业融资成本，推动经济增长。企业的资金需求必须通过银行信贷渠道获得，银行根据国家计划和企业生产经营状况审批贷款。国家通过调整信贷规模和利率水平等手段，对经济进行宏观调控。例如，在国家实施优先发展重工业战略时，银行优先为重工业企业提供充足的信贷资金，确保企业的设备购置、厂房建设等项目顺利进行。在农业生产方面，国家也通过银行提供低息贷款，支持农村集体购买农业生产资料，如拖拉机、化肥等，促进农业生产发展。在“一五”计划期间，国家对长春第一汽车制造厂的建设提供了全方位的金融支持，中国人民银行通过计划安排，为长春第一汽车制造厂提供了大量低息贷款，用于工厂的建设和设备引进。同时，银行还协助企业进行资金管理和结算，确保企业生产经营活动的顺利进行。一汽建成投产后，不仅带动了汽车零部件生产等相关产业的发展，还为国家经济增长做出了重要贡献，体现了计划经济时期金融体系计划性运作和资金调控在支持重点企业建设和推动产业发展方面的积极作用。

8. 区域经济布局实行计划性调整与产业转移

国家根据战略需要对区域经济布局进行计划调整，将一些工业项目向内地和边疆地区转移，以促进区域经济平衡发展。在“一五”计划和“三线建设”时期，国家将大量工业企业从沿海地区迁往中西部地区，包括机械制造、军工、电子等行业，同时加强中西部地区的基础设施建设，改善投资环境。国家成立了专门的区域规划和建设管理机构，负责项目的选址、搬迁和建设工作。国家在财政、物资等方面给予中西部地区重点支持，鼓励沿海地区企业向内地搬迁。在“三线建设”中，许多上海、北京等地的工厂搬迁到四川、贵州、陕西等内陆省份，国家为搬迁企业提供资金用于厂房建设、设备安装等，同时在当地建设配套的交通、能源等基础设施，促进了中西部地区工业的发展。攀枝花钢铁基地的建设是区域经济布局计划性调整的典型案例。为了开发利用攀枝花地区丰富的钒钛磁铁矿资源，加强西南地区的工业基础，国家从全国各地调集人员和物资，在攀枝花建设大型钢铁基地。在建设过程中，国家投入大量资金，克服了地质复杂、交通不便等困难，建成了集采矿、选矿、炼铁、炼钢等于一体的大型钢铁联合企业。攀枝花钢铁基地的建成，带动了当地相关产业的发展，促进了西南地区经济的繁荣，同时也优化了我国钢铁工业的布局，体现了计划经济时期区域经济布局调整政策在推动资源开发、产业发展和区域协调方面的重要意义。

9. 社会福利实行计划性构建与保障覆盖

计划经济时期建立了较为全面的社会福利制度，覆盖城市职工和农村居民。在城市，企业承担了职工及其家属的主要福利责任，包括提供住房、医疗、子女教育、养老等保障。住房由企业分配，职工享受低租金住房；企业设有医务室或附属医院，为职工提供免费或低价医疗服务；职工子女可在企业办的学校就读；职工退休后由企业发放养老金。在农村，通过人民公社建立了农村合作医疗制度、五保户供养制度等，为农民提供基本的医疗和生活保障。国家通过政策法规规范社会福利制度的实施，企业和农村集体按照国家规定履行福利保障职责。例如，在城市，企业的福利费用列入生产成本，由国家统一规定提取比例。在农村，合作医疗基金由农民个人与集体共同筹集，政府提供一定支持。五保户供养所需经费由农村集体公益金支出，保障其基本生活需求。这种计划性构建的社会福利制度，在当时的经济条件下，为广大人民群众提供了基本的生活保障，稳定了社会秩序。以大庆油田为例，油田企业为职工提供了全方位的福利保障。在住房方面，建设了大量职工宿舍和家属楼，职工按照工龄、家庭人口等条件分配住房；在医疗方面，油田医院设备齐全，为职工和家属提供优质医疗服务；在教育方面，油田自办学校，从幼儿园到中小学，保障职工子女接受良好教育；退休职工能够按时领取养老金，安享晚年。大庆油田的社会福利制度不仅提高了职工的生活质量，增强了企业的凝聚力，也体现了计划经济时期企业社会福利制度在保障职工权益、促进企业发展和稳定社会方面的积极作用。同时，在农村，像山西昔阳县大寨村这样的典型农村，通过人民公社的组织和集体力量，建立了较为完善的合作医疗制度，农民小病在村卫生室治疗，大病送至公社卫生院或县医院救治，有效解决了农民看病难的问题，提高了农民的健康水平，体现了农村社会福利制度对农民生活的保障作用。

1949—1978年的计划经济时期，一系列兼具宏观与微观属性的政策举措，于彼时特定的历史情境中，切实对我国经济发展产生了显著的推动作用。在较短的时间跨度内，成功构建起相对完备的工业体系以及国民经济体系，为国家基本建设的稳步推进提供了坚实支撑，亦有效保障了人民的基本生活需求。然而，伴随经济持续发展，计划经济体制的固有弊端渐次凸显。其中，资源配置过程中效率低下的问题尤为突出，难以实现资源的最优配置，致使生产要素未能充分发挥其潜在效能。同时，企业在高度集中的计划管理模式下，缺乏足够的自主性与活力，创新动力不足，难以对市场变化做出及时灵活的反应。这些弊端的显现，为后续经济体制改革铺垫了现实背景，并成为改革的重要契机，促使经济体制朝着更契合经济发展规律、更能激发市场活力的方向转型。

二、1978—1992年：商品经济转型与市场机制萌芽期

1978年至1992年期间，我国的经济发展环境呈现出快速改善和优化趋势。1978年，党的十一届三中全会确立了以经济建设为中心的战略，并启动改革开放进程，由此推动我国经济发展迈入全新历史阶段。此后，改革开放政策陆续实施，释放出推动经济快速发展的强劲动能。在有计划的商品经济体制改革推进下，非国有经济领域活力迸发，增速显著提升。从产业结构看，工业部门占据主导地位，第一产业占比逐步缩减，第三产业占比稳步增长。出口商品结构方面，初级产品占比持续回落，而工业制成品占比呈现显著攀

升态势。1992 年我国的进出口贸易总额达 1656.1 亿美元，占同年国内生产总值的 39.6%，比 1978 年增长了 7 倍。随着世界经济重心的东移，我国积极参与国际经济合作与竞争，不断提升自身经济实力和国际地位。1978 年至 1992 年，我国的国内生产总值增长了 2.3 倍，年平均增长率高达 9%。这一阶段经济高速增长、对外贸易迅速扩大、城市化进程加快以及基础设施与基础产业快速发展等，有赖于外部环境条件的显著改善和改革的深入推进。

（一）1978—1984年：改革启动与局部试验阶段

1978 年 12 月召开的十一届三中全会，标志着中国历史进入一个重要转折点，引领国家步入社会主义现代化建设的新阶段，并开启了中国特色社会主义的发展历程。这一时期，我国明确要实行改革开放的战略方针，政府工作全面转向以经济建设为中心。在改革开放初期，我国社会贫困问题严重，很多老百姓尚未解决温饱问题，大力发展经济成为政府最为紧迫的任务之一。而发展经济就需要处理好政府与企业、市场之间的关系，政府需要做的就是有计划有组织地将权力下放，给予企业更多经济管理自主权。以家庭联产承包责任制为核心的农村改革率先展开，这一变革极大地解放了农村的生产力；1984 年党的十二届三中全会首次提出了“在公有制基础上有计划的商品经济”的概念，经济体制改革重心从农村转入城市。就是在这一契机下，我国通过设立经济特区、开放港口、改革管理体制、完善法律法规、促进就业等措施，不断改善商业环境，开始从理论和实践上对营商环境建设问题进行初步的探索与尝试。

1. 农村经济体制改革

1978 年，中国共产党第十一届中央委员会第三次全体会议顺利召开，标志着我国进入了改革开放的新纪元。在这一历史转折点上，原有的计划经济体制暴露出激励机制缺失和资源配置效率低下的弊端，推动生产力快速发展成为当时最为紧迫的经济任务。然而，初期的改革举措呈现出零散性和局部性的特征。这场经济改革首先从农村地区展开，其初衷是解决“农村政策问题”，核心目标是通过调整农村基本经营模式，赋予广大农民土地经营自主权，从而终结了已实施二十年的人民公社“一大二公”体制。随着微观经济体制改革的深入推进，以家庭联产承包责任制为核心、统分结合的双层经营体制逐渐取代了传统的人民公社制度，成为农村集体经济的新组织形式。1978 年以后，家庭联产承包责任制在广大农村地区逐渐推广开来，这极大地激发了农民的劳动热情，并显著提高了农业生产的效率。“包干到户”成为家庭联产承包责任制的主要内容，标志着中国农业完成了由人民公社集体经济制度向农民在“承租”的土地上建立的家庭经营制度的过渡。家庭联产承包责任制不仅在农村集体经济组织中实行，而且推广到国营农场；不仅在农业生产领域实行，而且推广到林业、牧业、副业、渔业等农村经济各领域。另外，1985 年开始实行粮食合同订购与市场收购相结合的制度。国家解除了对城镇居民口粮和食油之外的农副产品的价格管控，调整了农业税制，从而将农业生产与市场需求更紧密地结合起来。

2. 城市经济体制改革

国有企业是城市经济体制改革的重中之重，在此时段，国有企业开始获得一定自主权，以调动其生产经营的积极性。一是放权让利，以发挥企业的积极性、主动性和创造性。1979 年国务院下发《关于扩大国营工业企业经营管理自主权的若干规定》，1984 年国务院又下发《关于进一步扩大国营工业企业自主权的暂行规定》（俗称扩权十条），赋予了企业自主经营、自负盈亏的必要权力①。二是实行经济责任制，解决国家与企业之间、企业与职工之间以及职工与职工之间的责、权、利关系。承认企业拥有部分决策权，政府向企业下放权力，同时改变传统企业全部利润上交的做法，让企业可以在利润中保留一部分财务支配权。经济责任制度的实施显著提升了企业运营效能，并增强了企业的责任感。三是推行利改税，为调整国家和企业的分配关系，解决政企不分、以政代企问题。1983 年和 1984 年，政府分两步进行了以税

① 侯孝国、高文勇：《国企改革三十年 实践经验与理论创新》，《国有资产管理》2008年第4期。

收改革为中心内容的工商税制改革。所谓利改税，就是把国营企业过去全额上缴利润改变为按国家规定的税种及税率缴纳税金，税后利润完全归企业支配的制度变革。利改税通过税收形式固定了国有国营企业的分配关系，为企业的自主经营提供了更有利的条件。四是探索多种形式的经营责任制，进一步提高企业的经济效益和竞争力。承包经营责任制是城市经济体制改革的重要探索，旨在解决计划经济体制下国有企业活力不足的问题，它是在社会主义公有制的前提下，坚持所有权与经营权适当分离原则，通过签订承包合同的契约形式，将企业经营绩效与利益分配相挂钩，明确国家与企业之间的责、权、利关系，从而赋予企业更多经营自主权的一种管理制度创新。这一时期，国有企业开始实行股份制改革试点。通过将国有企业改制为股份制企业，引入社会资本，实现国有资本与社会资本的有机结合，虽然当时股份制改革没有得到大面积的推广，但它为中国经济的转型升级奠定了基础。

3. 对外开放

1978 年，党中央先后派出多个代表团出访，带回世界发展的客观情况，促使党中央作出对外开放的决策。1979 年，中央批准在广东、福建两省实行特殊政策，建立深圳、珠海、汕头、厦门等 4 个经济特区，为对外开放找到了突破口。经济特区实行更加开放的政策和管理体制，积极吸引侨资、外资，引进国外先进技术和管理经验。1984 年，中共中央和国务院决定进一步开放大连、秦皇岛、天津、青岛、上海、宁波、福州等 14 个沿海城市，中国沿海地区对外开放由点到线逐步展开。这些沿海城市及经济特区在吸引外资、引进技术、促进经济发展等方面成效显著，成为国内外关注的改革开放的窗口。1985 年，长江三角洲、珠江三角洲和闽南厦漳泉三角地区的 59 个市县开辟为沿海经济开放区。沿海经济开放区凭借其对外联系广泛、工农业基础好、有丰富的劳动力资源等优势，大力发展加工业，扩大出口创汇。对外开放政策有效激活了对外贸易动能。从 1978 年到 1984 年，中国引进外资总额已达一定规模，对外贸易总额也大幅增加，世界上同中国有直接贸易关系的国家和地区数量不断增加。随着对外开放的深入，中国在国际市场上的地位逐渐提升，中国与世界各国的合作与交流不断加强。我国在能源、交通、通信等领域引进了一批先进技术和设备，提高了中国的生产力和技术水平。同时，中国也积极参与国际经济合作与竞争，推动了国内产业的升级和发展，为后续的改革开放奠定了坚实基础。

1978 年至 1984 年，我国经济发展政策环境发生了显著变化，国家层面出台了不少促进经济发展的政策制度，体现显著的变革和创新精神。地方也在加快发展，诸如广东省进行了经济发展创新路径的探索。相关政策文件见表 5–1。

表 5–1　1978—1984 年部分经济发展政策文件

年份	内容
1978	国务院印发《关于进一步落实党对民族资产阶级的若干政策的决定》
1979	国务院批准《关于我驻香港招商局在广东宝安建立工业区的报告》
	国家经委等六部门转发《关于企业管理改革试点座谈会纪要》
	全国人大通过《中华人民共和国中外合资经营企业法》
	国务院印发《关于发展社队企业若干问题的规定（试行草案）》
	国务院印发《关于扩大国营工业企业经营管理自主权的若干规定 》
	国务院印发《关于国营企业实行利润留成的规定》
1980	国务院批准国家经委、财政部关于《国营工业企业利润留成试行办法》的通知
	国务院批准《广东、福建两省会议纪要》。决定在广东省的深圳市、珠海市、汕头市和福建省的厦门市，各划出一定范围的区域试办经济特区
	全国人大批准《广东省经济特区条例》
	国务院批转国家经委《关于扩大企业自主权试点工作情况和今后意见的报告》
	全国人大通过《中华人民共和国中外合资经营企业所得税法》《中华人民共和国个人所得税法》
	国务院发布《关于开展和保护社会主义竞争的暂行规定》
1981	国家工商行政管理总局印发《中外合资经营企业登记审批程序》
	国家工商行政管理总局等六部门印发《关于对城镇个体工商业户货源供应等问题的通知》
	国务院发布《关于城镇非农业个体经济若干政策性规定 》
	国务院印发《关于广开门路，搞活经济，解决城镇就业问题的若干规定》

续表

年份	内容
1982	国务院印发《关于打击经济领域中严重犯罪活动的决定》
	国务院批转《国家物价局、轻工业部、商业部关于逐步放开小商品价格实行市场调节的报告》
1983	国务院批转国家体改委、商业部《关于改革农村商品流通体制若干问题的试行规定》
	国务院印发《关于发展城乡零售商业、服务业的指示》
	国务院发布《关于城镇劳动者合作经营的若干规定》和《关于城镇非农业个体经济若干政策性规定的补充规定》
	国务院批转财政部《关于国营企业利改税试行办法》
	国家工商行政管理局发布《关于城镇合作经营组织和个体工商业户在登记管理中若干问题的规定》
	国务院发布《中华人民共和国中外合资经营企业法实施条例》
1984	国务院发布《关于合作商业组织和个人贩运农副产品若干问题的规定》
	国务院发布《关于农村个体工商业的若干规定》
	中共中央、国务院转发农牧渔业部和部党组《关于开创社队企业新局面的报告》
	国务院发布《关于进一步扩大国营工业企业自主权的暂行规定》
	国务院批转商业部《关于当前城市商业体制改革若干问题的报告》
	国务院批转中国农业银行《关于改革信用合作社管理体制的报告》
	国务院发布《国务院关于经济特区和沿海十四个港口城市减征、免征企业所得税和工商统一税的暂行规定》

注：表格内容根据中央人民政府网站相关信息整理而成。

（二）1985—1987年：有计划的商品经济

自1984年起，改革重点从农村向城市转移，党积累了大量农村改革的成功经验，对城市改革充满信心。在城市，开始提出要政企分开、简政放权，经济体制改革步伐加快，多种措施指向要让企业成为自主经营、自负盈亏的主体。为打破计划经济时期平均主义的弊端，提出要实行按劳分配为主，多种分配方式并存的分配模式。1984年10月，党的十二届三中全会通过了《中共中央关于经济体制改革的决定》，这一纲领性文件明确了社会主义经济是“有计划的商品经济”，大大突破了长期存在的思想束缚，解决了长期困扰社会主义建设与发展的理论难题，创新性地提出了发展社会主义商品经济的理念，在计划与市场关系的理解上实现了显著进展。1985 年 9 月召开的中共十二届五中全会明确要求“进一步发展社会主义的有计划的商品市场，逐步完善市场体系”。1987 年，党的十三大报告强调了以公有制为主体的同时，应大力发展具有计划性的商品经济，并提出这是一种计划与市场内在统一的体制。从当时的探索来看，改革内容集中在提升企业活力、转变企业运营机制等关键领域，这种变化具有社会主义市场经济内涵的萌芽，为我国后续深化经济体制改革搭建了新框架，也提供了重要的理论支撑。

1985 年至 1987 年我国经济发展改革特征主要体现在以下几个方面：一是所有制结构和经营方式的多样化。所有制形式发生显著变化，逐步形成了以公有制为主体、多种所有制经济并存的格局。政府放宽政策，城乡集体、个体和私人经济活跃，中外合资、合作经营和外商独资企业也开始发展。国有企业采取了承包、租赁等多种灵活的经营方式，逐步实现了所有权与经营权分离，经济效益得到提高。二是企业改革深化，活力增强。以增强企业活力为中心环节，深化企业改革，转变企业经营机制。企业与国家的关系得到调整，通过企业扩权和两步利改税的探索，普遍推行了多种形式的企业承包经营责任制。在企业内部，也进行了一系列改革，如改革企业内部领导体制、实行经济承包责任制、实行劳动用工合同制等，提高了企业的经营水平和市场竞争力。三是市场体系逐步建立。随着社会主义商品经济的发展，开放和开拓了各种市场，逐步建立了社会主义市场体系。这一过程涉及商品流通、物资分配、金融服务、科技创新以及劳动力市场等多个领域的体制革新。通过引入多元化的经济成分和经营模式，丰富流通环节的多样性，不仅增强了国有批发与零售商业在市场竞争中的活力，也为农村供销合作社带来了新的发展机遇。四是对外开放逐步扩大。党的十一届三中全会以后，对外开放作为我党确立的一项长期不变的基本国策，正式全面推行。此后，我国实施了一系列关键举措以扩大对外开放，如设立经济特区、开放沿海港口城市及区域等。借助于对外开放政策，大量外资得以引进，同时先进的技术也随之涌入，这极大地推动了我国经济的增长和技术水平的提升。

然而，这一时期的经济改革发展也伴随着一些挑战和问题。例如，1985年至1987年的经济改革引发了第二波通胀，尤其是1987年秋农副产品价格因各地囤积抢购行为而达到涨价高峰。此外，由于一些地方政府和企业接受不了工业生产回落，要求放松银根以刺激经济来获得高速发展，使得这一次宏观调控无法顺利进行。这些问题和挑战为后来的经济发展提供了宝贵的经验和教训。这一时期的相关政策文件见表5-2。

表5-2 1985—1987年部分经济发展政策文件

年份	内容
1985	中共中央、国务院发布《关于进一步活跃农村经济的十项政策》
	中共中央发布《关于科学技术体制改革的决定》
	国务院发布《关于坚决制止就地转手倒卖活动的通知》
	国务院发布《关于进一步清理和整顿公司的通知》
	国务院批准国家工商行政管理局公布的《公司登记管理暂行规定》
1986	全国人大通过《中华人民共和国外资企业法》
	国务院发布《关于扩大科学技术研究机构自主权的暂行规定》
	国务院批转《关于一九八六年商业体制改革几个问题的报告》
	国务院发布《国营企业实行劳动合同制暂行规定》《国营企业招用工人暂行规定》《国营企业辞退违纪职工暂行规定》《国营企业职工待业保险暂行规定》
	国务院发布《关于鼓励外商投资的规定》
	国务院发布《关于深化企业改革增强企业活力的若干规定》
1987	国务院发布《关于进一步推进科技体制改革的若干规定》
	国务院印发《把农村改革引向深入》的通知
	国务院发布《城乡个体工商业户管理暂行条例》
	国家科委颁布《关于科技人员业余兼职若干问题的意见》

注：表格内容根据中央人民政府网站相关信息整理而成。

（三）1988—1992年：国家调节市场，市场引导企业

20世纪80年代中期以后，计划轨道越来越窄，市场轨道越来越宽。我

国正在全方位加快对外开放的步伐，相关政策方案陆续出台，“外资”“外商”等词汇逐渐为人们所熟悉和接受。政府为外来投资企业提供了多项优惠政策，这在当时是有很大吸引力，中国鼓励外国市场主体来华投资建厂，在此过程中，国外一些先进设备和技术以及管理经验一同来到国内，一定程度上使我国科技水平也得到了提升。同时，国内投融资渠道也在不断拓宽，《企业债券管理暂行条例》实施以及地方证券交易所的成立，中央政府不再是市场上唯一的投资主体，建设资金来源得到较好拓展，中央财政资金也不再是企业获取投资资金的唯一来源，多渠道的投资体制对经济发展起到了更大的促进作用。1988 年，我国开始设立经济技术开发区，大力吸引外资，发展新兴技术及新兴产业，对开发区内的企业提供税收减免及财政补贴等优惠政策。这也是当年邓小平提出的沿海与内陆分步对外开放战略思想的鲜明写照。

这一时期，经济体制改革逐步深化，呈现如下特点：一是市场调节范围扩大。随着改革的深入，市场调节和价值规律的作用逐渐发挥。农副产品市场、工业消费品市场、生产资料市场和短期资金市场等都有了不同程度的发展。价格由市场决定的产品在农副产品、工业消费品和工业生产资料中的占比也逐渐上升。这段时间内，价格改革取得了关键性的突破。国家定价的商品占比逐渐减少，而由市场决定的价格占比逐渐增加。例如，粮肉蛋菜等商品的补贴基本取消，煤油电运等连续调价，企业和居民都能承受。二是对外开放格局发生改变。我国的对外开放从沿海特定地区、经济特区和内陆少数地区以及边境地区逐步扩大到沿边、沿江地区。外资大量进入，贸易顺差保持一定水平。我国积极参与国际竞争，进出口总额大幅增长。同时，也加强了与国际的经济合作，吸引了大量外资进入中国市场。三是政府经济管理职能转变。政府对经济的管理开始由直接的以行政协调为主逐渐向以经济手段为主的间接调控转变。金融手段以及价格等经济杠杆在调节社会供求方面的作用得到强化。随着改革的深入，政府也加强了政策法规的制定和执行，为市场经济的健康发展提供了有力的法律保障。

尽管在 1988 年至 1990 年期间经历了经济紧缩和治理整顿的阶段，但整体上经济仍然保持了较高的增长速度。特别是在1992年后，随着改革开放的进一步加速，经济出现了快速增长的势头。这一时期的相关政策文件见表5-3。

表5-3 1988—1992年部分经济发展政策文件

年份	内容
1988	国务院印发《关于在全国城镇分期分批推行住房制度改革的实施方案》
	国务院原则批准广东省人民政府《关于广东省深化改革、扩大开放、加快经济发展的请示》
	国务院印发《关于扩大沿海经济开放区范围的通知》
	全国人大通过《中华人民共和国全民所有制工业企业法》《中华人民共和国中外合作经营企业法》
	国务院发布《关于深化科技体制改革若干问题的决定》
	国务院颁布《中华人民共和国私营企业暂行条例》《中华人民共和国私营企业所得税暂行条例》
	国务院印发《关于清理整顿公司的决定》
1989	国务院批转国家体改委《关于一九八九年经济体制改革要点的通知》
	国家工商行政管理局印发《关于对个体工商户和私营企业加强管理的通知》
	国务院发布《关于大力加强城乡个体工商户和私营企业税收征管工作的决定》
	劳动部发布《私营企业劳动管理暂行规定》
1990	农业部发布《农民股份合作企业暂行规定》
	国家科委和国家工商行政管理局发布《关于加强科技开发企业登记管理的暂行规定》
	国务院印发《关于打破地区间市场封锁进一步搞活商品流通的通知》
1991	国家税务局印发《关于对私营企业若干税收政策规定的通知》
	国务院批准国家科委制定的《国家高新技术产业开发区高新技术企业认定条件和办法》《国家高新技术产业开发区若干政策的暂行规定》和国家税务局制定的《国家高新技术产业开发区税收政策的规定》
	国务院发布《关于企业职工养老保险制度改革的决定》
	国务院印发《关于进一步搞活农产品流通的通知》

续表

年份	内容
1992	国务院印发《国务院批转国家体改委、国务院生产办关于股份制企业试点工作座谈会情况报告的通知》
	国家经济体制改革委员会印发《关于印发〈股份制企业试点办法〉的通知》《关于印发〈股份有限公司规范意见〉和〈有限责任公司规范意见〉的通知》
	国家科委发布《1992—1993年科技体制改革要点》
	国务院发布《关于加快发展第三产业的决定》
	国家科委、国家体改委印发《关于分流人才、调整结构、进一步深化科技体制改革的若干意见》

注：表格内容根据中央人民政府网站相关信息整理而成。

三、1992—2012年：市场经济确立与营商环境系统优化期

（一）1992—2002年：市场经济体制建立时期

1992年初，邓小平在南方谈话中提出了“计划与市场皆为经济调节工具”等重要观点，为深化改革消除了思想束缚。同年10月，党的十四大正式确立了构建社会主义市场经济体制的战略目标。第二年，党的十四届三中全会通过了《中共中央关于建立社会主义市场经济体制若干问题的决定》，初步描绘了这一体制的总体架构。1997年9月，党的十五大对我国基本经济制度进行新的表述，明确了以公有制为主体、多种所有制经济共同发展，进一步丰富了社会主义市场经济理论的内涵。到20世纪末21世纪初，我国95%的资源已通过市场机制配置，标志着社会主义市场经济体制的初步建立。2001年，中国成功加入世界贸易组织，进一步拓展了对外开放的广度与深度，推动了市场化改革的加速发展。

1992年至2002年，是我国社会主义市场经济体制建立的十年，这一时期的经济改革特征显著，具体表现为：

1. 确立社会主义市场经济体制

1992 年中共十四大明确提出，我国经济体制改革的目标是建立社会主义市场经济体制。这一决定标志着我国经济体制改革进入了新的历史阶段，也为后续的经济改革指明了方向。在这一时期，我国进行了全方位、多层次的经济体制改革。商品市场体系基本建立，绝大多数消费品和生产资料的价格已经实现市场化，市场在资源配置中的作用日益显著。同时，要素市场如劳动力市场、资本市场、土地市场等也取得了重要进展。例如，劳动力市场废除了统包统分的就业制度，建立了劳动合同制；资本市场方面，上海证券交易所和深圳证券交易所在此期间持续快速发展；土地市场方面，允许土地使用权依法转让，推动了土地市场的规范化发展。

2. 国有企业改革取得突破性进展

国有企业是改革的重点。按照《中共中央关于建立社会主义市场经济体制若干问题的决定》提出的建立“产权清晰、权责明确、政企分开、管理科学”的现代企业制度要求，国有企业进行了大规模的改制、改组和改造。大批国有企业积极进行公司制、股份制改革，建立现代企业制度。国家加强对国有企业财产的监督，防止国有资产流失，实现企业国有资产的保值增值。国务院设立了国有资产管理局，专门负责国有资产的管理，实施“抓大放小”战略，搞好大的国有企业，放活小的国有企业，通过存量资产的流动和重组，对国有企业实施战略性改组。

对大型企业和企业集团进行重点扶持，形成规模经济。对小型国有企业，则采取了灵活多样的方式进行改制，如兼并、股份合作、租赁、承包经营和出售等。优化国有资产分布结构、企业组织结构以及投资结构。通过央企的兼并重组与主辅分离辅业改制等措施促进国有经济的布局和结构调整。在企业内部，深化企业内部劳动、人事和分配三项制度的改革。通过公司制改革、优化资本结构和资产重组等措施，国有大中型企业改革和脱困的目标基本实现，竞争力显著增强。

3. 宏观调控体系逐步建立和完善

为适应市场经济的要求，我国逐步建立和完善了宏观调控体系。1998年的国务院机构改革中，“宏观调控部门”首次明确被提出，并明确了其主要职责为平衡经济总量、抑制通货膨胀、优化经济结构、促进经济持续快速发展等。这一改革使得宏观调控部门的职责更加明确，调控效果也更加显著。财政体制改革方面，实施了分税制改革，明确了中央和地方的收入范围，增强了中央政府的宏观调控能力。金融体制改革方面，颁布了《中华人民共和国中国人民银行法》和《中华人民共和国商业银行法》，推动了国有专业银行向现代商业银行转变，并成立了中国证监会、保监会等金融监管机构，完善了金融监管体系。这些改革措施为市场经济的发展提供了有力的支持。在1997年亚洲金融危机的外部冲击面前，我国的宏观调控体系虽然显得缺乏应变性、灵活性，但在随后的几年中，政府通过加强宏观调控、扩大内需等措施，成功应对了通货紧缩的挑战。这一过程中，宏观调控体系在应对外部冲击方面的能力得到了显著增强。

4. 对外开放进入新阶段

这一时期，我国对外开放进入了新阶段。扩大开放范围，进一步开放了一批内陆边境城市和所有省会城市；调整外商投资政策，明确了鼓励、限制和禁止外商投资的产业；进行外贸体制改革，统一了外汇牌价，实行有管理的浮动汇率制度，并逐步取消了出口补贴，降低了关税水平。这些措施极大地促进了中国与世界经济的融合，为中国经济的快速发展提供了有利的外部环境。1996年，我国提出了“引进来”和“走出去”的开放战略。这一战略的提出，标志着我国对外开放进入了新的历史阶段。众多实力雄厚的企业纷纷赴国外投资设厂，积极参与国际合作，推动了多种形式的对外经济合作业务的持续稳定增长。2001年，我国正式加入世界贸易组织，这标志着我国对外开放再次实现跨越。加入世界贸易组织后，我国在国际经济舞台上的地位得到了显著提升，能够更好地参与国际经贸规则的制定和执行。

5. 重视经济立法问题

政府开始注重运用法律手段来规范市场秩序，保护市场主体的合法权益。1993 年发布的《中共中央关于建立社会主义市场经济体制若干问题的决定》要求国有企业改革建立现代企业制度，同年颁布的《中华人民共和国公司法》，为现代企业制度改革的进行提供了充足的法律依据。1995 年颁布的《中华人民共和国中国人民银行法》首次以法律的形式明确了中央银行的地位和任务，实现了政策性银行和商业银行的分离，为宏观调控提供了更加有力的法律保障。1997 年，党的十五大提出了“依法治国”的基本方略，这一方略写进了当时的宪法，在这一方针的指导下，依法行政也水到渠成。这一时期，为促进良性竞争，国家对市场垄断和产权问题以及证券市场建设等领域，出台了相应的法律以规范市场主体行为，有效促进经济发展环境的稳定。

1992 年至 2002 年是我国社会主义市场经济体制构建的关键十年，国家通过系统性改革突破传统计划经济桎梏，形成了以市场调节为基础、政府宏观调控为保障的现代经济治理框架。1993 年党的十四届三中全会通过的《中共中央关于建立社会主义市场经济体制若干问题的决定》，首次系统规划了市场体系、现代企业制度、宏观调控体系等六大支柱，标志着改革进入制度性突破阶段。在此期间，国家密集出台《中华人民共和国公司法》《中华人民共和国合同法》等市场经济基础性法律，国有企业实施“抓大放小”战略重组，私营企业获得《中华人民共和国个人独资企业法》等法律保障，市场主体从 1992 年的 50 万户激增至 2002 年的 2377 万户，展现出蓬勃活力。

政策创新呈现多维突破特征：在区域协调方面，1999 年启动西部大开发战略，2003 年实施东北振兴计划，构建梯度发展格局；科技创新领域制订国家火炬计划、实施“863 计划”，推动中关村等科技园区崛起，研发投入占 GDP 比重从 0.70% 提升至 1.07%；金融改革推动央行实现独立履职，推进商业银行股份制改造，1994 年汇率并轨改革为与国际接轨奠定基础；财税领域 1994 年分税制改革重构央地财政关系，增值税转型强化市场统一性。尤为重要的是，法治化营商环境建设取得实质性进展，《中华人民共和国反不正当竞争法》《中华人民共和国行政复议法》相继颁布，2001 年加入 WTO 后全面清理 2300 余件法律法规，构建起与国际规则接轨的法治框架。这些改革既释放了市场活力，又完善了制度保障，为 2003 年后经济年均 10% 以上的高速增长奠定了坚实基础。这一时期出台的相关政策文件见表 5-4。

表 5-4　1993—2002 年部分经济发展政策文件

年份	内容
1993	国务院发布《关于加快发展中西部地区乡镇企业的决定》
	国务院印发《关于加快粮食流通体制改革的通知》
	国家工商行政管理总局发布《关于促进个体经济私营经济发展的若干意见》
	国家科委、国家体改委发布《关于大力发展民营科技型企业若干问题的决定》
	第八届全国人大通过《中华人民共和国反不正当竞争法》《中华人民共和国公司法》
	国务院下发《关于当前农业和农村经济发展的若干政策措施》
	十四届三中全会审议通过《中共中央关于建立社会主义市场经济体制若干问题的决定》
	国务院发布《关于金融体制改革的决定》
	国务院批转国家税务总局《工商税制改革实施方案》
1994	国务院发布《关于进一步深化对外贸易体制改革的决定》
	劳动部 公安部 全国总工会联合发出《关于加强外商投资企业和私营企业劳动管理切实保障职工合法权益的通知》
	第八届全国人大第八次会议通过《中华人民共和国劳动法》
	中共中央统战部下发《关于大力推动光彩事业的意见》
1995	中共中央、国务院发布《关于加速科学技术进步的决定》
	第八届全国人大第十三次会议通过《中华人民共和国商业银行法》
	国务院批转国家体改委《1995 年经济体制改革实施要点》
1996	劳动部、国家工商行政管理局、中国个体劳动者协会发出《关于私营企业和个体工商户全面实行劳动合同制度的通知》
	农业部、国家计委联合印发《关于促进大中型乡镇企业发展的意见》
	第八届全国人大第二十二次会议通过《中华人民共和国乡镇企业法》
	国家科委发布《“九五”全国技术市场发展纲要》

续表

年份	内容
1997	中共中央、国务院发布《关于卫生改革与发展的决定》
	第八届全国人大第二十四次会议通过《中华人民共和国合伙企业法》
	国务院印发《关于进一步加强土地管理切实保护耕地的通知》
1998	财政部、国家工商行政管理局、国家经贸委、国家税务总局联合印发《关于印发〈清理甄别"挂靠"集体企业工作的意见〉的通知》
	国务院印发《关于切实做好国有企业下岗职工基本生活保障和再就业工作的通知》
	中国人民银行发布《关于进一步改善对中小企业金融服务的意见》
	国家经贸委发出《关于制止出售国有小企业成风有关问题的通知》
1999	对外贸易经济合作部发布《关于赋予私营生产企业和科研院所自营进出口权的暂行规定》
	国务院发布《关于加强技术创新，发展高科技，实现产业化的决定》
	第九届全国人大第十一次会议通过《中华人民共和国个人独资企业法》
	国家工商行政管理局发布《关于加强个体私营经济登记和监督管理工作的若干意见》
	十五届四中全会通过《中共中央关于国有企业改革和发展若干重大问题的决定》
2000	国家工商行政管理局颁布《个人独资企业登记管理办法》
	国务院印发《关于促进小城镇健康发展的若干意见》
	深圳市政府颁布《深圳市创业资本投资高新技术产业暂行规定》
	国务院办公厅转发国家经贸委《关于鼓励和促进中小企业发展若干政策意见的通知》
	北京市人民政府出台《北京市关于加快科技企业孵化器发展的若干规定（试行）》
2001	对外贸易经济合作部印发《关于进出口经营资格管理的有关规定》
	12 月 11 日，中国正式成为 WTO 第 143 个成员
	国家计委发出《国家计委关于促进和引导民间投资的若干意见的通知》
2002	第九届全国人大第二十八次会议通过《中华人民共和国中小企业促进法》
	中国人民银行发布《关于进一步加强对有市场、有效益、有信用中小企业信贷支持的指导意见》
	中共广州市委、广州市人民政府出台《关于促进个体、私营经济上新水平的若干意见》
	劳动和社会保障部、中华全国总工会、中国企业联合会、中国企业家协会联合发出《关于建立健全劳动关系三方协调机制的指导意见》
	第九届全国人大常委会第二十九次会议通过《中华人民共和国农村土地承包法》
	国务院发出《关于进一步做好下岗失业人员再就业工作的通知》

注：表格内容根据中央人民政府网站相关信息整理而成。

（二）2003—2012年：市场经济体制完善时期

在市场经济体制逐步完善的十年间，经济改革展现出了一系列显著特征，这些特征不仅推动了所有制结构的进一步优化，还促进了宏观调控体系的不断完善，同时更加注重民生福祉与社会公平，并积极推动了要素市场化改革和资源价格的市场化进程。这一时期，我国继续坚持并完善以公有制为主体、多种所有制经济共同发展的基本经济制度。国有企业改革取得了令人瞩目的成效，不仅增强了国有企业的竞争力，还为其在市场中发挥引领作用奠定了坚实基础。非公有制经济也迎来了蓬勃发展，成为推动经济增长不可或缺的重要力量。政府积极推动垄断行业的改革，放宽了市场准入条件，鼓励民间资本进入更多领域，为非公有制经济的发展创造了更加广阔的空间。同时期外贸外资企业也逐步增多，市场呈现多主体快速发展的良好态势，营商环境也得到了进一步优化。

1. 政府加快服务职能转变

社会主义市场经济本质特征决定了政府职能发生较大转变，市场在资源配置和资源调整过程中起到了基础性作用。政府减少了对企业的经营行为直接干预，把原本属于企业的自主经营权交还给了企业，只在大方向做好引导工作。比如，尝试将部分政府工作外包给社会中介组织，越来越多的社会力量承担起原属于政府经济管理活动中的社会服务性职责和监督性职责。国家还积极推进要素市场化改革和资源价格市场化，劳动力、资本、土地等要素市场得到进一步发展，市场机制在要素配置中的作用得到加强。加快放开资源产品价格，由市场供求关系决定价格水平，推动了资源的节约和高效利用。通过多种路径有效明晰企业与市场、政府与企业的关系，政府积极推进职能转变，专注于为市场主体做好宏观引导，从聚焦企业的微观管理模式转向了聚焦营商大环境的宏观管理模式。

2. 行政审批制度改革力度加大

2001年，为更好地实现政府职能转变，减少政府对企业事务的干预，改变妨碍市场公平竞争的环境，提升效果不佳的行政审批项目质量，中央成立了行政审批制度改革工作领导小组。该小组严格遵循行政审批工作的优化方针，着眼于简化政府审批流程，赋予市场更多的自由决策权。行政审批制度改革工作领导小组成立后，一方面加速推进服务型政府的构建，提升政府服务的效率与质量；另一方面也为市场参与者提供了更多便利，使他们能够更加顺畅地展开业务活动，从而有力推动经济社会的发展。可以说，在这一时期政府已经开始将目光放到打造整体营商大环境上来，从高度关注招商引资拓展到关系企业经营发展的多个方面，关注范围明显地扩大。在各类研究文献中，“行政审批改革”是典型的高频关键词。在 2002 年至 2007 年间，国务院相继推行了四轮行政审批制度的深度改革，累计调整并废止了超过 1900 项行政审批事项。在中央的引领要求下，地方政府根据各地不同的实际，探索创新了各种优化政务服务职能的方式。创新性地设立行政审批中心，让多项事务集中办理。简化审批流程，压缩审批时间，采取一站式服务和窗口式办公等，显著提升了审批工作的效率。这些举措不仅强化了政府的社会服务职能，还为构建更加高效、透明的政务环境奠定了坚实基础。

3. 重视经济发展方式的转变

政府高度重视经济发展方式的转变，要求在经济发展中注重社会公平和环境保护，实现经济、社会和环境的协调发展。强调改变高投入、高消耗、高排放、低效率的粗放型增长方式，高度重视资源节约和环境保护工作，通过加强节能降耗、减排治污等措施，促进经济发展朝着低投入、低消耗、低排放、高效率的集约型增长方式转变，以推动经济社会的可持续发展。2005 年 10 月，中共十六届五中全会审议通过的《中共中央关于制定国民经济和社会发展第十一个五年规划的建议》明确提出，要把节约资源作为基本国策，发展循环经济，保护生态环境，加快建设资源节约型、环境友好型社会。该规划为经济发展方式的转型提供了具体的政策导向。这一时期各地纷纷开展循环经济实践，通过构建循环经济产业体系、城市基础设施体系和生态保障体系等，推动资源的高效且循环利用。例如，贵阳、辽宁、江苏、上海和山东等地的循环经济实践模式较好地体现了循环经济理念的本质，符合当地社会经济和资源环境特点。

4. 重视经济园区开放建设

各级政府出台了一系列政策措施，以推动经济园区的快速发展。这些政策涵盖了税收、财政、土地、金融等多个方面，为经济园区提供了良好的发展环境和政策支持。地方政府积极响应国家号召，纷纷加大对经济园区的投入和建设力度。许多地方政府将经济园区作为推动当地经济发展的重要引擎，通过优化产业布局、提升基础设施水平、加强招商引资等措施，推动经济园区的快速发展。自2008年国务院启动省级开发区升级工作以来，至2011年末，全国范围内国家级经济技术开发区（以下简称国家级开发区）的数量已达到131个，地域分布上，东部区域占66席，中部区域占38席，西部区域则占27席，形成了一个相对均衡的布局结构。到了2011年，这131家国家级开发区共同实现了41357亿元人民币的地区生产总值（GDP），且各项经济指标的增长率均突破了两位数，标志着国家级开发区在保障经济增长、扩大内需、调整经济结构以及促进就业方面发挥了举足轻重的作用。设立这些国家级开发区，不仅促进了当地经济的蓬勃发展，还拓宽了吸引外资与引入新技术的渠道，加速了国内传统产业的革新升级进程，同时通过借鉴并吸收国际先进的管理经验，有力地推动了本土企业提升发展层次与竞争力。这一时期出台的相关政策文件见表5-5。

表5-5 2003—2012年部分经济发展政策文件

年份	内容
2003	十六届二中全会通过《关于深化行政管理体制和机构改革的意见》
	第十届全国人大第一次会议批准《国务院机构改革方案》
	国务院印发《关于实施东北地区等老工业基地振兴战略的若干意见》
	十六届三中全会通过《中共中央关于完善社会主义市场经济体制若干问题的决定》
	中国商务部和澳门特区政府经济财政司签署《内地与澳门关于建立更紧密经贸关系的安排》
	中共海南省委发布《关于海南经济特区体制创新的若干意见》

续表

年份	内容
2004	国务院颁布《关于推进资本市场改革开放和稳定发展的若干意见》
	国务院印发《全面推进依法行政实施纲要》
	深圳证券交易所公布《中小企业板块交易特别规定》《中小企业板块上市公司特别规定》和《中小企业板块证券上市协议》
	文化部下发《文化部关于鼓励、支持和引导非公有制经济发展文化产业的意见》
2005	国务院法制办、全国工商联联合下发《关于依法做好非公有制企业民商事纠纷仲裁工作的意见》
	国务院下发《关于鼓励支持和引导个体私营等非公有制经济发展的若干意见》（通常称为“非公经济 36 条”）
	国家工商行政管理总局下发《关于发挥工商行政管理职能作用促进个体私营等非公有制经济发展的通知》
	国资委出台《企业国有产权向管理层转让暂行规定》
	国家质量监督检验检疫总局下发《关于鼓励支持和引导个体私营等非公有制企业实施以质取胜战略的意见》
	中国民用航空总局颁布《国内投资民用航空业规定（试行）》
	铁道部下发《铁道部关于鼓励支持和引导非公有制经济参与铁路建设经营的实施意见》
	中国银行业监督管理委员会下发《银行开展小企业贷款业务指导建议》
	国务院发布《国务院关于非公有资本进入文化产业的若干决定》
	商务部下发《关于促进中小流通企业改革和发展的指导意见》
	国务院办公厅转发商务部等部门《关于促进国家级经济技术开发区进一步提高发展水平的若干意见》
	国务印发《国务院关于鼓励支持和引导个体私营等非公有制经济发展的若干意见》
	国务院法制办、国家发展改革委联合下发《关于开展清理限制非公有制经济发展规定工作的通知》
	国务院决定自 2006 年 1 月 1 日起废止《中华人民共和国农业税条例》
	国务院印发《关于推进社会主义新农村建设的若干意见》
2006	银监会下发《关于印发〈农村信用社小企业信用贷款和联保贷款指引〉的通知》
	国务院印发《关于加快振兴装备制造业的若干意见》
	中国银监会下发《中国银行业监督管理委员会办公厅〈关于进一步做好小企业贷款的通知〉》
	国务院印发《关于促进中部地区崛起的若干意见》

续表

年份	内容
2006	中国人民银行下发《中国人民银行关于开展中小企业信用体系建设试点工作的通知》
	第十届全国人大第二十三次会议通过《中华人民共和国企业破产法》
	国家税务总局发布《个体工商户建账管理暂行方法》
	中国人民银行下发《中国人民银行关于中小企业信用担保体系建设相关金融服务工作的指导意见》
2007	中国国防科学技术工业委员会出台《关于非公有制经济参与国防科技工业建设的指导意见》
	国家发展改革委、国家开发银行联合下发《关于深化中小企业贷款与信用担保体系建设工作的指导意见》
	第十届全国人大第五次会议审议通过《中华人民共和国物权法》《中华人民共和国企业所得税法》
	商务部 财政部、中国人民银行、全国工商联四部委联合下发《关于鼓励支持和引导非公有制企业对外投资合作的若干意见》
	国务院办公厅发布《关于加快推进行业协会商会改革和发展的若干意见》
	国防科工委 发展改革委 国资委联合下发《关于推进军工企业股份制改造的指导意见》
	第十届全国人大第二十九次会议通过《中华人民共和国反垄断法》《中华人民共和国就业促进法》
	国家发展改革委等十一部委联合下发《关于印发〈关于支持中小企业技术创新的若干政策〉的通知》
	国家发展改革委下发《关于促进产业集群发展的若干意见》
	国家发展改革委等六部门联合下发《关于印发〈建立和完善知识产权交易市场的指导意见〉的通知》
	国家工商行政管理总局下发《关于推进个体私营经济监管工作信息化建设的指导意见》
	国家财政部下发《关于中小企业信用担保机构有关准备金税前扣除问题的通知》
2008	十七届二中全会通过《关于深化行政管理体制改革的意见》
	国务院法制办 全国工商业联合会 联合下发《关于进一步做好非公有制企业民商事纠纷仲裁工作的意见》
	国务院印发《关于全面推进集体林权制度改革的意见》
	国务院办公厅发布《关于当前金融促进经济发展的若干意见》
	国务院批复《珠江三角洲地区改革发展规划纲要（2008—2020 年）》

续表

年份	内容
2009	国务院审议通过《钢铁产业调整振兴规划和汽车产业调整振兴规划》
	第十一届全国人大第七次会议通过《中华人民共和国食品安全法》
	中国证券监督管理委员会颁布《首次公开发行股票并在创业板上市管理暂行办法》
	国务院发布《关于进一步促进中小企业发展的若干意见》
	国家工商行政管理总局发布《关于进一步促进个体私营经济发展的若干意见》
	国务院印发《关于推进海南国际旅游岛建设发展的若干意见》
2010	国务院印发《国务院办公厅关于鼓励和引导民间投资健康发展重点工作分工的通知》
	国务院下发《关于加强和改进新形势下工商联工作的意见》
	国务院发布《国务院关于加快培育和发展战略性新兴产业的决定》
	民航局印发《民航局关于鼓励和引导民间投资健康发展的若干意见》
2011	财政部 国家税务总局联合下发《关于继续实施小型微利企业所得税优惠政策的通知》
	国务院发出《关于积极稳妥推进户籍管理制度改革的通知》
	国务院发布《个体工商户条例》
	国务院发布《国务院办公厅关于在全国范围内开展厂办大集体改革工作的指导意见》
2012	交通运输部发布《关于鼓励和引导民间资本投资公路水路交通运输领域的实施意见》
	国务院发布《国务院关于进一步支持小型微型企业健康发展的意见》
	国家铁路局发布《铁道部关于鼓励和引导民间资本投资铁路的实施意见》
	中国银监会发布《关于鼓励和引导民间资本进入银行业的实施意见》
	国家工商行政管理总局发布《关于充分发挥工商行政管理职能作用鼓励和引导民间投资健康发展的意见》
	国家旅游局发布《关于鼓励和引导民间资本投资旅游业的实施意见》
	住房和城乡建设部发布《关于进一步鼓励和引导民间资本进入市政公用事业领域的实施意见》
	教育部发布《关于鼓励和引导民间资金进入教育领域促进民办教育健康发展的实施意见》
	商务部发布《关于鼓励和引导民间资本进入商贸流通领域的实施意见》
	国土资源部发布《关于进一步鼓励和引导民间资本投资国土资源领域的意见》

续表

年份	内容
2012	国家能源局发布《关于鼓励和引导民间资本进一步扩大能源领域投资的实施意见》
	水利部发布《关于印发鼓励和引导民间资本参与农田水利建设实施细则的通知》
	工信部发布《关于鼓励和引导民间资本进一步进入电信业的实施意见》
	国务院印发《关于深化科技体制改革加快国家创新体系建设的意见》
	国务院下发《国务院关于支持深圳前海深港现代服务业合作区开发开放有关政策的批复》

注：表格内容根据中央人民政府网站相关信息整理而成。

四、2012 年至今：全面深化改革与营商环境质效跃升期

新时代以来，我国高度重视营商环境建设，经济发展环境条件不断优化，根据世界银行发布的《营商环境报告》，我国的营商环境排名从 2012 年的第 91 位跃升至 2020 年的第 31 位，8 年间提升了 60 位，成为营商环境改善最为显著的主要经济体之一。在优化营商环境方面，政务服务持续优化是一个重要方面。从营造宽松便捷的市场准入环境，到提供便利高效的政务服务，政府不断推出创新举措，为企业改善经营环境。地方市场监管部门利用大数据平台，尽可能实现多数审批事项网上办理，这种“不见面审批”改革举措，给企业带来了极大的便利。法治化建设方面也不断加强，出台《优化营商环境条例》，从制度层面为优化营商环境提供有力支撑。在知识产权保护方面加大力度，大幅提高知识产权审查质量、效率，为创新型企业提供了更加公平、透明的竞争环境。随着我国对外开放的不断深入，营商环境的国际化水平也在不断提升。我国积极放宽外资市场准入限制，完善投资促进和保护、信息报告等制度，为外资企业在中国的发展提供了更加便利的条件。同时，我国还积极参与国际经贸合作和交流，推动形成全面开放新格局。为进一步优化营商环境，这一期间我国在部分城市开展了营商环境创新试点工作。这些试点城市在探索可复制、可推广的优化营商环境经

验方面取得了显著成效，为全国其他地区提供了有益借鉴。例如，北京、上海、重庆、杭州、广州、深圳等城市作为营商环境创新试点城市，在简化企业注册流程、提高政务服务效率、打造公平竞争环境等方面取得了显著成果。

（一）2013—2017年：探索起步阶段

伴随着中国改革进程进入攻坚期和深水区，全面深化改革成为新时代中国特色社会主义制度自我完善和发展的典型特征。2013 年 11 月，党的十八届三中全会通过的《中共中央关于全面深化改革若干重大问题的决定》（以下简称《决定》）指出，经济体制改革是全面深化改革的重点，这是由我国长期处于社会主义初级阶段的基本特征决定的，是全面深化改革总体思路的核心所在。《决定》有了重大理论突破，将之前市场在资源配置中的基础性作用改为决定性作用，一词之差，显示出经济体制改革核心问题就是处理好政府与市场的关系，这一次的调整变化，为我国全面深化经济体制改革提供了新的理论指引和依据。

在营商环境建设上，党的十八届三中全会首次提出“建立法治化营商环境”目标。2015—2017 年间，中央连续 3 年在“放管服”改革电视电话会议中提及中国在全球营商环境排名中的相关变化情况，并以此来衡量国内“放管服”改革的进展，提出了“营商环境就是生产力”的重要论断。2017 年，习近平总书记在中央财经领导小组第十六次会议上强调要“营造稳定公平透明、可预期的营商环境”。优化营商环境更是成为以习近平同志为核心的党中央提出的经济发展新方略，也成为党的十九大之后“放管服”改革的新目标。自 2014 年起，商事制度改革全面铺开，包括注册资本登记制度改革、先照后证改革、简易注销改革等，大大降低了企业设立门槛和成本。2015 年上海浦东新区率先开展“证照分离”改革试点，清理了一批行政许可事项，并在后续几年中逐步推广到更多地区。商务部等政府部门加强事中事后监管，整顿和规范市场秩序，法治化营商环境得到进一步改善。集中清理了一批妨碍公平竞争的规定，查处了一批滥用行政权力限制竞争的案件。

这一时期几乎没有出现直接以“营商环境”为主题的政策文件，但出台的有关金融、财税、企业发展等方面的指导意见或改革方案，较全面地反映了国家对于营造市场主体更好生产经营环境的高度关注与重视。这一时期出台的相关政策文件详见表5-6。

表5-6 2013—2017年部分促进市场主体发展政策文件

年份	内容
2013	国务院印发《关于强化企业技术创新主体地位全面提升企业创新能力的意见》
	十八届二中全会通过《国务院机构改革和职能转变方案》
	国务院印发《关于金融支持经济结构调整和转型升级的指导意见》
	国务院印发《关于金融支持小微企业发展的实施意见》
	中共中央政治局决定成立中共中央全面深化改革领导小组
2014	民政部 全国工商联联合印发《关于鼓励支持民营企业积极投身公益慈善事业的意见》
	国务院印发《注册资本登记制度改革方案》
	中国人民银行印发《中国人民银行关于加快小微企业和农村信用体系建设的意见》
	国务院印发《国务院关于进一步促进资本市场健康发展的若干意见》
	国务院印发《国务院关于加快发展生产性服务业促进产业结构调整升级的指导意见》
	国务院办公厅印发《国务院办公厅关于多措并举着力缓解企业融资成本高问题的指导意见》
	证监会发布《上市公司重大资产重组管理办法》
	国务院印发《关于扶持小型微型企业健康发展的意见》
	国务院印发《国务院关于创新重点领域投融资机制鼓励社会投资的指导意见》
	国务院发布《丝绸之路经济带和21世纪海上丝绸之路建设战略规划》
2015	国务院印发《关于促进云计算创新发展培育信息产业新业态的意见》
	中国保监会 工业和信息化部等部门联合印发《大力发展信用保证保险服务和支持小微企业的指导意见》
	国务院发布《关于深化体制机制改革加快实施创新驱动发展战略的若干意见》
	国务院印发《关于大力发展电子商务加快培育经济新动力的意见》

续表

年份	内容
2015	国务院发布《国务院关于取消非行政许可审批事项的决定》
	国务院发布《关于推进国际产能和装备制造合作的指导意见》
	国务院批准《2015 年推进简政放权放管结合转变政府职能工作方案》
	国务院批转《关于 2015 年深化经济体制改革重点工作的意见》
	国务院印发《关于大力推进大众创业万众创新若干政策措施的意见》
	国务院印发《关于积极推进“互联网 +”行动的指导意见》
	国务院发布《促进大数据发展行动纲要》
	国务院印发《关于国有企业发展混合所有制经济的意见》
	国务院印发《关于加快实施自由贸易区战略的若干意见》
	国务院办公厅印发《国务院部门权力和责任清单编制试点方案》
2016	最高人民检察院发布《最高人民检察院关于充分发挥检察职能依法保障和促进非公有制经济健康发展的意见》
	国务院办公厅印发《互联网金融风险专项整治工作实施方案》
	中共中央、国务院印发《中共中央国务院关于全面振兴东北地区等老工业基地的若干意见》
	国务院办公厅印发《关于进一步做好民间投资有关工作的通知》
	中共中央、国务院印发《关于深化投融资体制改革的意见》
	工业和信息化部印发《促进中小企业国际化发展五年行动计划（2016—2020 年）》
	银监会 工信部 公安部 国家网信办联合发布《网络借贷信息中介机构业务活动管理暂行办法》
	国务院印发《关于加快推进“互联网 + 政务服务”工作的指导意见》
	中共中央、国务院印发《关于完善产权保护制度依法保护产权的意见》
	国务院办公厅印发《关于推动实体零售创新转型的意见》
2017	国务院印发《关于扩大对外开放积极利用外资若干措施的通知》
	国务院印发《关于进一步激发社会领域投资活力的意见》
	国务院发布《新一代人工智能发展规划》
	国务院印发《国务院关于强化实施创新驱动发展战略 进一步推进大众创业万众创新深入发展的意见》
	工业和信息化部 中国国际贸易促进委员会联合印发《关于开展支持中小企业参与“一带一路”建设专项行动的通知》
	国务院印发《关于促进外资增长若干措施的通知》
	国务院办公厅印发《国务院办公厅关于进一步激发民间有效投资活力促进经济持续健康发展的指导意见》

续表

年份	内容
2017	中共中央、国务院印发《关于营造企业家健康成长环境 弘扬优秀企业家精神更好发挥企业家作用的意见》
	国务院令发布《关于废止〈中华人民共和国营业税暂行条例〉和修改〈中华人民共和国增值税暂行条例〉的决定》
	工信部 发改委 证监会等十六部门联合印发《关于发挥民间投资作用 推进实施制造强国战略的指导意见》
	国家发展改革委印发《关于鼓励民间资本参与政府和社会资本合作（PPP）项目的指导意见》

注：表格内容根据中央人民政府网站相关信息整理而成。

（二）2018—2020年：全面实践阶段

2018 年以来，国务院成立了推进政府职能转变和“放管服”改革协调小组，并下设优化营商环境专题组。国务院及各部委印发系列意见方案，对优化营商环境作出了具体部署。地方政府也在积极行动，在放宽市场准入、扩大民间投资、鼓励科技创新、大幅减税降费等方面纷纷推出有针对性的举措。2018 年起，国家发展改革委连续组织开展多批次营商环境评价，有近 100 个城市成为参评城市，实现了对 31 个省、自治区、直辖市的全覆盖，通过评价促进改革、激发市场活力，也为验证中国特色评价指标体系、探索评价方法、积累评价经验打下坚实基础，以评促改、以评促优的成效明显。

2019 年，世界银行发布的《营商环境评估报告》显示，中国营商环境总体评价在全球 190 个经济体中排名第 46 位，比 2013 年上升了 50 位。特别是在开办企业便利度方面，指标大幅度跃升，居第 28 位，5 年内上升 130 位；2020 年，中国的全球营商便利度排名继 2019 年又跃升 15 位，升至全球第 31 位。世界银行认为，由于“大力推进改革议程”，中国连续两年成为全球优化营商环境改善幅度最大的十大经济体之一。2019 年 11 月，国务院常务会议提出加快打造市场化、法治化、国际化营商环境，更大力度为各类市场主体投资兴业破堵点、解难题。会议部署落实优化营商环境的路线图、时间表，关注企业痛点问题，大大提振了市场信心。会议认为优化营商环境就是解放生产力、提升竞争力，是增强市场活力、稳定社会预期、应对经济下行压力、促进发展和就业的有效举措，要求聚焦市场主体关切，坚持问题导向、重点突破，持续推进简政放权、放管结合、优化服务。

这一时期，以“营商环境”为主题词的指导意见、方案等大量出现，助力提升市场主体活力的政策制度、政策措施日渐增多，特别是每年国务院办公厅都印发全国深化“放管服”改革优化营商环境电视电话会议重点任务分工方案的通知以及典型案例通报，足见对优化营商环境工作的高度重视。这一时期出台的部分相关政策文件详见表 5-7。

表 5-7　2018—2020 年部分优化营商环境政策文件

年份	内容
2018	国务院办公厅印发《关于印发全国深化“放管服”改革转变政府职能电视电话会议重点任务分工方案的通知》
	国务院办公厅印发《关于印发进一步深化“互联网＋政务服务”推进政务服务“一网、一门、一次”改革实施方案的通知》
	国务院发布《关于加快推进全国一体化在线政务服务平台建设的指导意见》
	国务院办公厅印发《关于成立国务院推进政府职能转变和“放管服”改革协调小组的通知》
	国务院办公厅印发《关于部分地方优化营商环境典型做法的通报》
	国务院印发《关于优化口岸营商环境促进跨境贸易便利化工作方案的通知》
	国家税务总局印发《关于印发〈全国税务系统进一步优化税收营商环境行动方案（2018 年—2022 年）〉的通知》
	国务院办公厅印发《关于聚焦企业关切进一步推动优化营商环境政策落实的通知》
2019	中华人民共和国国务院令（第 722 号）公布《优化营商环境条例》
	国务院印发《关于做好优化营商环境改革举措复制推广借鉴工作的通知》
	自然资源部印发《关于推广京沪两地优化营商环境登记财产指标主要改革举措的函》
	国务院办公厅发布《关于建立政务服务“好差评”制度提高政务服务水平的意见》
	国务院印发《关于在自由贸易试验区开展“证照分离”改革全覆盖试点的通知》
	国家税务总局印发《关于贯彻落实全国深化“放管服”改革转变政府职能电视电话会议精神 优化税收营商环境有关事项的通知》

续表

年份	内容
2019	生态环境部 全国工商联发布《关于支持服务民营企业绿色发展的意见》
	国家能源局综合司印发《关于进一步推动优化营商环境政策落实实施方案的通知》
	国务院办公厅印发《关于印发全国深化“放管服”改革优化营商环境电视电话会议重点任务分工方案的通知》（2019 年）
2020	国务院办公厅印发《关于印发全国深化“放管服”改革优化营商环境电视电话会议重点任务分工方案的通知》（2020 年）
	国务院办公厅发布《关于进一步优化营商环境更好服务市场主体的实施意见》
	文化和旅游部印发《关于进一步优化营商环境推动互联网上网服务行业规范发展的通知》
	税务总局等十三部门印发《关于推进纳税缴费便利化改革优化税收营商环境若干措施的通知》
	国家发展改革委 国家能源局发布《关于全面提升“获得电力”服务水平 持续优化用电营商环境的意见》
	国家发展改革委 科技部 工业和信息化部 生态环境部 银保监会 全国工商联发布《关于营造更好发展环境 支持民营节能环保企业健康发展的实施意见》
	民航局关于印发《民航优化营商环境实施细则》的通知
	交通运输部印发《关于做好公路养护工程招标投标工作进一步推动优化营商环境政策落实的通知》

注：表格内容根据中央人民政府网站相关信息整理而成。

（三）2020年至今：优化提升阶段

这一阶段的重要特征是重点关注营商环境系统集成改革，包括跨指标、跨事项、跨部门的业务融合，以及重点改革事项的跨领域工作协同；更加侧重转变政府的服务方式，更多站在经营主体的角度提供差异化优质服务，将助企纾困、有求必应作为工作目标；更加注重产业生态，打造科技创新，搭建产业支撑，提供相应增值服务，服务于地方产业与经济的高质量发展。2020 年后，我国营商环境正朝着市场化法治化国际化的方向阔步前进。从印发的政策文件标题上看，既有直接以“营商环境”命名的，也有不少关联市场主体具体经营发展的内容。详见表 5–8。

表 5-8 2020 年至今部分优化营商环境政策文件

年份	内容
2021	国务院发布《关于开展营商环境创新试点工作的意见》
	海关总署 发展改革委 财政部等 10 部委联合印发《关于进一步深化跨境贸易便利化改革优化口岸营商环境的通知》
	国家知识产权局印发《关于深化知识产权领域“放管服”改革优化创新环境和营商环境的通知》
	国家发改委等多部门联合发布《关于推动和保障管理人在破产程序中依法履职进一步优化营商环境的意见》
2022	国务院办公厅印发《关于复制推广营商环境创新试点改革举措的通知》
	国务院办公厅发布《关于进一步优化营商环境降低市场主体制度性交易成本的意见》
	国家发改委印发《关于印发长三角国际一流营商环境建设三年行动方案的通知》
2023	国务院办公厅发布《关于依托全国一体化政务服务平台建立政务服务效能提升常态化工作机制的意见》
	国务院办公厅发布《政务服务电子文件归档和电子档案管理办法》
	国务院发布《关于进一步优化外商投资环境 加大吸引外商投资力度的意见》
	民政部办公厅印发《关于开展全国性行业协会商会服务高质量发展专项行动的通知》
	交通运输部办公厅、国家发展改革委办公厅、财政部办公厅、农业农村部办公厅发布了《关于进一步提升鲜活农产品运输“绿色通道”政策服务水平的通知》
	人力资源社会保障部印发《关于强化人社支持举措 助力民营经济发展壮大的通知》
	中国人民银行等多部门印发《关于强化金融支持举措 助力民营经济发展壮大的通知》
	市场监管总局印发《市场监管部门促进民营经济发展的若干举措》
	国家发展改革委印发《关于完善政府诚信履约机制优化民营经济发展环境的通知》
	中共中央、国务院发布《关于促进民营经济发展壮大的意见》
	国家税务总局印发《关于接续推出和优化“便民办税春风行动”措施促进民营经济发展壮大服务高质量发展的通知》
	国家发展改革委等部门印发《关于实施促进民营经济发展近期若干举措的通知》
	文化和旅游部印发《关于开展文化和旅游市场信用经济发展试点工作（2023—2024 年）的通知》
	商务部等十七部门印发《关于服务构建新发展格局 推动边（跨）境经济合作区高质量发展若干措施的通知》

续表

年份	内容
2024	工信部印发《关于创新信息通信行业管理 优化营商环境的意见》
	自然资源部 国务院国有资产监督管理委员会 国家税务总局 国家金融监督管理总局联合印发《关于进一步提升不动产登记便利度促进营商环境优化的通知》
	市场监管总局印发《市场监管部门优化营商环境重点举措（2024 年版）》

注：表格内容根据中央人民政府网站相关信息整理而成。

这一时期，由于正逢疫情发生，经济发展遭遇困境，中央要求大力提升营商环境优化水平，地方也在不断更新完善出台相关政策制度，如重庆市印发了《重庆市营商环境创新试点实施方案》《重庆市进一步深化电力接入改革优化营商环境实施方案》《重庆市深化“证照分离”改革进一步激发市场主体发展活力实施方案》，杭州市印发了《杭州市国家营商环境创新试点实施方案》《关于进一步深化商事制度改革激发市场主体活力的若干意见》，西安市制定了《西安市“十四五”营商环境发展规划》，印发了《一体化政务服务能力提升“百日攻坚”实施方案》《政务服务“好差评”管理办法》，成都市印发了《成都市财政局关于进一步优化营商环境促进政府采购提质增效的通知》《成都市关于进一步深化工程建设项目审批制度改革优化营商环境实施方案》等。随着我国营商环境的不断优化，市场主体数量也实现了快速增长。据统计，2012 年以来，我国市场主体年均净增长超过 1000 万户，活跃度总体稳定在 70% 左右。截至 2024 年 11 月底，我国实有登记注册经营主体数量已经达到了 1.89 亿户，相比 2012 年的 5500 万户增长了 2.4 倍。这充分说明了我国市场环境充满生机，为各类企业发展提供了巨大的机会。新时代优化营商环境特征突出表现在：

1. 市场化改革进一步深化

2012 年以来，我国市场化改革在广度与深度上持续深化，推动社会主义市场经济体制向更高水平迈进。2013 年党的十八届三中全会提出“使市场在资源配置中起决定性作用和更好发挥政府作用”，取代了此前的“基础性作用”，标志着市场定位的根本性转变。通过制度创新、市场活力激发与全球开放协同，我国市场化改革实现了从“基础性作用”到“决定性作用”的跨越，为高质量发展奠定了坚实基础。

2020 年《关于构建更加完善的要素市场化配置体制机制的意见》出台，聚焦劳动力、土地、资本、技术、数据等七大要素，破除体制机制障碍，促进要素自主流动和高效配置。多层次资本市场建设取得突破。以注册制为核心的股票发行制度改革自科创板试点后全面铺开，推动资本市场包容性提升，助力科技、资本与实体经济高水平循环，A 股上市公司数量从 2012 年的不足 2500 家增至 2023 年的 5300 余家，科技型企业市值占比从 12% 提升至 40%。全国统一大市场建设加速推进。2022 年《中共中央、国务院关于加快建设全国统一大市场的意见》发布，着力破除地方保护、行政垄断和区域壁垒，通过法治化手段规范市场秩序，商品与要素跨区域流动效率显著提高。此外，国有企业改革持续深化，通过混合所有制改革、战略性重组和现代企业制度建设，国有经济布局不断优化，截至 2022 年底，经过调整后中央企业数量从原来的 117 家调整为 98 家，核心竞争力与创新力同步增强。

在营造宽松市场环境方面，市场准入负面清单制度和公平竞争审查制度全面实施，登记在册经营主体从 2012 年的 5500 万户增至 2023 年的 1.84 亿户，民营企业占比超七成，彰显市场活力。在对外开放领域，自由贸易试验区扩容至 22 个，制度型开放稳步推进，共建“一带一路”深化全球经贸合作，货物贸易总额连续多年居世界首位。总体来看，改革以“有效市场”与“有为政府”协同为主线，在体制机制创新、要素优化配置、市场体系完善等方面取得系统性突破，为高质量发展提供强劲动力。

2. 法治化营商环境逐步形成

在党的十八大报告中，国家强调了“毫不动摇鼓励、支持、引导非公有制经济发展”，并明确要求保障各种所有制经济依法平等使用生产要素、公平参与市场竞争、同等受到法律保护。这为民营经济的发展奠定了坚实的法治基础。随后，中共十八届三中全会再次重申了“公有制为主体、多种所有制经济共同发展的基本经济制度”，并明确指出非公有制经济财产权同样不可侵犯，进一步巩固了法治化营商环境的成果。在法律法规层面，国家不断完善相关法律法规，如《优化营商环境条例》的出台，标志着我国优化营商环境进入法治化新阶段。该条例的实施，为各类市场主体提供了更加稳定、公平、透明、可预期的营商环境。此外，我国还逐步形成了以《优化营商环境条例》为主干、各类政策文件为补充、地方条例为配套的优化营商环境法治体系。

2016 年中共中央、国务院发布的《关于完善产权保护制度依法保护产权的意见》中进一步完善了产权保护制度，增强了人民群众财产安全感，维护了社会公平正义，促进了经济社会持续健康发展。2017 年最高人民检察院发布《最高人民检察院关于充分履行检察职能加强产权司法保护的意见》，该意见指出，要全面贯彻对知识产权的保护工作，按照法律的规定，切实发挥好检察机关对知识产权的保护作用。2023 年最高人民法院印发《关于优化法治环境促进民营经济发展壮大的指导意见》，该意见指出，要在立法、执法、司法、守法等各个方面，对不同类型的企业进行公平的财产和权利保障。国家市场监管总局于 2024 年出台的《市场监管部门优化营商环境重点举措（2024年版）》中明确提出，要完善公平竞争政策体系，丰富竞争监管执法工具，加大典型违法案件查处力度。这些措施旨在破除地方保护和市场分割，依法保护中小微企业、个体工商户合法权益，持续创造公平竞争、竞相发展的市场环境。

2012 年以来，加快建设法治化营商环境，是我国深入转型、推动经济社会持续发展的关键。完善立法、执法、司法全方位产权保护制度体系，是构建法治化营商环境的重要内容，对于保护各类市场主体的合法权益、激发市场活力和社会创造力具有重要意义，当前我国法治化营商环境已逐步形成。

3. 国际化营商环境大幅优化

制度型开放正取得新成效。新时代国际经贸规则正处于新一轮的重塑之中，以《全面与进步跨太平洋伙伴关系协定》（CPTPP）、《数字经济伙伴关系协定》（DEPA）为代表的高标准经贸规则，呈现出与时俱进的特点，包括更高的自由化水平、议题范围的拓展以及纪律约束的加强。中国主动对接这些高标准经贸规则，不仅必要且可行，有助于提升中国在新一轮全球经贸规则制定中的话语权，深化国内市场化改革，加快构建新发展格局。与此同时，中国正在加快建设自由贸易试验区和自由贸易港，以此为改革开放的综合试验平台，发挥其在制度型开放中的重要作用。海南自由贸易港的建设就是一个典型例子，构建了符合自贸区发展要求的、具备一定国际竞争力和影响力的特殊保税区。自贸区与自贸港的建立，既是中国向世界开放的一个关键窗口，又是中国与国际高水平经贸规则接轨，探索制度型开放的一个关键平台。

中国积极推动投资贸易发展，极大改善外国投资环境。近 5 年，“负面清单”持续精简，全国范围内及自由贸易试验区内的禁止事项逐步减少，并在制造业、矿业、农业、金融业等方面出台了一批重要的开放举措，以便更多的外国企业来华经营。在不断优化的外商投资政策和市场准入负面清单的推动下，中国正成为全球投资者的热土。特别是 2023 年，中国进一步放宽了市场准入，在服务业、金融业、汽车制造业等领域，为外资企业提供了更广阔的市场空间。同时，中国还加强了知识产权保护，提高了透明度和公平性，为外资企业提供了更加稳定和可预测的营商环境。这些举措不仅保障了外国投资者的正当利益，增强了国际社会对中国市场的信心，而且促进了中国与世界经济的深度融合。

中国正深度嵌入世界经济发展格局中。巨大的市场为全球产业合作、互补与发展搭建了一个重要平台，成为全球产业链的重要组成部分，通过打通国内国际供求关系，保证产业链核心企业及核心产品的生产与出口，对于维持世界产业链供应链稳定，促进世界经济早日回归常态，都有着十分重大的作用。当前中国大力推动陆海内外联动、东西双向互动，高水平推动“一带一路”建设，推动西部陆海新通道、中欧班列等国际大通道的构建，在这过程中向国际社会提供越来越多的优质服务，通过打造新格局、培育新优势、构建新体制，推动开放朝着优化结构、拓展深度、提高效益方向转变，在制度型开放型经济构建过程中，国际影响力、感召力更为彰显。预计未来数年，中国将继续保持对外资的强大吸引力，为全球投资者创造更多机遇。

4. 数字化高效赋能政务服务

利用数字技术赋能政府治理，提升政务服务效能，是我国数字政府建设的重要方向。数字化转型正在深刻改变政府治理和服务提供方式。通过数字技术的应用，政府能够更有效地收集、整合和分析数据，从而提升决策的科学性和服务的精准性。政府高度重视数字技术在政务服务中的应用，并出台了一系列政策支持其发展，在《国务院关于加强数字政府建设的指导意见》（以下简称《意见》）中，明确指出要“以人民为中心”，解决“办事难”“办事慢”“办事繁”等问题，坚持“数字普惠”，消除“数字鸿沟”，让“数字政府”建设成果更多更公平地惠及广大民众。《意见》突出了数据赋能的重要意义，制定和完善了数据治理体制与标准，强化了数据的汇聚与融合、共享开放和开发利用，推动数据在法律框架内有序流通，让数据作为关键生产要素和创新驱动力的功能得以充分地发挥出来，为将数字化技术运用到政府工作中去，奠定了扎实的基础，指明了清晰的方向，促进了政府工作效率的提高。数字技术在政务服务中的应用案例众多，例如，徐州市通过流程再造、系统优化、部门协作和AI智能审批等方式，实现了80周岁以上老人尊老金发放“秒报秒批”“免申即享”新模式，显著提高了政务服务的标准化、规范化、便利化水平。这种以人民为中心的服务理念，通过技术创新提升了政务服务的效能，使得政府服务更加便捷、高效。又如山东省“数治东李”微平台通过数字化手段提升了基层治理效能，让政务服务更接地气、服务流程更加便民，充分展示了数字技术如何赋能政府治理，提升政府的响应能力和服务水平，推动乡村实现智慧治理。

政务服务数字化、智能化，大大降低了企业运营成本。从中央到地方各数字化政务服务平台通过集成各类政务服务事项，实现了“一网通办”。企业无需再奔波于各个部门之间，只需在线提交相关材料，即可完成从注册登记到项目审批的全过程。这种线上办理模式不仅节省了企业的时间和人力成本，还避免了因材料不全或流程不熟悉而导致的反复跑腿和延误。比如浙江推行

“智能秒批”系统，企业登记实现营业执照“立等可取”；广东上线的“粤商通”平台整合780项涉企服务，办事材料精简60%。这种数字化流程再造使企业时间成本降低90%，人力投入减少2/3。数字化政务服务利用大数据和人工智能技术，实现了精准服务和个性化推送。系统能够根据企业的行业特点和实际需求，智能匹配相关政策和服务，帮助企业及时获取税收减免、资金扶持等优惠政策信息，从而有效降低企业的经营成本。比如北京经济技术开发区推出的“政策计算器”，通过智能匹配为企业自动推送适用政策，申报周期缩短70%。深圳搭建的智能申报系统，运用RPA技术自动填充表单信息，申报错误率从15%降至2%。数字化政务服务还注重优化审批环境，简化审批流程，提高审批效率。通过推行“不见面审批”“最多跑一次”等改革措施，大幅缩短了企业办事周期，减少了企业的制度性交易成本。可以说，新时代数字化政务服务通过集成服务事项、实现精准推送以及优化审批环境等多种方式，有效降低了企业的经营成本，为经济的持续健康发展提供了有力支撑。未来，随着数字化政务服务的不断完善和升级，相信将会为企业带来更多实实在在的便利和实惠。

5. 大规模减税降费减轻企业负担

大规模减税降费是国家一项重大的财政政策，对企业的自主创业等都有着明显的推动效应。通过减轻企业税负，提高企业盈利水平，促使企业增加固定资产投资和研发投入，进而增强公司的自主创新能力。比如，通过提高制造企业研发费用加计扣除比例，使得企业的研究开发成本更大程度下降，提升了我国的科技创新能力，增强了科技创新动力。同时，税收减免能够有效地抑制企业的“金融化”倾向，推动了社会资本向实体经济的回流，加大了企业的实物资本投入，为企业的创新性发展创造更多的资本支撑，进而促使企业加大研究开发力度，促进产业升级，改善经济结构。通过适当降低中小企业和个体工商户的税负，促进“专精特新”中小企业的发展，促进科技进步和创造更多的就业机会。

2012年以来，中国实施了一系列大规模减税降费政策，力度之大、范围之广前所未有。这些政策精准发力，有效降低了企业负担，激发了市场活力，为中国经济高质量发展注入了强劲动力。在增值税改革方面，中国实现了历史性突破。2016 年全面推开营改增试点，2018 年、2019 年连续下调增值税税率，将制造业等行业 16% 的税率降至 13%，将交通运输、建筑等行业 10% 的税率降至 9%。通过扩大进项税抵扣范围、建立期末留抵退税制度等措施，完善了增值税抵扣链条。这些改革举措每年为企业减负超过 1 万亿元，有力促进了产业结构优化和服务业发展。企业所得税优惠政策持续加力。将小型微利企业年应纳税所得额上限逐步提高至 300 万元，对其实施更大力度减免政策。对高新技术企业实行 15% 的优惠税率，对技术先进型服务企业、软件和集成电路企业等实施税收优惠。这些政策有效支持了中小企业发展和科技创新。

个人所得税改革惠及民生。2018 年实施综合与分类相结合的个人所得税制，提高基本减除费用标准，设立子女教育、继续教育、大病医疗、住房贷款利息、住房租金、赡养老人等专项附加扣除。改革后，纳税人负担明显减轻，中等以下收入群体税负下降尤为明显。社保费降率政策持续发力。2019 年将城镇职工基本养老保险单位缴费比例降至 16%，2020 年为应对疫情冲击实施阶段性减免企业社保费政策。这些措施在保障社保基金平稳运行的同时，切实降低了企业用工成本。行政事业性收费改革深入推进。取消、停征、减免多项行政事业性收费和政府性基金，降低企业用电、用气、物流等费用。通过“放管服”改革，进一步清理规范涉企收费，切实减轻企业负担。

截至 2023 年底，中国减税降费规模累计超过 13 万亿元，市场主体获得感显著增强。这些政策有效应对了经济下行压力，支持了实体经济发展，促进了就业和民生改善，推动了中国经济结构优化和高质量发展。展望未来，中国将继续完善减税降费政策，为市场主体创造更好发展环境，推动经济持续健康发展。

6. 社会信用体系建设逐步完善

顶层设计不断完善，制度框架基本建立。一是政策法规体系逐步健全。

2014年，国务院印发《社会信用体系建设规划纲要（2014—2020年）》，明确了社会信用体系建设的总体思路、主要目标和重点任务。此后，国家层面陆续出台了一系列政策文件，如《关于建立完善守信联合激励和失信联合惩戒制度加快推进社会诚信建设的指导意见》《关于加快推进失信被执行人信用监督、警示和惩戒机制建设的意见》等，为社会信用体系建设提供了政策保障。二是标准规范体系逐步完善。国家发改委、人民银行等部门牵头制定了一系列信用信息标准和技术规范，如《法人和其他组织统一社会信用代码》《公共信用信息基础数据项规范》等，为信用信息的归集、共享和应用提供了统一的标准和规范。三是组织保障体系逐步健全。国家层面成立了社会信用体系建设部际联席会议，统筹推进社会信用体系建设工作。各地也相继成立了社会信用体系建设领导小组，形成了上下联动、协同推进的工作机制。

信用信息归集共享水平不断提升，信用信息应用场景不断拓展。一是信用信息平台建设加快推进。全国信用信息共享平台、国家企业信用信息公示系统等国家级信用信息平台建成运行，实现了跨部门、跨地区、跨层级的信用信息共享。各地也积极推进地方信用信息共享平台建设，形成了覆盖全国的信用信息共享网络。二是信用信息归集范围不断扩大。信用信息归集范围从最初的金融、工商等领域，逐步扩展到司法、税务、环保、交通、医疗等更多领域，涵盖了企业、个人、社会组织等各类主体。三是信用信息应用场景不断拓展。信用信息在行政审批、政府采购、招标投标、融资信贷、市场准入、公共服务等领域的应用不断深化，信用便企惠民成效显著。例如，一些地方推出了“信易贷”“信易租”“信易游”等信用应用产品，为守信主体提供便利和优惠。

信用监管机制不断创新，信用联合奖惩机制逐步完善。一是信用监管机制不断创新。各地积极探索信用承诺、信用报告、信用评价、信用分类监管等新型监管方式，推动监管方式从事前审批向事中事后监管转变，提升了监管效能。二是信用联合奖惩机制逐步完善。国家层面建立了守信联合激励和失信联合惩戒机制，对守信主体在行政审批、公共服务等方面给予便利和优惠的政策，对失信主体在行业准入、融资信贷等方面进行限制和惩戒。各地也积极探索建立地方性信用联合奖惩机制，形成了“一处失信、处处受限”的信用惩戒格局。另外，诚信典型示范作用不断发挥，国家层面开展了诚信典型选树活动，评选表彰了一批诚信企业和个人，发挥了诚信典型的示范引领作用，全社会诚信意识显著提升，诚实守信、履约践诺的良好风尚逐步形成。

总之，2012 年以来，我国社会信用体系建设取得了显著进展，逐步构建起覆盖全社会的信用体系框架，为经济社会发展提供了有力支撑。构建以信用为基础的新型监管机制是推动国家治理现代化的重要举措，对于提升监管效能、规范市场秩序、优化营商环境具有重要作用。未来，我国将继续深入推进社会信用体系建设，不断完善信用体系框架，提升信用信息归集共享水平，创新信用监管机制，加强诚信文化建设，为构建诚信社会、推动经济社会高质量发展提供更加坚实的保障。

7. 营商环境评价体系具有中国特色

对接世界银行。中国营商环境评价体系的建立，首先是对标世界银行的营商环境评价指标。世界银行自 2003 年起，连续多年对全球各经济体的营商环境进行评估，具有丰富经验。中国在这一基础上，结合自身实际情况，逐步构建了具有中国特色的营商环境评价体系。这十多年来，中央相关部门以及各省市的评价体系在评价计算方法上与世界银行保持一致，采用国际通用的前沿距离得分法和营商便利度排名，按等权重方法进行计算。同时，评价术语也完全沿用世界银行的指标表述，确保评价结果的国际可比性。这种对标世界银行的做法，不仅提升了中国营商环境评价体系的科学性，也为中国在全球营商环境中的排名提供了有力支撑。

立足国情。在对接世界银行的基础上，中国营商环境评价体系充分考虑了中国国情，体现了中国特色。评价体系以世界银行的 12 项指标为基础，但并未完全照搬，而是根据中国的实际情况进行了调整和优化。剔除了与国情明显不符的内容。例如，一些在发达国家普遍存在的制度或做法，在中国可能并不适用，因此这些指标被剔除或进行了调整，同时增加符合中国国情的评价指标，如反映城市投资吸引力和城市高质量发展水平的指标。通过设立相关指标，如市场监管、政务服务、包容普惠创新等，综合评价各地投资贸易便利度和长期投资吸引力，衡量中小企业赖以生存发展的城市高质量基本面。这些调整和优化，使得中国营商环境评价体系更加符合中国的实际情况，也更加具有针对性和实用性。

客观真实，以评促优。我国营商环境评价体系在数据获取和评价方法上注重客观真实和科学管用，在借鉴世界银行评价方法的基础上进行了优化升级。世界银行获取评价数据主要依赖标准化假设情景案例和第三方机构模拟填报两种方式。相比之下，中国的创新实践体现在：首先强化实证基础，采用真实案例与模拟案例双轨并行的数据采集模式，通过实际填报数据与模拟填报数据的相互比对，辅以第三方专业机构的多维度核验机制，构建起数据真实性与准确性的三重保障体系。这种改进既保留了国际通行的评估框架，又植入了本土化的验证机制。通过设立多个指标和细分领域，对营商环境进行全面评价，同时确保各项指标的可量化性和可比较性。这种客观真实和科学管用的做法，使得中国营商环境评价体系更加具有说服力和可信度。

立足问题，以评促改。我国营商环境评价体系的建立，不仅是为了对营商环境进行评估和排名，更重要的是通过评价来推动营商环境的持续优化。因此，在评价过程中，始终坚持问题导向和目标导向，以评促改。一方面，通过评价发现短板和不足。通过设立多个指标和细分领域进行评价，可以清晰地看到各地区在营商环境方面存在的问题和不足。这些问题和不足成为后续改革和优化的重要依据。另一方面，通过评价推动改革和优化。针对评价中发现的问题和不足，各地区和部门积极采取措施进行整改和优化。例如，简化企业开办流程、降低税费负担、加强知识产权保护等。这些改革和优化措施的实施，使得中国的营商环境得到了显著改善。

百花齐放，地方大胆实践和创新。我国各省市在构建营商环境评价指标体系时，均融入了鲜明的地方特色。广东省在构建营商环境评价指标体系时，特别注重“市场主体满意度”这一指标，该指标完全以市场主体实际感受作为评价依据，主要考察市场主体对本地营商环境建设的满意度。这一做法凸显了广东省以企业和群众需求为导向，致力于提升营商环境满意度的决心。北京市则对标世界银行营商环境评价指标体系，结合本地实际，特别注重考察知识产权保护、科技创新环境等方面，以更好地服务于北京市作为国际科技创新中心的定位。另外，一些省市加入了资源获取、市场中介发育程度等具有地方特色的指标，以更准确地反映企业运营的实际需求。有的省市注重政府效率、廉洁度和对企业的关怀，通过设立政府支出、电子政务水平等指标，衡量政府服务的便捷性和效率。有的通过考察腐败官员比例、腐败新闻数量以及政府服务效能指数等，确保政务环境的公正性和透明度。有的通过设立政策透明、司法公正等指标，确保企业能够在一个公平、可预期的法律环境中经营。还有的省市通过设立进出口额度、外商直接投资等指标，衡量地区的对外开放程度等。

中　篇

实践篇

第六章

N市优化营商环境做法与成效

N市是紧联东盟的西部省会城市，培育发展了现代金融、先进制造、数字经济、智慧物流和文体医疗等重点产业集群，市场主体数量众多，近年来，通过强化顶层设计，坚持统筹谋划、对标一流、问题导向，多措并举推动营商环境持续优化，其取得了显著成效。在顶层设计方面，以“放管服”改革为抓手，统筹推进政务服务、市场监管、法治保障等重点领域改革，构建了系统化、协同化的营商环境优化机制。通过对标国际一流标准，简化审批流程、提升跨境贸易便利化、优化法治环境，显著降低了企业制度性交易成本。同时坚持以问题为导向，针对企业反映的痛点、难点问题，创新突破，如“智慧人社”改革、“外籍驾驶证验真快办”等切实提升了市场主体满意度。N市通过系列举措，不仅为“十五五”时期进一步优化营商环境打下了坚实基础，也为推动经济高质量发展蓄积了充足动能，为打造面向东盟开放发展的国际大都市提供了有力支撑。

一、具体优化措施

（一）强化顶层统筹规划，打造营商环境生态圈

N市最早意义上的营商环境改革可以追溯到2013年，此后围绕简政放权的目标，国家层面采取了一系列行政审批事项的取消和下放措施，N市按照要求也大量取消和下放管理层级的行政审批项目，为降低市场制度性交易成本、提高政务服务效能打下了良好的基础。2014年10月，参照天津等地的做法，N市为深入推进行政审批制度改革、加快转变政府职能，经济开发区率先在全市启动行政审批制度改革，先试先行，开始政府自身建设的一场“自我革命”，N市经开区行政审批局正式挂牌成立，这也是该地区首个行政审批局。经过试点先行探索，2015年12月，N市行政审批局正式挂牌成立，除国土、规划、公安等之外的市级行政许可审批事项将统一交由市行政审批局承

担，为企业和群众提供更高水平“一站式”服务，审批流程得到优化，审批效率得到大幅提高。

N 市市委、市政府高度重视营商环境工作。2018 年 1 月 15 日，省级层面召开优化营商环境大行动动员部署会议后，N 市立即行动，全力开展营商环境大调研、大查摆、大整改行动。在贯彻省级层面优化营商环境“1+14”① 政策的基础上，结合 N 市实际，陆续出台“2+3+11”系列文件，基本完成了顶层政策设计。8 月 24 日，召开 N 市深化改革优化营商环境大会，动员全市各级各部门强化改革创新，力争实现“一年重点突破、两年全面提升、三年争创一流”的目标。为统筹协调解决问题，N 市优化营商环境工作领导小组下设办公室和 16 个专项推进办公室以及 6 个专责小组；在新一轮机构改革背景下，在市、县两级成立营商环境建设局，以推进机构职能优化协同高效，形成上下联动、统筹协调推进的优化营商环境工作体系；成立督导专责小组和调研问效专责小组，实行全程督查、长效督查和节点督查，营造推动优化营商环境的良好氛围；坚持每月开展专项调研，每季度开展营商环境指标监测，对优化营商环境系列政策落实情况进行跟踪问效，对标整改存在的问题，切实补齐营商环境短板。

（二）对标国际学先进，政策设计接轨高标准

自 2019 年以来，N 市在优化营商环境方面展现出了坚定的决心和持续的行动，通过每年迭代出台营商环境改革方案，从 1.0 版至 6.0 版不断升级优化，为首府的高质量发展注入了强劲动力。

2019 年，N 市首次推出了营商环境改革方案 1.0 版，标志着 N 市在优化

① 1个主文件：《关于进一步深化改革创新优化营商环境的若干意见》；14个配套文件：《关于构建新型政商关系做好亲商安商工作的意见》《关于推进“一事通办”改革若干措施》《关于进一步减轻企业税费负担的若干政策措施》《关于实行重大项目建设“五个优化”的若干措施》《关于实行投资项目审批“五个简化”的若干措施》《关于推行“354560”改革提升服务企业效能的若干措施》《关于加强人力资源社会保障服务的若干措施》《关于优化通关环境畅通南向通道的若干措施》《关于推进办税便利化的若干措施》《关于优化土地要素供给的若干措施》《关于加大金融支持实体经济发展的若干措施》《关于优化市场环境的若干措施》《关于改进安全质量认证和生产许可管理的若干措施》《进一步深化电力体制改革的若干措施》。

营商环境方面迈出了坚实的一步。N市针对国务院第五次大督查部分指标排位靠后问题，集中对企业开办、工程建设项目报建、登记财产、获得电力等14项指标开展百日攻坚行动，通过简化各类事项办理环节、减少申请材料数量和缩短办理时间等举措，努力解决群众办事堵点。同时，参照中国营商便利度评价指标体系、世界银行营商环境指标体系，将2019年定为优化营商环境攻坚突破年，印发攻坚突破年活动实施方案，将16项一级指标分解成115项目标任务，落实到具体责任单位，深挖优化营商环境影响因素推进改革。

此后，N市不断优化改革方案，针对政务环境、市场环境、法治环境等方面存在的问题，提出了一系列具有针对性的改革措施。随着改革的深入，N市的营商环境改革方案也逐步升级。2.0版、3.0版在1.0版的基础上，进一步简化了审批流程、降低了企业成本、提升了政务服务效率。同时，N市还加强了与国际先进地区的对标学习，借鉴先进经验，推动营商环境持续优化。进入2020年，N市的营商环境改革方案继续迭代升级。4.0版、5.0版在之前的基础上，更加注重市场化、法治化、国际化营商环境的建设，推出了更多便利化措施，如“拿地即开工”、一网通办等，进一步提升了企业的获得感和满意度。至2024年，N市营商环境改革方案已升级至6.0版，累计出台1000多项改革举措。6.0版方案在深化“放管服”改革、推动政务服务标准化规范化便利化、加强法治化营商环境建设等方面提出了更高要求，为N市打造一流营商环境提供了有力支撑。通过持续迭代更新营商环境改革方案，N市不断优化营商环境，进一步激发了市场活力和内生动力，为首府的高质量发展奠定了坚实基础。

（三）健全长效治理机制，深化营商环境建设

N市的营商环境考评工作遵循一套全面而细致的方法体系。考评工作每年开展一次，由市营商环境建设局依据《N市优化营商环境考评办法》制定年度考评实施方案，明确具体考评指标体系及评分细则。考评内容主要从履职情况、加减分、第三方评估三个维度进行设置，以确保考评的全面性和客

观性。

履职情况主要考察各县（区）、开发区及有关单位对上级和N市自身优化营商环境年度工作部署的贯彻落实情况，以及已出台优化营商环境相关政策文件的落实执行情况。同时，企业和群众反映的问题处理情况也是考评的重要内容。加减分情况主要是对于在优化营商环境工作中取得显著成绩的单位，如获得国务院大督查通报表扬、省级层面书面表扬，以及在全国、全省、全市范围内推广的好经验好做法，将给予加分。相反，对于存在影响营商环境行为的单位，将扣减相应分值。第三方评估是考评工作的重要组成部分，主要对开办企业、办理建筑许可、登记财产、获得电力、获得信贷、纳税、跨境贸易、办理破产、保护少数投资者、执行合同等世界银行营商环境指标和国家、省级层面有要求的重点指标进行评估。通过对这些指标的评估，可以计算出各县（区）、开发区营商环境便利度的分值及排名。

为了保障考评工作的有效性和权威性，N市建立了完善的激励和约束机制。对于考评结果为优秀的单位，N市市委、市人民政府将予以通报表扬，并给予相应的政策支持和奖励。这不仅能够提升单位的荣誉感和积极性，还能够形成示范效应，带动其他单位对标先进、借鉴经验，从而不断提升自身的营商环境水平。对于考评结果不合格的单位，N市市委、市人民政府将对有关单位相关负责人进行约谈，并要求其制定整改措施。为确保各单位对优化营商环境工作的高度重视和有效落实，将考评结果纳入市绩效考评范围，折算计入年度优化营商环境绩效考评指标得分。严格优化营商环境绩效考评工作纪律，坚决杜绝打人情分，出台相关制度约束弄虚作假等行为，对违规行迹追究相关负责人和工作人员的责任。为强化对优化营商环境绩效考评工作的监督，N市还通过各种渠道充分发挥了人大代表、政协委员以及社会各界、新闻媒体的作用。

（四）坚持创新驱动发展，重点指标提质增效

在N市营商环境18项指标中，开办企业、获得电力、获得用水用气、跨

境贸易，知识产权创造、保护和运用等指标工作进展较为顺利，完成度较高。执行合同成本压缩等任务完成难度大。近年来具体各项指标工作表现如下：

1. 开办企业

创新住所申报承诺制改革和“一号通”套餐服务，全省率先使用“一网通”平台业务系统，实现办理环节压缩至3个，精简材料为1套，0.5个工作日办结。县区实行公章刻制“政府买单”政策，有效降低企业开办成本。

2. 办理建筑许可

推动工程建设项目审批“四统一”改革，实现各阶段“一份办事指南、一张申请表单、一套申报材料”。立项用地规划许可阶段审批“三同步”，时限平均压缩90%。工程建设许可阶段审批“三合一”，时限压缩85%。施工许可阶段审批“四合一”，时限压缩92%。竣工验收阶段实现一窗进出、联合验收。

3. 登记财产

“24小时不打烊”业务占96%以上，实现即时办结，0环节0材料办理；少数复杂不动产登记业务实现现场“1小时办结”、特殊涉税业务30分钟办结。办理成本压缩至财产价值3.5%以内，实现多部门信息共享互通，土地管理质量指数达到24。

4. 获得电力

实现居民、低压用户2个环节，10千伏及以上高压用户3个环节；实现所有用户用电报装即刻受理，一般低压用电报装平均用时1.1个工作日，居民客户接电平均用时1个工作日，10千伏高压单电源用户接电平均用时17.15个工作日，10千伏高压双电源和35千伏及以上用户接电平均用时21个工作日（不含配套工程建设时间）；实现零成本办理；供电可靠性和电费透明指数≥7。

5. 获得用水

无外线项目办理平均环节2个、平均用时2个工作日、平均申请材料1项；有外线项目办理平均环节2个、平均用时2.5个工作日、平均申请材料1

项；用水报装实现零成本办理。

6. 获得用气

无户外管线工程办结平均环节 2 个、平均用时 1 个工作日、平均申请材料 0 项；有户外管线工程（户外管线≤ 100 米）办结平均环节 2 个、平均用时 1 个工作日、平均申请材料 0 项；用气报装实现零成本办理。

7. 获得信贷

自主研发不动产登记综合服务平台，全市不动产抵押登记机构实现不动产抵押网上登记业务线上即时办理。整合签订贷款合同与办理抵押登记手续环节，优化普惠型小微企业抵押贷款业务办理环节，银行控制普惠型小微企业贷款平均利率保持在合理水平，N 市信用信息深度指数达到 7 以上。

8. 跨境贸易

进一步深化关检业务融合，优化通关流程，把检验检疫业务嵌入到通关货物监管作业，实现“查检合一”，进口货物采用“提前申报、货到验放”通关模式，提升通关效率。国际贸易“单一窗口”综合业务覆盖率达到 100%。出口边境审核、出口单证审核以及进口边境审核、进口单证审核耗时及费用大幅降低。

9. 纳税

推进涉税服务事项“最多跑一次”，纳税人通过电子税务局进行企业所得税更正申报，并补缴税款，全流程 30 分钟以内办结，网上申报率达 97% 以上。实行多缴退税电子化，进一步优化退税办理流程，压缩办结时限，取消多项契税、购税、完税纸质证明。

10. 执行合同

建立健全合同执行快审机制，智慧法院建设加速。金融借款合同审理时间、执行借款合同审理时间、合同纠纷审理时间、执行合同审理时间大幅缩短；全市法院金融借款合同纠纷案件法定审限内结案率达 99%。在合同案件中大力推行调解、简易程序、小额速裁程序，有效降低综合诉讼和执行成本。

11. 政务服务

开展政务服务满意度测评。完成与省级层面的数据共享交换对接，政务服务依申请事项网上可办率超95%。在投资项目、商事登记、不动产登记、社会事务、水电气等重点领域实施“一窗受理、集成服务”，推行企业群众政务服务套餐定制，170多个关联事项“一事通办”，近千个事项实现“最多跑一次”。推进网上中介超市建设，整合各类公共服务热线渠道。

12. 知识产权创造、保护和运用

全市知识产权纠纷行政调解机构全覆盖。有效注册商标增速加快，平均每万户市场主体注册商标拥有量超650件。

13. 保护少数投资者

建立了保护少数投资者案件审理团队，推行“简案快审、难案精审”。建立相对稳定的少数投资者诉讼案件审理团队，充分尊重市场主体的自主决策和商业判断，审慎司法干预。

14. 办理破产

成立专业的审判团队，简化破产案件审理程序，建立政府与法院联动机制，设立企业破产专项资金，成立破产管理人协会。

15. 市场监管

双随机抽查事项覆盖率达95%，监管执法信息公示率100%。制定《N市商务领域信用“红黑名单”管理办法》，开展“诚信兴商宣传月”活动。鼓励和引导商务领域市场主体开展信用承诺，签订《诚信经营承诺书》，接受社会监督，提高企业信用管理能力。落实公平竞争审查制度，对重点领域严重失信主体开展联合惩戒。

16. 包容普惠创新

推动更多企业获得高新技术企业和科技型中小企业认定，改革人才落户制度，开通人才绿色通道，落实急需紧缺人才优惠住房政策，实行青年人才“零门槛”落户，为人才提供医疗、子女义务教育等保障。推进公共文化基础设施建设和乡村文化交流活动。公路客货运周转量、水路客货运周转量增速加快；城市空气质量明显改善。

17. 招标投标

推进交易电子化建设，降低企业招标投标成本，减免供应商投标保证金，为中标供应商减负履约保证金。平台依托大数据分析动态监管系统，构建智慧监管新模式，通过系统发现围标串标等违法违规问题线索。

18. 政府采购

停止收取各类政府采购保证金，减轻企业资金压力。取消供应商投标报名环节，在线免费提供采购文件，降低政府采购门槛和成本。启动电子采购平台建设，优化采购流程，出台促进政府采购公平竞争文件，保障各类企业公平竞争。

（五）狠抓降本减负，营造民营企业良好发展氛围

积极响应国家号召，主动实施阶段性减税政策。例如，对增值税小规模纳税人、小型微利企业和个体工商户等资源税、城市维护建设税、房产税、城镇土地使用税、印花税（不含证券交易印花税）、耕地占用税和教育费附加、地方教育附加实施减征政策，按照中央授权范围内的最高标准，即 50% 的比例进行减征，且该政策的有效期从 2022 年 1 月 1 日延续至 2024 年 12 月 31 日。这一政策直接降低了企业的税费负担，提高了企业的盈利能力。坚决落实上级出台的税费减免政策，确保政策红利及时惠及市场主体。如“六税两费”减半征收、免征地方水利建设基金等多项顶格减免税费优惠政策得到了全面落实。N 市税务部门积极发挥桥梁纽带作用，实时监控上下级财政间库款调拨进度，全力确保中央财政专项补助资金直达基层财政、直接惠企利民，并做好后续政策兑付资金保障、中央补助资金分配结算等工作，助力基层财税部门及时将政策落实到位。在增值税留抵退税政策方面也采取了积极措施。通过建立税务、财政、人民银行三方留抵退税会商工作机制，推动完善跨部门退税减税降费政策落实协调机制，确保企业能够及时享受到增值税留抵退税政策带来的实惠。

此外，通过降低土地使用成本、推进“零土地”技改等措施，进一步降低了企业的建设和运营成本；针对特定区域和行业实施了更为具体的减税降费措施。例如，在省内特殊经济带内的企业，可以享受企业所得税地方分享部分的减免优惠；通过优化行政审批流程、降低项目用地及建设成本、降低企业污水处理和用电用气成本等多方面的措施，进一步减轻企业负担。同时，降低企业职工基本养老保险、失业、工伤、基本医疗保险等社会保险费的缴费比例，允许困难企业暂缓缴纳社会保险费，切实减轻了企业的成本压力。

（六）聚焦关键突破点，推动政务数据联通

首先，强化“互联网＋政务服务”的基础设施构建。积极推进“光网N市”与“无线N”项目，不断升级宽带网络，确保4G网络在城乡地区的深度渗透，并实现5G网络在主城区的无缝覆盖。建设机房设施、政务专网、云平台、灾难备份中心等，实行资源集约化管理，开展“互联网＋政务服务”，构建全市统一的基础设施支撑体系。其次，致力于提升“互联网＋政务服务”的效能。政务云平台的功能日益强大，市政务服务在云计算、数据存储、安全防护及服务能力上均有显著提升，各政务信息系统实现了有效联通。通过一系列创新举措，推动了政务服务向数字化、智能化方向转型。电子政务外网的触角已经延伸至市、县、乡、村四级，形成了覆盖全域的政务服务“一张网”。“智慧人社”平台、公安便民一站式网上服务平台以及“爱N”App、不动产24小时自助登记系统等数字化工具的推出，显著提升了政务服务的便捷性和效率。在跨层级、跨部门的政务数据共享与业务协同方面，市级政务数据共享交换平台已正式投入运营，并与自治区平台实现级联共享，进一步促进了数据资源的整合与利用。N市在自治区数据共享交换平台上的资源发布量和目录发布量均位居广西前列，充分展现了在政务数据共享领域的领先地位。

二、改革成果亮点

（一）有力推动经济社会发展

1. 营商环境评价结果优良

N 市在 2023 年度全国工商联组织的超过 14 万家民营企业参与的营商环境评价中，入选“进步最明显的 5 个省会及副省级城市”之一。这是继 2022 年排名跻身全国前 50 强后（较 2021 年上升 4 位）的又一突破，标志着 N 市在市场化、法治化、国际化营商环境建设上实现了跨越式发展。连续两年（2021 年、2022 年）获评中央广播电视总台“营商环境创新城市”，成为该省唯一连续上榜的城市，体现了其在政务服务改革、市场环境优化等领域的创新实践获得国家层面认可。在住房和城乡建设部 2023 年国家工程建设项目审批制度改革评估中，N 市作为该省唯一参评城市，位列全国第六，彰显其在工程审批效率上的领先地位。2023 年，N 市成功获批“全国第四批社会信用体系建设示范区”，信用监测排名稳步提升，城市信用承诺书签署量达 420 万份，形成以信用为核心的新型监管体系。

2. 市场主体活力明显提升

据 N 市市场监督管理局发布的数据，截至 2023 年 12 月 31 日，N 市市场主体登记存量已达 988255 户，同比增长 7.05%。这一数字相较于过去几年有了显著增长，显示出市场主体的活力和数量双重提升。而到了 2024 年 12 月 31 日，N 市市场主体登记存量更是达到了 1021389 户，同比增长 3.35%，进一步证明了 N 市市场主体的持续增长和繁荣。N 市近 10 年高新技术产业和新兴服务业的快速发展，在数据上得到了充分体现。以 N 市的高新区为例，近 10 年来持续推动高质量发展先行区、创新驱动发展示范区、对外开放发展引领区“三区”建设，在国民经济高质量发展、培育战略性新兴产业等方面取得了较好成绩，规模以上工业产值年均增速约 21%，工业投资年均增速 15% 以上。即使在 2021 年受新冠疫情影响的情况下，园区仍然保持规模以上工业产值 10% 以上、工业投资 19% 以上的增长。

3. 对外资的吸引力不断增强

截至 2024 年 11 月 30 日，N 市 2024 年新设立的外资企业达 247 户，总外资企业数目已达到 2591 户，全市实有外资企业数量和新增数量均居该省第一。2024 年 N 市国家经济技术开发区 1—6 月的数据显示，该开发区直接利用外资金额达到 839.5 万美元，同比增长 5.77 倍。这些外资企业的入驻不仅为 N 市带来了资金、技术和管理经验，还促进了本地产业结构的优化升级和经济的快速增长。

（二）部分工作亮点突出

1. 逐步构建企业全生命周期精准服务体系

2018 年，N 市大胆创新，实现了涉企政策“一窗申办”兑现服务。将原分散在各单位的涉企优惠政策，推动各级政务服务大厅设立政策兑现专窗，一个窗口受理所有政策，企业随时都可以去办理。设立 N 市企业融资服务中心、N 市股权融资服务中心。共引入银行机构、担保公司及小额贷款公司入驻 N 市市民中心，总数超过 11 家，银企对话平台的建立，助力了民营经济健康成长。N 市在该省最早提出“发展机会清单”。通过转换应用场景表达模式，使之项目化、指标化、清单化，并向社会动态定期发布发展机会信息，实现了对企业从“给优惠”到“给机会”转变，企业市场机会大大增加。

2. 登记财产推行“24 小时不打烊”全自助办证模式

2018 年，N 市不动产登记工作进行了多项改革，此后超过 96% 的业务量实行线上全自助办理、即时办结，不再收取纸质材料，全流程无须人工干预。推行全业务不动产登记电子证照应用，实现与住房、税务、金融机构等部门互认，被自然资源部确定为全国八个不动产登记电子证照试点城市。推进“互联网 + 不动产登记”改革构建智能服务新体系典型经验做法被国务院办公厅通报表扬。

3. 推行工程建设项目“四统一”改革，创新多图联审模式

工程建设项目审批系统上线运行后，各阶段审批提速 80% 以上。N 市在全国率先启动建设项目全流程“多测合一”改革。2019 年 9 月印发《N 市建设项目“多测合一”改革工作方案》，通过“1 次整合”“2 个合并”“1 个标准”，最终实现“多测合并、联合测绘、成果共享”。经过“多测合一”改革，原来建设项目审批全流程涉及 16 项测绘业务，之后精简整合为 4 项，整个测绘审批时间从原来的 135 个工作日，缩减到 33 个工作日，审批时限压缩幅度达 75%，有效解决了建设项目审批工作的大难题。

4. 构建“线上一网通、线下一门办”人社服务新体系

首创手机“刷脸”申领失业保险待遇，实现失业保险金申领“零材料”“零跑腿”“零见面”，发布“秒办”“免办”事项清单。2019 年 6 月 21 日，人力资源和社会保障部办公厅印发通知向全国推广 N 市经验。

5. 推行工程建设项目“拿地即开工”改革

2020 年 4 月率先在全省推行“提前介入监督 + 分阶段办理施工许可证”的“拿地即开工”模式。将“拿地即得证”模式升级打造为“拿地即开工”模式，惠及 N 市行政范围内已签订投资协议的招商引资项目、一般社会投资工程建设项目和取得立项批复的政府投资工程建设项目等。2023 年 7 月“拿地即开工”已经升级为 4.0 版本，新政策的普适性强、范围广、受益项目多，为项目早开工、早投产按下快进键，为企业节约工期 3—4 个月。该模式被国务院办公厅列为政务服务效能提升典型经验案例并在全国推广。

6. 全国首创“互联网 + 不动产登记”农村房地一体确权登记模式

2020 年加大“互联网 + 不动产登记”工作创新力度，在网络平台增加农村不动产确权登记功能模块，实现农村不动产登记网上办，做到“登记不出村、领证家门口”。村民只需到村（居）委会提出申请，由村（居）委会通过平台网上提交材料交由自然资源部门审核，全流程零纸质申请材料，实现不见面审批。

7. 全国首创电子诚信卡

2020 年，在全国首次推出了电子诚信卡，这种卡片以电子化形式嵌入城市公共服务平台供市民使用。“诚信卡”的授予对象，是通过“信用评价＋诚信贡献”双维度综合评估来确定的。借助这一创新举措，N 市成功构建起一个科学且客观的新型城市信用体系平台。基于此平台，针对守信的市民与企业，政府出台了一系列激励政策，旨在持续强化社会成员的诚信理念，进而营造出优质的信用环境 。

8. 创新“三合一”集约化通关新模式

针对国际邮件、快件、跨境电商货物监管分散，可能存在监管资源重复投资建设的堵点，在自由贸易试验区 N 市片区创新打造国际邮件、快件、跨境电商“三合一”集约化通关模式，实现多种业务同一场地作业、同一时间清关，实现对国际邮件、快件、跨境电商的进出口装卸、集中查验、转关监管、检疫处理等通关服务的一站式办理。这一模式被正式评为首批省级层面制度创新成果。

9. 深化“证照分离”改革，推行“免审即得”政策

N 市于自由贸易试验区内，进一步深化改革试点工作。在已施行“告知承诺”的涉企经营许可事项里，挑选出部分项目，积极推行“免审即得”政策。这一政策的特别之处在于，将信用筛查环节前置，形式审查及现场勘验环节后置。企业只需签署《“免审即得”承诺书》，即可在领取营业执照的同时，领取相关涉企经营许可证书或批复文件。首批推出旅行社设立许可、食品生产许可（低风险食品）、人力资源服务许可、公共场所卫生许可等 13 项行政许可事项。该做法被国务院办公厅列为政务服务效能提升典型经验案例，并在全国范围内复制推广。

第七章

N 市优化营商环境专项领域表现

一、技术创新环境积厚成势

（一）聚力平台搭建，推进创新资源要素聚合

加快成立新型研发机构。进入新时代，产业迫切需要转型升级，关键技术需要加速研发，高端创新资源需要形成集聚效应，这一切最终都依赖于一支高水平创新团队聚合而成的新型研发机构，新型研发机构是新载体、新动力、新平台。某先进铝加工创新中心就是一家这样的机构，它依托高校院所、重点龙头企业或海内外高层次人才团队，攻克了工业化国产重大短板装备技术难题，按照“政府引导、依托校企、产业导向、市场运作”原则，建设了重大短板装备的国内首套热处理示范线，改变了在高精铝合金板带型材生产关键装备依赖进口的被动局面，同时在相关生产工艺和技术方面也有了突出的自主性。为什么这样的新型研发机构获得了突破？这跟N市出台的多项支持政策有关，这些政策不仅包括为研究开发、设备购置、装修房租、物业水电等提供启动经费，还包括新型产业技术研究机构获批筹建后，通过注册资本金投入、基金参股、科技成果转化和产业化、人才资助与安家等多种方式给予进一步支持等。N市围绕新能源汽车及零配件、金属及化工新材料、林产品加工等重点千亿产业，策划组建数个新型产业技术研究机构，并以此带动国家级人才引进，带动相关前瞻性技术成果在N市转化。

产教研学融合基地建设步伐加快。推进某电子科技大学N市研究院高质量发展，支持研究院与企业合作开展技术攻关，支持研究院与本地重点行业企业共建人才培养基地。积极推进与清华海峡研究院共建N市清大协同创新中心建设运营，推进某理工大学产教融合基地建设等。这些基地不仅拥有先进的实验设备和研发平台，还会聚了一大批高水平的科研人员和产业专家，通过与企业、科研院所的紧密合作，这些基地在关键技术攻关、新产品研发、

人才培养等方面取得了显著成果。

（二）聚力主体培育，增强企业自主创新能力

支持科技型中小企业发展。完善创新型企业梯度培育体系，组织开展科技型中小企业评价、高新技术企业和瞪羚企业入库培育等工作。构建完善“科技型中小企业—高新技术企业—瞪羚企业—独角兽企业”的创新型企业梯级培育体系。支持企业加大研发投入力度。全社会 R&D 经费投入总量和增量连续两年居全省第一。支持创新创业平台建设。发展创新创业孵化平台，推进探索“飞地孵化器”模式，成功签约 N 市—宝地（上海）创新中心项目，将为长三角和 N 市企业提供双向飞地孵化服务。支持建设众创空间、科技企业孵化器，降低大众创新创业门槛，孵化培育科技型中小微企业。发挥创新示范基地的平台示范引领和辐射带动作用，抓好深圳、长沙等“飞地孵化器”“人才飞地”的运营管理，每年举办 N 市创新创业大赛，并取得良好效果。

聚力技术攻关，破解企业创新发展难题。集聚科技创新要素，组织实施多项科技重点研发项目及重大专项，着眼于 N 市重点产业以及传统优势产业和新兴产业发展需求，快速构建核心技术可控、组织结构合理、市场主体适用的现代产业技术体系，有效助推产业高质量发展。继续实施“揭榜挂帅”制重大科技项目，围绕 N 市六大千亿元产业链发展需求，充分利用区内外企业、研究机构和高校院所科技创新资源，攻克制约 N 市产业发展关键环节技术难题，仅 2023 年立项支持“轻型混动 DHT 系统开发”等“揭榜挂帅”重大科技项目 2 项，支持科技项目经费达 700 万元。强化产业核心技术攻关。通过争取中央引导科技资金、自治区科技项目资金，积极支持 N 市企业组织实施科技计划项目，推荐高端铝合金新材料、动力装备等 N 市企业牵头的项目获得上级科技项目支持，不断增强产业核心竞争力。加快科技成果转移转化。鼓励各类创新主体转移转化科技成果，进行技术合同登记，优化科技成果转移转化激励政策，出台《N 市企业科技成果转化后补助暂行管理办法》，

兑现科技成果转化奖励补助，大力发展规范化、专业化、市场化的科技成果转移转化机构，大力培育发展技术市场。

（三）聚力人才引育，构筑创新人才聚集高地

科技创新取得成效的关键在人才。俗话说“功以才成，业由才广”，在科技人才集聚方面，N市一直致力于营造人才近悦远来的良好氛围。借船出海引人才。出台《N市“人才飞地”管理办法》，对获认定的“人才飞地”给予建设运营资助经费支持。2023年新增认定1家研发机构类“人才飞地”，累计在广州、长沙等地加快布局“创新飞地”7家，投入财政经费2443万元。政策加码育人才。出台《N市顶尖人才专项管理办法》《N市青年人才专项管理办法》《N市海外人才专项管理办法》等人才政策，至2024年，N市海（境）外人才创新创业大赛已举办了七届，N市创新创业大赛已举办了九届，为引进人才营造了“如鱼得水、如鸟归林”的一流生态。

狠抓高层次青年人才引育。选育重点产业领域青年科技人才，组织实施青年人才专项。支持40岁以下青年科技人才牵头实施科研项目，发动科技企业提供青年科研助理岗位，选派乡村科技特派员。出台了一系列针对青年人才的政策，如“大中专毕业生23条”“1+6”人才新政等，这些政策涵盖了就业、创业、安居、落户等多个方面，为青年人才提供了全方位的支持。通过政校企联动筹集就业岗位，特别是针对大中专院校毕业生提供丰富的就业机会，加大对重点企业稳岗的支持力度，为毕业生提供更多优质岗位。对于自主创业的青年人才，N市提供了最高20万元的创业启动资金支持，并优先支持市级以上创业大赛获奖项目。此外，还提供了创业担保贷款、创业扶持补贴等政策支持。N市在安居保障方面也为青年人才提供了诸多便利。例如，通过整合人才公寓房源，定向分配给高校毕业生；对新引进的青年人才，在购买首套新建商品住房时，按已缴纳契税金额的100%或50%予以补贴；还建立了“青年人才驿站”，为来N市求职就业的应届高校毕业生提供最长7天的免费住宿；等等。

（四）聚力生态优化，激发创新创业发展动力

持续推动科技体制改革。近年来，出台《关于进一步深化科技体制改革全面落实强首府战略的若干措施》《N 市优化营商环境创新创业（科技创新）专项实施方案》《N 市促进全社会加大研发投入实施方案》《N 市本级科研项目经费包干制试点管理办法》等政策，从强化创新工作十大支持举措、优化科技创新营商环境、激励全社会加大研发投入力度、扩大科研相关自主权等领域推进改革，着力解放和激发科技作为第一生产力蕴藏的潜能。出台了《N 市星创天地管理办法（试行）》《N 市“人才飞地”管理办法》《N 市本级财政科研项目绩效考评管理办法》《N 市本级财政科研项目预算评审管理办法》《N 市科技专家库管理办法（试行）》《N 市落实科技强桂行动实施方案》《N 市产业链、创新链、人才链融合发展工作方案》等科技政策，不断完善创新体系建设。完善科技项目管理制度，修订《N 市科技计划项目管理办法》《N 市本级自筹经费科技项目管理办法（试行）》《N 市科技计划项目验收结题管理办法》《N 市本级财政科研经费管理办法》等政策，着力提高科技项目实施效益，营造良好创新创业生态；加快完善《N 市科技创新促进若干规定》，为实施创新驱动发展战略提供法治保障；加强科技项目管理改革，建设科技计划项目储备库，加强科技项目储备，完善科技项目评价体系，加强重点研发计划项目财务评估，建立科技项目经费定档体系。

完善金融支撑创新体系。全力推动产投科技创新投资有限公司构建全新的科技创新产业投融资平台。积极探寻“国有资本运营平台搭配多支基金”的投资模式，以此大力扶持那些科技成果转化迅速的新兴前沿项目。在金融支持方面，坚决落实科技和知识产权信贷风险资金池政策，帮助企业顺利获取贷款，切实降低企业融资成本。同时，N 市还为科技型企业提供科技保险保费补贴，及时兑现科技企业创新券、众创空间后补助资金，以及省级层面重点实验室和 N 市工程技术研究中心后补助资金等，全面助力科技企业发展。

二、市场监管环境动态优化

（一）深入开展企业调研帮扶活动

落实市委有关联系服务重大项目重点企业工作机制，全力保障重大项目顺利推进、堵点及时疏通，深入开展重点企业走访调研服务，倾听实体企业困难与需求，落实帮扶举措，提高纾困帮扶措施的针对性、精准度。例如，指导某生物科技有限公司从普通食品向特殊医学用途配方食品转型，助力其成为该地区首家特殊医学用途配方食品生产企业。多渠道主动向符合条件的经营主体推送信用修复提示，多方式帮助企业开展信用修复，推行经营主体行政处罚决定和信用修复“三书同达”机制。实施包容审慎监管，制定《N市市场监督管理行政处罚自由裁量权适用规定》《N市市场监管领域轻微违法行为可以不予实施强制措施、不予立案、不予处罚、减轻处罚、从轻处罚清单》，为企业“松绑”，进一步激发市场活力与动力。加大小作坊、小摊贩、小餐饮食品“三小”经营主体监管力度，通过科学规划经营区域、建立完善管理制度、健全配套服务设施、建立食品摊贩台账等方式，引导经营主体提档升级。在全省首推小餐饮“告知承诺制”，缩短备案时限，提升企业和群众办事便利度，减小个体户资金运营压力，为推动“地摊经济”“夜经济”发展保驾护航。

（二）高标准打造知识产权示范城市

聚焦国家赋予N市的新定位、新使命，发挥知识产权创造、运用、保护、管理、服务等作用，丰富知识产权强市战略内涵，助力中国—东盟跨境产业融合发展。深入推进知识产权强市试点示范建设。积极开展知识产权强国建设试点示范工作。2024年N市每万人口高价值发明专利拥有量5.2件，多项知识产权数据指标居全省首位，某城区获评“国家知识产权强县建设试点县”。2024年6月，知识产权保护中心成功获批国家级海外知识产权纠纷应对指导中心，为企业“出海”开拓国际市场提供有力支撑和保障。同时，加强海外知识产权风险防控体系建设。根据海外知识产权重点保护信息监测情况，针对海外知识产权风险点进行函告预警。同时，全市大力开展专利转化运用服务对接活动，地理标志取得新突破，N市拥有的地理标志商标、地理标志保护产品大幅增加，2023年全市使用地理标志专用标志企业已经超过170家。

（三）推动标准化改革，助力品牌建设

深化标准化改革，促进企业转型升级。发布《网络订餐配送操作规范》等N市地方标准，主导或参与制（修）订相关国家标准、发布本地行业标准。推进标准化管理制度创新。率先出台地级市地方标准管理办法，推进并引导企业实施首席标准官制度，目前首席标准官、标准总监、标准化队伍日益壮大。以发展N市米粉产业为例，监管部门牵头构建N市品牌米粉产业高质量标准体系，立项《N市米粉专用稻种植基地建设规范》等地方标准和团体标准多项，以产品质量认证服务助推经济高质量发展。

以培育做优质量提升品牌内涵。2024年，N市在该省最早发布首个区域品牌收录大全——《N市品牌目录》，其中包含了N市所有品牌项目及具体品牌。为推进“一站式”平台建设，基础设施投入力度加大，质量服务水平提升，目前“一站式”平台已经实施市县领域全覆盖，已经可以利用服务专家为企业解决技术难题，为N市企业转型升级提供技术支撑。

大力推进社会公用计量标准建设，健全溯源体系，加强质量基础设施能力建设，联合计量检测研究部门大力推进社会公用计量标准建设工作，以技术手段推动质量基础设施提升。开展产品、服务等质量认证，加强质量认证体系建设，组织质检、认证等方面专家组深入企业开展问诊帮扶，助力林产、食品加工等质量提升，进一步巩固品牌壮大发展的基础。

（四）积极构筑规范公平的市场环境

在市场主体登记、食品、药品、知识产权和工业产品等领域全面开展专项治理行动，严厉查处无照经营和侵权假冒等多个大类的各种违法行为，有力震慑从事违法生产经营活动的企业和个人，维护广大人民群众合法权益，营造良好市场经济秩序。扎实开展农贸市场建设工作，提升N市农贸市场规范化、信息化管理水平。2024年更是深入推进“铁拳·桂在真打”行动，开展“特供酒”清源打链专项行动、“治违禁 控药残 促提升”三年行动等专项整治行动。针对市场上“鬼秤”“鬼手”等违法行为，持续开展缺斤短两专项整治行动并实施严厉打击。开展涉企违规收费专项整治、民生领域价格监督检查、反不正当竞争专项执法、打击传销与直销企业涉传行为专项执法等重点监管工作。组织开展农贸市场环境卫生和经营秩序综合整治工作，推进百姓满意星级农贸市场创建，推动“互联网+明厨亮灶”提质升级。集中开展药品安全领域专项检查，全面排查化解风险隐患，高质量完成药品安全巩固提升行动。落实化妆品标签专项、“一号多用”专项检查，有效规范辖区内化妆品经营行为，创新开展化妆品经营量化等级评定，探索分级分类监管，为推进化妆品经营信用体系建设提供基础依据。积极推动全市各级市场监管部门贯彻落实柔性执法、审慎监管各项工作要求，贯彻公平竞争审查制度，积极构筑规范公平的市场环境。

（五）筑牢安全发展的坚实屏障

主动探索创新，在全市建立140家食品安全企业联络站，全面构建起属地政府、监管部门、食品企业等多方密切联系的平台，强化包保干部与包保主体等相关人员的有效衔接。成立食品安全“两个责任”工作专班，整合资源、集中力量、做好统筹，将全市食品生产经营主体纳入包保范畴，全面落实“三张清单加一项承诺书”制度，做到“应包尽包”，实现包保“全覆盖”。强化食品安全专项整治，严打违法行为。全市各级市场监管部门严肃查办食品违法案件，组织开展食品安全抽检监测工作和 N 市食品安全“你点我检”服务活动，保障人民群众的“舌尖安全”，实现重大活动食品安全“零”事故、重大体育赛事食源性兴奋剂“零”发生的目标。

坚持“以网管网”。在全省首创“轻量化网络市场监测”数字化监管新机制，有效解决网络监管“人少、事多、量大、责任重”难题，走出一条“互联网 +”智慧监管新路子。率先探索利用网监机器人技术开展网络交易线上检查，帮助基层缓解网监执法水平参差不齐、人力不足的问题，提升监管效能。建成使用网络市场发展服务平台，搭建政企点对点沟通服务渠道，使经营主体在开展网络经营前能及时得到政策指引、经营中能及时获得经营指导、违规后能及时得到整改指导，为 N 市电商企业提供事前、事中、事后全链条智慧化服务，推动 N 市网络市场高质量发展。发挥 12315 数据“市场监管风向标”作用，强化风险预警，形成“重点监测—触发报警—跟踪督办”工作闭环，挖掘消费痛点、堵点，提出对策建议，促进精准、靶向监管。坚持诉求事项处理标准化、规范化，快速解决群众“急难愁盼”问题。

三、法治建设环境快速改善

（一）强化法治服务产业大发展

强化法治引领服务保障改革作用，参与推动试点实行乡镇（街道）一枚印章管审批（服务），强化反垄断，深入推进公平竞争，深化法治国企建设，加快数据要素市场化，深化生态保护补偿制度，建立生态环境保护行政执法与刑事司法衔接工作机制等改革项目。围绕抓好 N 市产业发展格局落地落实，注重在数字经济、金融、教育科技人才等领域开展立法研究，以法治赋能产业转型升级。充分发挥法治督察、行政执法协调监督、行政复议纠错职能，依法平等保护各类市场主体合法权益。健全商事纠纷多元预防化解机制，积极推进商会人民调解工作，探索培育国际商事调解组织，着重推进知识产权纠纷多元化解。强化助企法律服务，编制涉企法律服务指引，深化“万所联万会”机制，深入开展公共法律服务“进园区”、“进企业”、民营企业“法治体检”等活动，帮助企业提高预防和化解法律风险能力。聚焦优化营商环境强化法治保障，开展“主动对标沿海发达地区学经验找差距”专项行动，积极联系服务重大项目、重点企业，落实企业“办不成事”诉求直达快办机制，对新技术、新产业、新业态、新模式等实施包容审慎监管，依法解决企业实际困难问题，让广大企业家敢于投资、安心经营、舒心发展。

N市检察机关始终把优化营商环境、服务企业发展作为服务大局的“重中之重”，先后出台一系列“护企助企、净化市场环境、清理‘挂案’”等有力度、有温度、有影响的举措。其中，一些城区的检察院与工商联持续深化交流和协作，建立健全沟通联系工作机制，构建“亲清”检商关系，合力推进各项法律服务工作，进一步优化民营经济法治化营商环境；某城区检察院针对侦查机关立案后长时间不能结案的涉企事件，如温某某合同诈骗案依法监督撤销案件，入选了最高人民检察院指导性案例的案件，也成为全国办理此类案件的重要范本和依据。对于自由贸易试验区N片区的发展诉求，N市检察院迅速响应，精准对接试验区建设目标，专门制定发布了《关于服务保障自由贸易试验区N片区建设的实施意见》。同时，N市检察院在自由贸易试验区内设立了驻点检察室，并组建了一支专业化办案团队，全面履行各项检察职能，为自贸片区的法治化、国际化营商环境建设提供了坚实的司法保障。

（二）加强法治服务推动大开放

聚焦推动“跨境融合”与“向海图强”齐头并进，主动服务大通道、大枢纽、大平台、大产业、大贸易，推动N市涉外法律服务从1.0时代迈入2.0时代。研究出台《N市公共法律服务促进办法》，制定《N市关于发展涉外法律服务业的若干措施》，推动市律协出台律所“走出去”等鼓励政策。搭建完善新平台，打造自由贸易试验区法务商事服务中心，吸引各类法律、咨询、金融等机构集聚。设立公共法律服务综合指挥室，在全市园区布局（涉外）公共法律服务工作站（室），聚焦跨境产业融合发展，围绕经济带发展、产业合作区建设、与沿边临港城市联动发展等，加强法治服务。依托贸促会、涉外律师事务所，搭建海外联络点；实现对 RCEP 国家涉外法律服务联络点全覆盖，全力保护“走出去”企业和人员利益。加强与边境城市联动，在边境口岸合作布局 N 市涉外法律服务联络站点，促进 N 市与周边国家经济合作交流。鼓励机构实现新发展，指导律师事务所在东盟设立分支机构，支持符合条件的法律服务机构来 N 市开设分支机构。完成 N 市国际仲裁院入驻自由贸易试验区，配合设立中国—东盟商事仲裁协作中心，共同办好“中国—东盟商事法律论坛”等系列论坛，积极向司法部争取国际商事仲裁中心、“一带一路”律师联盟境内代表机构落户 N 市，深化与东盟国家的法治合作交流。推出法律服务新产品，开展电子存证公证业务，设立法律查明窗口，在城市 App 上线涉外法治全析图，便利企业就近获取涉外法律服务。推动涉外法治人才新增长，培育涉外法治人才，组建“1+3+N”法务团队，培养高素质实战型涉外法治人才，为国家级开放平台、重点平台以及专业交易市场重点项目建设提供全生命周期法律服务。

（三）基层法院探索赋强公证新方式

在经济园区存在大量纠纷案件时，某城区法院借助赋强公证探索批量解决矛盾纠纷新模式，积极引导当事人将赋强公证作为解决纠纷的“优先选择项”，即当事人不经诉讼程序即可凭公证机关出具的公证文书和执行证书向法院申请强制执行，有效破解诉讼解纷耗时、耗钱、耗力的“症结点”。将金融借款合同、买卖合同等商事领域纠纷，以及民间借贷、抚养费、物业合同、法定继承等涉民生领域纠纷列入可申请赋强公证的范围，发挥公证力量为群众解纷提供更多方式的选择权。安排立案法官对纠纷进行首要研判，对债权债务关系明确、事实清楚的纠纷，主动向当事人介绍赋强公证维权成本低、办理周期短等优势，在征得当事人同意后，立即将纠纷转入公证程序办理。实行金融类案件计件收费，由金融机构全额承担公证费用，其他商事纠纷按标的比例收费，依双方当事人约定灵活决定付费主体，并对困难群众适当减免部分公证费用，极力降低当事人公证成本。

在法院诉讼服务中心和金融机构营业厅设立服务站点，积极将实务经验丰富的公证机构“请进来”。强化实质性化解。由公证人员主持开展调解，建议当事人分期还款，建立化解台账，加强跟踪记录，在期限届满前后通过电话、微信等方式督促当事人履行，不断提升赋强公证案件的自动履行率。推行线上服务模式。依托“零接触系统”公证服务平台，提供“线上受理—网络审核—公证书签发”等数字化服务，实现从申请到公证的全流程“云办理”，有效突破赋强公证服务的时空限制。成立流动服务团队。选派精通壮汉双语的法官、司法辅助人员、公证员组成专业服务团队，主动上门服务，精准对接群众司法需求，搭建起基层解纷的快车道，经过流动团队对接的案件化解率近80%。

（四）检察部门夯实经济发展“源头活水”

组织开展严防金融风险、服务创新发展等专项监督，保持对传销、非法集资等涉众性犯罪的打击力度，依托办案参与金融监管治理，牵头与人民银行N市中心支行召开反洗钱工作联席会议，在信息共享、衔接配合、依法惩治等方面达成共识；与辖区统战部、工商联等部门建立常态化协作机制，共同推动民营经济的健康发展，着力构建“亲清”检商关系。在知识产权保护方面，推行“一案一告知”制度，确保知识产权权利人的合法权益得到及时有效的保障。在办理关联民营企业案件时，从办案理念、风险评估、审前羁押等10个方面着手，制定了《规范办理涉民营经济刑事案件十条措施》，确保案件处理规范、精准、稳妥。对于久拖未决的涉民营企业案件，开展专项清理行动，帮助涉案企业“松绑减负”；对涉非公企业开专门的“绿色通道”，快速受理控告申诉案件，最大限度地减少违规查封、扣押、冻结等措施对企业生产经营的负面影响。与市工商联联合印发《关于进一步加强N市检察机关与工商联沟通联系工作机制的实施意见》，明确服务民营企业健康发展的具体措施。

驻自贸区检察室紧扣“四大检察”业务范畴，创新打造了检企对接、检察听证、预防宣传等一系列工作机制，为企业量身定制精准法律服务，全力助推民营经济朝着规范有序方向稳健前行。在内部工作优化上，检察室构建起跨区域知识产权刑事、民事、行政、公益诉讼检察“四合一”的综合履职模式，从各个维度搭建起创新型工作体系，实现对知识产权案件的全方位、深层次处理。对外工作方面，秉持守正创新理念，与法院、公安、行政部门紧密协作，构建起“检法公行”联动的知识产权大保护崭新格局。当下，各方共同探索推行“一案四查”结合“联合会审”的案件处理模式，借助特邀检察官力量推动知识产权案件高效办理，积极发挥检察职能护航区域农业品牌，还携手高校推动知识产权检察理论研究，多管齐下构建起一套涵盖案件处理、专业辅助、产业保护、理论支撑的完善工作机制。

（五）法学会充分发挥平台组织助企作用

坚持服务法治实践，突出重点，守正创新，推进首席专家工作机制和法学会服务站点建设走深走实。一方面，搭强平台，拓宽广度。在行业主管部门、行政执法部门中遴选一批专家进入首席队伍，延伸工作触角。在产业园区建法学会基层服务站点，推动更多法治力量向引导和疏导端用力，助力企业矛盾纠纷化解“最多跑一地”。另一方面，做实工作，加大力度。探索建立“多调联动＋首席会商”“法院＋首席”诉前调解等工作机制，首席专家团队参与成功化解政企与企业之间的商务矛盾纠纷，一批重点信访疑难案件实现实体性化解。首席专家团队深入实地调研、“把脉会诊”，提出法律意见，指导签订和解协议，维护企业合法利益，防范群体性事件发生。健全机制，提升影响力。完善首席专家遴选、考评、保障制度，建立首席工作与基层站点“嵌入式”融合机制，动员首席专家、普法志愿者参与“法治讲堂”“基层行”活动，推动高质量的法治宣传、法律服务走进“千家万户”，擦亮首席工作“金名片”。

第八章

N 市优化营商环境典型案例

一、地方人大通过立法推动经济社会发展

（一）案例背景

某湿地位于下辖H市某水库区，湿地生态系统完整性好，是华南地区面积最大的人工湿地之一，具有非常高的建设价值和保护价值。但21世纪以来，湿地出现了水体水质逐渐变差、水生植物资源濒临枯竭、鸟类和天然鱼类急剧减少以及湿地面积大幅萎缩等问题，生态保护的形势十分严峻。为保护N市这块绿色“瑰宝”，同时保证湿地公园能够为H市市民提供优质的饮用水源，H市委一方面积极向上级争取项目，建设某国家湿地公园；另一方面通过H市人大常委会向N市人大常委会汇报和提出立法建议，希望通过制定出台地方性专项法规，为推进湿地公园建设和打击破坏湿地生态系统的违法行为提供法律依据。《N市某国家湿地公园保护条例》于2016年5月20日N市第十三届人大常委会第三十六次会议通过，2016年9月29日该省第十二届人大常委会第二十五次会议批准，2016年11月1日正式施行。

H市茉莉花产量占全国的80%以上，占全球的一半以上，是中国茉莉之乡、世界茉莉花都。“H市茉莉花”是该省最具价值的农产品品牌之一。近年来，随着城乡建设的快速发展，茉莉花种植面积逐年减少，且面临规模化、标准化、科学化种植不足的问题。虽然H市政府出台了一系列扶持政策，但由于文件效力层级较低，对茉莉花品牌的保护力度较弱；另外，由于茉莉花文化内涵未得到充分挖掘，对茉莉花文化投入也不足，在一定程度上影响了茉莉花文化传承和文化产业的发展，政府有必要通过地方立法，从茉莉花种植的规模化、标准化提升，以及文化传承和品牌保护等方面加强保护。《H市茉莉花保护发展条例》于2020年12月30日N市第十四届人大常委会第三十一次会议通过，2021年11月20日G省第十三届人大常委会第二十六次

会议批准，2022 年 1 月 1 日施行。

（二）主要做法

1. 找准发力点，立足实际提出立法建议

在立法准备阶段，H 市人大常委会充分用好《中华人民共和国立法法》规定的设区市的立法权限，结合本地工作实际和特色产业发展需要，把党委关注的又迫切需要解决的难点问题列为立法的重点课题，先后向 N 市人大常委会申报将“某湿地公园保护”和“茉莉花保护发展”两个立法项目列入市人大常委会立法规划。其中：

选择“某湿地公园保护”作为立法项目，主要因为：2013 年 1 月国家林业局已批准某国家湿地公园开展试点建设，但现实中却存在环境污染、违规建设以及界限不清、职责不明等多重问题，群众对强化湿地保护的呼声越来越高，制定一部反映湿地公园特点的、符合其保护管理需要的地方性法规十分必要。为此，H 市人大常委会急市委之所急，想市民之所想，主动向 N 市人大常委会提出立法建议，得到 N 市人大常委会的重视和支持，并为 H 市量身定制了《N 市某国家湿地公园保护条例》。

选择“茉莉花保护发展”作为立法项目，主要因为：H 市是中国茉莉之乡、世界茉莉花都。茉莉花（茶）产业是 H 市的特色产业，也是该省最具品牌价值之一的农业特色产业，把茉莉花（茶）产业做大做强，是历届 H 市委、市政府矢志不渝的目标，把茉莉花文化保护好、传承好并不断发扬光大，是 H 市民的迫切愿望。H 市人大常委会在总结湿地公园立法工作经验的基础上，把立法工作的重点聚焦于茉莉花特色产业，再次主动向 N 市人大常委会提交《H 市茉莉花保护和发展条例》的立法建议和立法议案，随后市十四届人大第三十一次会议审议通过，并被列入 2020 年立法计划。

2. 突出问题导向，深入开展立法调研

立法项目确定后，H 市人大常委会坚持“针对问题立法、立法解决问题”的工作导向，组织开展好立法调研。通过召开各类座谈会以及专题研讨会、大量征求社会各界意见、到基层实地调查收集第一手资料等方式形成了丰富的背景资料；梳理现行的有关法律、法规、规章、政策的规定和依据；收集其他省市实践中的主要做法、成功经验和存在的主要问题；听取相关职能部门、专家学者、人大代表、政协委员、群团组织及社会公众等对法规起草的意见和建议，并整理形成书面资料。这一过程，重点是找出工作实践中需要解决的主要问题。把查找问题、提出解决方案作为地方立法工作的切入点，以保证制定出台的地方性法规有特色、真管用。

3. 坚持立法原则，精心推进法规编写工作

牢牢把握“不抵触、有特色、可操作”的地方立法原则。“不抵触”是指不与现有法律法规和上位法抵触，上位法已有不再重复规定；“有特色”重点体现在切合本地实际，能解决实际问题；“可操作”重点是让法规条文具体化、执行易操作，以最大限度地降低守法成本和执法成本。在这方面，H市人大常委会重点抓住“有特色”做文章，先是针对法规需要重点解决的问题，认真研究、提出解决方案，然后运用立法的技术，科学准确地把需要解决的问题表达到法条中，并对每条条文作出注释说明，列出上位法依据，形成法规的征求意见稿。

4. 拓宽广度深度，在征求意见中完善法规初稿

征求意见稿形成后，分别通过信息平台、信函、召开座谈会和专题会等多种形式反复征求相关政府职能部门、各乡镇、法学会、专家学者、人大代表、政协委员、群团组织、企业单位及社会公众的意见和建议，形成法规初稿，再呈送N市人大相关专工委和市级相关部门征求意见。此过程坚持的是质量优先原则，必须保证征求意见的广度和深度，让更多层次的领导、专家、学者和更多的群众参与并提出意见建议，反复修改，精益求精。比如《H市茉莉花保护发展条例（征求意见稿）》，社会各界先后提出意见建议160多条，电话反馈意见30余人次，仅“茉莉花地理标志产品的规范管理和使用”方面，就收集到意见建议20多条，很多意见建议经充分讨论后给予吸纳。

（三）主要成效

1. 先行先试，树起县域地方立法样板

H 市人大常委会在地方立法工作中，找准服务和推动县域经济社会高质量发展的切入点，积极主动向 N 市人大常委会申报立法项目，随后又主动承担立法调研、法规起草等工作。其在地方立法方面的探索和实践，实现了地方立法工作与经济社会发展同向发力、同频共振，为全省树起了县域立法的样板。《N 市某国家湿地公园保护条例》于 2016 年 11 月 1 日正式施行后，成为当地湿地生态环境保护第一部“一园一法”。《H 市茉莉花保护发展条例》也成为该省较早的为地方特色产业发展“护航”的法规，并为其他城市提供了立法样板。

2. 湿地保护成为自觉行动，生态文明思想在 H 市落地生根

《N 市某国家湿地公园保护条例》施行以来，H 市委、市政府更加明确某国家湿地公园必须贯彻“保护优先、合理利用、持续发展”的要求。经过近年来的保护和整治，湿地公园主体水质已由原来的国家Ⅳ类水质提升为国家Ⅱ类水质。生物多样性得到恢复，植物种类由 2013 年的 246 种到现在的 442 种；鸟类由 2013 年的 152 种到现在的 181 种。条例的实施，有效保护了湿地资源，如今，某国家湿地公园发展成为集湿地保育与修复、生态涵养、文化科普、生态旅游、湿地农业、摄影写生等功能于一体的生态文明示范区。

3. 守法意识明显提升，特色资源保护有法可依

《N 市某国家湿地公园保护条例》施行以后，H 市人民政府一方面加大法律实施的宣传力度，尤其是在湿地公园周边乡镇、村庄和郁江沿岸，排污、捕鸟、非法捕捞等现象大幅减少，尊法守法意识明显提升。另一方面加大执法力度，清理6000 多亩珍珠养殖塘以及围塘养殖设施，拆除 11000 多箱网箱，补偿资金投入超 4000 万元；依法清理违法捕捞的迷魂阵 300 多张、大缯 38 张、地笼一批；依法强制移除畜禽养殖场 3 个，拆除违法砂场 20 处，恢复河岸 19 公里约 100 亩保护范围。一系列清理整治活动的顺利推进，并没有造成

社会不稳定因素，究其原因主要是《N市某国家湿地公园保护条例》为整治活动提供了可靠的执法依据。

4. 潜力得到有效释放，特色产业发展空间更加广阔

在《H市茉莉花保护发展条例》的“保驾护航”下，H市持续开发中国茉莉小镇，建成国家现代农业产业园、茉莉极萃园花街花馆、深圳思维特优精油观光工厂，引进北京、福建、广东等地知名企业，带动本土企业转型升级，形成了“茉莉花＋花茶”、盆栽、食品、旅游、用品、餐饮、药用、体育、康养“1+9”产业集群。据“2022中国品牌价值评价信息”公布，“H市茉莉花”“H市茉莉花茶”品牌价值达218.14亿元，蝉联该省最具价值农产品品牌。2022年第四届世界茉莉花大会，再次纳入中国—东盟博览会投资贸易促进活动。借力东盟博览会开放合作平台，H市茉莉花品牌正沿着“一带一路”走出全国、走向世界。

（四）经验启示

1. 坚持党的领导，确保立法正确方向

地方立法工作，必须服务于党委中心工作。只有把立法工作与党委改革、发展、稳定的重大决策紧密结合，才能做好地方立法工作，发挥地方立法的应有作用。比如，对于某国家湿地公园的保护，立法建议最初也是由原H县县委提出的。而茉莉花（茶）产业作为H市的特色产业，在县改市之前，原H县委就制定出台了关于加快茉莉花产业发展相关政策文件。县级人大在推动地方立法时，必须重点考虑将党委主张提升到法律层面、融入拟制定的法规当中，切实通过立法工作推动中心工作发展。

2. 没有立法权，不等于“无所作为”

H市人大作为县级人大，本身并没有地方立法权，但其主动担当作为，紧紧围绕中心、服务大局，先后选择某国家湿地公园这个N市生态保护的“瑰宝”和H市茉莉花（茶）这个最具地方特色之一的产业探索推进地方立法工作，并已取得成功，成为县级人大协助地方立法工作的典范。其中的关键是 H 市人大常委会的主动担当作为和勇于改革创新的勇气。

3. 不贪大求全，但求精准管用

坚持问题导向，把地方立法工作的落脚点放在解决问题上，什么问题突出就奔着什么问题去。这是地方立法工作“有特色”的关键所在。实践过程中，在法规草案内容的设置上做了细致研究，对于上位法已有规定的就不再重复，避免对上位法的照抄照搬；在法规草案体例的设置上，做到明确具体、切实管用。比如，剔除没有实际意义的常设性条款，保留特色内容，真正需要通过立法来调整的内容有多少条就制定多少条。在《N 市某国家湿地公园保护条例》起草过程中，H 市人大常委会注意把一些对江河水库日常行政管理行之有效的做法，用法定的方式固定下来。例如，明确“禁止使用迷魂阵、地笼、大缯等破坏渔业资源的捕捞方法”，将地方特有的违法行为写入法条予以规范。

4. 技术可以委托，责任不可推卸

立法是一项专业性、技术性较强的工作。但由于县一级拥有的专业人才不足，难以支撑法规起草工作需要。为此，《N 市地方性法规制定条例》明确规定，专业性较强的法规草案，可以吸收相关领域的专家参与起草工作，也可以委托有关专家、教学科研单位、社会组织起草。H 市人大常委会在推进两部法规的立法工作中，就很好地借助了“外力”和“智库”。如《H 市茉莉花保护发展条例》的起草，直接委托熟悉地方立法、掌握立法技术的社会机构作为第三方参与。但不是“一托了之”，做“甩手掌柜”，常委会仍然掌握立法起草的主导权，对立法项目要解决的主要问题、主要制度设计以及法规草案基本框架等方面，进行规范引导，提出主导意见。

5. 尊重群众首创精神，落实全过程人民民主

良法善治，蕴含着人民群众对美好生活的向往。立法工作既要体现党委的主张，更要体现人民的意志。在立法过程中，只有保证各方面的意志和愿望得到充分有效表达，才能促进立法机关更加全面、客观地了解不同意见、观点和要求，从而在立法决策时，最大限度地反映民意、集中民智、凝聚民心，妥善协调和处理各种利益关系和利益矛盾，提高立法质量。对此，H市人大常委会注意将听取意见的触角延伸到基层，将公众参与直接引入立法过程。比如《N市某国家湿地公园保护条例》起草过程中，以湿地公园周边的基层立法联系点为平台，多次组织各级人大代表以及群众召开座谈会、发放意见征求表，参与评估论证等，广泛收集意见建议。如条例第24条规定的“H市人民政府应当根据湿地公园保护管理的需要，在保护范围内的村庄、居民集中区规划、建设污水处理设施，实现污水达标排放”。这些都是收集群众意见建议后，采纳增加的法规条款，由于事关群众切身利益，大家支持和参与湿地公园的依法保护和治理的积极性很高。

二、破解知识产权融资难题助力创新发展

（一）案例背景

党的十八大以来，以习近平同志为核心的党中央高度重视知识产权工作，部署实施了一系列知识产权重大战略，健全完善知识产权相关法律法规和政策制度，深化知识产权体制机制改革，全面提升知识产权创造、运用、保护、管理和服务水平，激发了各类创新主体的活力和潜能，有力推动了我国知识产权事业的快速发展。近年来，N市从贴息支持、风险分担、对接服务等方面多管齐下，打造出“政策引导＋部门联动＋政银合作＋风险共担＋平台服务＋试点先行”的知识产权质押融资全链条服务的“N市模式”，为科技企业发展注入金融“活水”，有效解决了科技企业融资难、融资贵问题，帮助一大批企业摆脱资金短缺的困境，逐步驶入高质量发展快车道。

融资是企业经营过程中不可或缺的一个环节。但目前许多科技企业，特别是轻资产科创型中小微企业，由于缺少合适的抵押物，仍存在融资难、融资贵以及融资渠道单一的问题。融资问题无法得到解决，制约了企业的发展，进而限制了新兴产业的发展。盘活企业的知识产权无形资产，将知识产权质押给银行，从而使这些企业顺利获得融资，是解决融资难题的有效方法之一。

但金融机构放贷积极性不高，原因是知识产权特别是专利具有无形性、不稳定性、专有性等特点，银行对相应的质押贷款存在评估难、风险控制难、处置难等问题，因而推进极其困难。为有力促进知识产权质押融资工作高效开展，N 市充分考量企业在融资方面的现实需求，同时兼顾金融机构风险管控诉求，从政策制定、服务优化等多维度协同发力，打出一套环环相扣的“组合拳”。在这一过程中，N 市精心打造出涵盖“政策引领、部门协同、政银携手、风险共担、平台支撑、试点带动”等关键环节的知识产权融资全链条服务模式，全方位打通知识产权质押融资的各个流程，为企业融资提供坚实保障。

（二）主要做法

1. 政策引导

注重顶层设计，根据工作实际需求在保持政策延续性的基础上，注意及时调整相关支持条款。2021 年 11 月，N 市市场监管局在充分考虑原有已到期政策和现行相关政策支持方向和力度的基础上，出台了《N 市知识产权质押融资贴息管理办法》。该办法首次将商标权质押纳入知识产权质押融资贴息范畴；鼓励企业提升知识产权能力，根据企业知识产权资质的不同，分别按照不同上限给予相应贴息。通过对知识产权质押融资贷款利息进行补贴，企业融资成本有效降低，在一定程度上也促使银行创新信贷产品，加大对本地企业贷款投放额度，使科技企业“融资难、融资贵”的困境得到一定程度的缓解。

2. 部门联动

2021 年 11 月，N 市市场监管局联合发改、工信、科技、金融等市直部门出台《关于联合印发 N 市知识产权质押融资入园惠企行动方案（2021—2023 年）的通知》，方案的出台标志着 N 市知识产权质押融资工作联动协作机制的建立。方案中明确了各部门在入园惠企工作中的具体分工和任务，确定以发布政策包、举办银企对接活动、开展政策宣讲、知识产权培训等多种形式共同提升中小企业融资的可获得性。2022年4月，正式对外发布的政策汇编主要涵盖了各级政府部门、银行、担保、保险、知识产权评估等机构的相关政策或产品信息。方案出台以来，各部门联合开展内容丰富、形式多样的知识产权活动十余场次，受益企事业单位上千家。

3. 政银合作

2022年起，N市场监管局与驻邕金融、保险、担保机构逐一对接商讨如何进一步深化政银合作、充分发挥金融作用、促进N市知识产权转化运用，并与达成合作意向的8家机构成功签订知识产权质押融资全面战略合作协议。协议约定双方发挥各自优势，加强资源与信息共享，建立多领域、多维度合作关系，创新政银合作模式，力求丰富金融产品、创新金融模式、打造线上线下相结合的服务渠道，支持市场主体利用知识产权进行融资。

4. 风险共担

2020年10月，市科技局、工信局和市场监管局联合出台《N市科技和知识产权信贷风险资金池实施方案》，完善政府性融资担保体系，联合组建了科技和知识产权信贷风险资金池，利用风险补偿资金，推动知识产权作为抵押物的实践，创设“政银企”风险分担机制，引导银行积极开发知识产权质押贷款业务新品种，解决科技企业抵押物不足的融资难题，发挥财政专项资金的引导和杠杆效应，加快促进知识产权成果转化。2022年三部门投入风险资金池的铺底资金达3400万元，通过风险资金池资金获得征信的科技企业成功贷款1.96亿元。

5. 平台服务

通过建立和完善知识产权运营平台，搭建N市知识产权服务桥梁，为企业提供知识产权多门类、全链条、一体化服务，满足不同企业在技术、信息、融资、交易等方面的需求。自2020年起，N市扶持培育了N市中小企业知识产权运营公共服务平台、某大学知识产权运营服务平台，以及中国—东盟知识产权运营平台共三个有影响力的平台，为全市企业提供了优质的知识产权服务，也成为银行机构处置交易知识产权资产的可靠渠道。

6. 试点先行

2022 年 6 月起，积极拓宽知识产权融资新渠道，探索开展知识产权证券化工作。计划通过对 N 市有效专利数据进行专利价值的研究分析，择优选择知识产权基础好的企业组建 N 市知识产权证券化目标企业库，构建 N 市知识产权证券化底层专利资产池。协调并落实开展知识产权证券化工作所必需的征信、评估、律所等相关机构。创新证券化产品发行模式和制定实施方案，明确产品储架和首期发行金额，申报材料提交深圳证券交易所，经审核通过后发行。目前该项工作正在持续推进中。如 N 市知识产权证券化产品能落地，将为 N 市广大科技企业探索出一条全新的知识产权融资通道，开创和引领该省乃至西部地区知识产权工作新局面。

（三）主要成效

通过知识产权融资全链条服务模式的逐步建立和推进，N 市知识产权质押融资部门联动的效果逐步显现，有效地激发了金融机构知识产权质押融资的积极性，全市知识产权质押融资工作取得明显成效，众多企业受益于“N 模式”，顺利获得融资。A 药厂就是受益企业中的典型代表之一。该药厂将融资需求提交到市场监管部门后，市场监管部门通过政银对接合作渠道，及时将企业融资需求传递给本地一家大型商业银行。银行对企业知识产权进行了专业评估，确定企业 5 项发明专利符合知识产权质押贷款条件。在按要求提交银行贷款所需资料后，A 药厂很快就获得了 235 万元的知识产权质押贷款，极大地减轻了企业发展关键时期的资金压力，有效保障了企业持续开展创新研发工作。此后，根据 N 市相关政策，A 药厂还获得 4 万余元的贴息支持，有效地降低了融资成本。据初步统计，2020 年至 2023 年间，N 市知识产权质押 10.28 亿元，其中专利质押 8.83 亿元；40 家企业获得知识产权质押融资贴息共 514.83 万元；40 家高新技术企业通过风险资金池获得贷款 9.76 亿元。三个知识产权运营平台累计为企业开展知识产权代理服务 9600 余件；协助企业许可转让知识产权 1083 件，许可转让金额 4087.16 万元；协助企业获得融资2.68亿元；为企业提供专利信息分析报告504份。

（四）经验启示

1. 党的领导是知识产权质押融资工作的坚实保障

N市党委、政府站在政治高度，精准把握党中央关于“创新是引领发展的第一动力，保护知识产权就是保护创新”的大政方针和决策部署，把贯彻党中央精神具体体现到谋划全市知识产权战略、确定培育建设知识产权示范城市、全面强化知识产权保护等方向上，为N市创新驱动发展和优化营商环境提供有力支撑。N市以企业实际需求为着眼点，统筹协调、多措并举，打出“组合拳”，引导金融机构、知识产权服务机构和企业广泛参与，攻克了知识产权质押融资的难点、堵点，畅通了企业知识产权融资路径，营造了有利于创新、融资的良好营商环境。

2. 解放思想是破解知识产权质押融资难题的利器

一切行动首先源于思想的突破，有什么样的思路就会有什么样的出路。而解放思想则要求我们在思想上“破冰”、在行动上“破局”，N市将解放思想这一法宝充分地应用到了实际工作中。在破解企业融资难、融资贵的难题时，N市没有犹豫和等待，而是认认真真地“把脉”、仔仔细细地“开方”，努力寻找突破口和着力点，从“事难不可为”中寻找改变契机。最终，N市打造出了“政策引导+部门联动+政银合作+风险共担+平台服务+试点先行”的知识产权质押融资全链条服务的“N模式”，有效缓解了企业融资困境，助推N市经济高质量发展。

3. 集聚合力是知识产权质押融资工作取得突破的关键

“团结就是力量”这不是一句简单的口号。只有心往一处想、劲往一处使，才有可能在各种重大险难工作中取得新成就。知识产权质押融资涉及不同的政府部门、多个市场主体，如果各自为政、单打独斗，企业融资难、融资贵的问题是无法得到有效解决的。N市知识产权质押融资工作发展历程充分表明，坚持政府引导、多方联动，将金融工具与知识产权有机结合，通过扶持培育服务平台，为企业提供知识产权综合服务，是解决融资难题的有效途径之一。

三、“智慧人社”改革为民增强服务效能

（一）改革背景

在十八届中共中央政治局常委与中外记者的见面会上，习近平总书记在谈到人民群众的新期盼时一连用了十个“更”字。这些期盼，源于老百姓在新时代里有了更高需求，也说明现实工作中还有不少需要解决的问题。老百姓在物质生活水平得到保障和提升后，对教育、医疗、社会保障、劳动就业等方面的政府公共服务能力和水平有着非常强烈的求改、求变、求新、求好的诉求。为不断适应经济社会发展趋势和要求，党和政府先后实施了多轮行政体制改革，推动政府职能转变。国家对深化“放管服”改革、互联网＋政务服务、政务数据“聚通用”等方面提出一系列部署要求。

人社部门的工作对民生、社会公平、人民福祉、经济社会发展有着重要作用，但2016年以前，企业群众对办事难、办事慢、办事繁等问题反映强烈。一是办事流程复杂。办理一项补贴业务，要先研究、咨询政策，按要求准备材料，到办事大厅取号、填表、等待叫号，经办部门拿到申办材料后要层层审核、计算、公示。二是多门多窗跑断腿。比如创业，要经过社保、就业、人才、人力等多个部门。尽管这些部门都属于人社，但却要分开办理，社保、就业、人才市场在不同城区，市各个窗口之间业务不通办、相隔距离较远，横跨几个城区要花费不少的时间。业务部门收到申请材料后，还要多层级审核。三是政策落地不理想。比如，稳岗返还政策是国家为了鼓励企业不裁员或少裁员，对裁员率低于一定比例的企业发放稳岗资金，用于职工生活补助、培训等支出。但很多企业了解到办理过程要跑多个部门、交一大堆材料、盖多个印章，且均为人工填报，宁可放弃申请。除了“稳岗返还”，其他补贴类事项都存在这种问题，导致惠民政策红利“缩水”，使很大一部分保

障资金“躺在账上”。这些“流程多”“材料多”“跑腿多”给老百姓带来不便的问题，实质上是老百姓能否享有经济社会发展成果的问题、老百姓与政府之间的关系问题。这些问题不解决，最终影响的是人民群众的获得感、幸福感和安全感。可以说，中央的部署、社会的发展、人民的期盼，让N市人社部门强烈感受到改革箭在弦上、势在必行。

（二）主要做法

2016年始，N市人社局开始谋划改革，基于老百姓的期盼，决定打造“智慧人社”全业务一体化系统，实现全市人社业务办理在一个平台、数据管理在一个系统。依托信息化减材料、减流程、减时限，办事“进度可查询、过程可监督、结果可评价”，企业群众实现“只进一扇门、只跑一个窗、只上一张网、办好所有事”的目标。实现这些目标，N市人社局经历了三个改革阶段。

1. 第一阶段：打造“智慧人社”

改革要打破旧有格局，触动既有利益，改变大家长期以来形成的思维模式和习惯。改革之初可以说犹豫、质疑不断，拖延甚至是抵触情绪也不少，一些干部对改革不支持、不理解、不配合，于是，人社局通过召开动员会、督办会、业务研讨会等多种形式，让干部职工强化认识、坚定方向，也更敞开思路、放开手脚。这种从思想上开始的改革，为后续的具体行动奠定了坚实的基础。2018年3月，经过近两年的谋划准备，智慧人社改革项目立项。N市人社局针对造成办事难的堵点问题逐一攻破。

第一步，针对“业务事项底数不清、规程五花八门”的问题，确立“服务标准化”规范。通过晒清单、定指南、亮规程，让企业群众对“能办什么事”“怎么去办事”“怎么办好事”清清楚楚、明明白白。第二步，针对数据分散问题，狠下心果断停用了10个系统，建设统一的“智慧人社”系统和“一人一号、一企一号”统一数据库。第三步，针对业务割裂问题，先是协调人社局内部业务协同。对于外部单位，N市人社局主要领导亲自带队上门拜访，表明数据共享、通力合作的意愿和决心，与编办、民政、公安等外部单位数据共享、业务协同。第四步，改善服务体验。线上，清理整合了 23 个网站、微信公众号、App 等平台，建立统一的服务平台。线下，将原来按业务分开建设的服务大厅和窗口，统一规划为“一门式”受理大厅，由原来的“多门多窗”办理变为“一门综窗”受理。第五步，建立“受审分离”服务模式，将服务事项全部拆分为受理、经办、反馈三大流程，前台只负责收集办理材料，不办理业务。然后由系统随机分配给后台的相关经办部门办理。第六步，由平台统一反馈。实现“受理不办理、办理不见面”。同时建立“全程跟踪、实时监控”的业务监控平台，让群众随时掌握进度。经过 9 个月的努力，2018 年 12 月 18 日，“智慧人社”全业务一体化系统在全国率先上线，创新打造了“线上一网通、线下一门办”的服务新体系。

2. 第二阶段：改革关键环节

“智慧人社”的上线，可以说取得了突破性成绩，但是政策落地率低的问题仍没有解决。经办部门反映，为了提高政策落地率，他们开展过不少政策宣传工作，但效果仍不理想。人社局通过多次开会讨论，反复搅动“头脑风暴”，最后发现，关键问题出在申报方式上。长期以来政府公共服务尤其是各种惠企利民补贴发放一般实行“申办制”，申办的部分都需要个人先了解政策，自己主动申报，申报后由部门核准同意。过程复杂，有时尽管政策宣传力度不小，但却难以覆盖多数人，因此实际上就形成了“谁知道、谁申报、谁享受”的被动局面。弄清了原因所在，人社局充分运用大数据、云计算等技术，突破思维惯性，大刀阔斧地改革，将这一流程倒了过来，“群众找我”变为“我找群众”。

一是数据激活。依托“智慧人社”的数据管理优势，将政策要求的条件转为技术参数，通过大数据智能比对分析，自动筛选出符合发放条件的企业群众。二是流程再造。按照“我找群众”的思路，在筛选出符合条件的企业群众后主动告知，企业群众在线上进行信息确认和诚信承诺，后台审核公示通过后，资金便自动转到账上。所有的流程简化为“一键确认”，群众足不出户，就能领到资金。2019 年，N 市人社局开创了全程零见面、零材料、零跑腿，“政策找人、服务找企”的公共服务大变革，这种服务模式起名为“免申即办”。

3. 第三阶段：关注细节问题

经过前两个阶段的改革，在服务格局上，从人社内部事项统一，到跨部门业务协同，到全市各民生部门服务集成，再到全省的“数智人社”，还有“跨城办”“全国通办”，改革正快速打破各层级各部门公共服务分散的状态，以更高的智能化实现由“小部门”向“大服务”格局的转变。但是，过程中也出现了一些新问题，比如，数字鸿沟怎么跨越？信息化带来了极大的便利，但像老年人这些特殊群体，没法坐上数字化发展的快车，他们还是要采取线下跑的传统方式。所以对于这些特殊群体，人社部门开始进行细节优化改革，一方面，依托老年大学等平台，开设了不同层次的培训班，针对老年人的实际需求开展精准服务，帮助他们更好地适应和享受数字化生活；另一方面，通过举办讲座、发放宣传资料等方式，向老年人普及智能技术应用和金融常识等数字技能，提高他们的数字素养和应用能力。此外，还需要不断完善线上服务平台的功能和体验，通过增加内容朗读、操作提示、语音辅助等功能，帮助老年人更加便捷地使用线上服务。类似这样随着时代变化不断出现的新问题，未来肯定会遇到，人社局改革始终都是正在进行时。

（三）改革成效

1. 办事便捷性大大提高

当前，人社 99% 的业务能够上网办理，在线查询或办事人数大增，网办率近 99%。受审分离、实时监控的模式不仅简化了办事流程，还将原来一个人的“封闭操作”，变成了随机分配的“阳光办理”，对于规范干部权力、整顿工作作风、震慑失职渎职都起到了很好的作用。线下，100% 的业务全部进入“一门式”大厅受理，跨部门事项、企业群众“多头跑”、填报材料等大幅减少。有效实现群众办事“随时办、随地办、随心办”。群众满意度提高到

99.96%，老百姓由过去的抱怨、吐槽，变成了今天的“雪中送炭”和“热情点赞”。

2. 政策落地率大幅提升

比如稳岗返还政策覆盖面，由 2018 年仅占符合条件企业总数的 14.05%，2023 年提高到 95% 以上，其中小微企业占比超过了九成。惠及企业数超过前 5 年全市累计总和，远超全国各大城市兑现效率。特别是疫情防控期间，N 市率先在全国发放了第一笔稳岗返还资金，减轻了受疫情影响的中小企业资金压力。N 市某科技公司负责人上门表示感谢，认为“免申即办”是真正优化了营商环境，实现了从“政策公平”到“服务公平”的质的飞跃。现在人社部门有超过 25 项补贴业务都实行了“免申即办”，企业群众再也不用挤破头排长队了。2022 年，“免申即办”升级为“免申即享”，被写入国务院文件向全国推广。

3. 获得各方关注与肯定

2018 年至今，N 市人社局回应百姓诉求关切，创下了 100 多项在全国全区领先的惠民改革成果，打通了人社部门服务民生的“最后一公里”。获得了国家、省级层面多项荣誉。国家人社部多次向全国推广 N 市人社的改革经验，人民日报、新华社、央视等各主流媒体报道 1600 多篇次，全国 190 多个单位团队先后到 N 市学习人社改革经验。

（四）经验启示

1. 围绕群众诉求进行改革

要做到改革为了人民，就必须从人民群众最不满意的地方改起、从人民群众最期盼的领域改起。人社局一系列的改革举措，都是以群众需求为导向而开展的。特别是在改革过程中风险、压力、阻碍并存的情况下，他们说“一切为了群众利益，再大的压力都愿意承担”“我要切实解决好群众的操心事、烦心事、揪心事！”，这样的改革立场、信心与底气是“以人民为中心”的初心来作为坚强后盾的。也正是因为有这样的初心，才能在各种困难与挑战中坚持下来，成为执政最大的底气。由“申办制”改为“确认制”，再从“免申即办”升级为“免申即享”，多项创新性的改革就是为了让改革更惠民生，让老百姓都能够公平公正地享受国家政策的红利。

2. 敢于创新突破推进改革

N 市人社的改革是在国家行政体制改革规划部署下，在“放管服”改革、互联网 + 政务服务相关政策指导下进行的地方实践探索。但是，改革总是会面临新问题，需要破除旧事物。人社局在开展“免申即办”等改革时，很多人质疑其是否符合规定，毕竟全国各地也没有哪个地方做过，但中央是一直鼓励引导支持基层探索更多原创性、差异化改革的，当时人社局通过对政策文件的精确理解和对自身业务的熟练掌握，细谋思路，解开了大家的质疑和困惑，“免申即办”“免申即享”从想法变为现实。因此，同一项改革，对于各地来说需要破解的焦点都不一样，但只要结合自身情况细化、实化改革举措，从理念、流程、手段到制度、机制、体制上优化，聚焦人民群众急难愁盼问题，敢于创新突破，就能谋划出民生所急、民心所向的最优解。

3. 以制度机制为保障落实改革

狠抓落实，需要以制度机制为保障。以制度抓落实，就是要建立和完善相关制度，确保各项政策、计划和任务得到有效执行和实现。人社局为了确保改革的顺利推进，非常重视抓落实，“一分部署，九分落实”是改革成功的关键密码之一。为了确保改革工作有人抓、抓到底，人社局建立了领导挂钩机制，134 项重点任务，每项都有分管领导牵头、有责任单位抓总、有参与单位配合，全程挂图作战，不完成不消号，压实责任。坚持督查督办制度，确保问题不积压。据统计，督办事项最高纪录曾达到 1700 多条，现在仍在跟进。另外，人社局对执行情况建有监督和评估机制，如定期检查、进度报告、绩效考核等。通过这些机制，及时发现和纠正执行中的问题，确保工作始终沿着正确的方向前进。

四、“外籍驾驶证验真快办”提高办事效率

（一）改革背景

在全球化浪潮汹涌的当下，开放型城市已成为连接世界的关键节点。N市作为国家面向东盟开放合作的前沿地，优势和潜力在于扩大开放，为外籍人士提供生活便利条件，对于N市而言意义非凡。便利的生活环境，能让外籍专业人才毫无后顾之忧地投身城市建设，为经济社会发展注入源源不断的创新活力。同时，良好的生活便利性有助于增进国际文化交流与融合，外籍人士在舒适生活的过程中，会将自身国家的文化、习俗带入城市，与本土文化相互碰撞、交融，从而丰富城市的文化内涵，提升城市的文化软实力与国际影响力。党的二十大提出，我国将“推进高水平对外开放，……稳步扩大规则、规制、管理、标准等制度型开放。”制度型开放要求我们在经贸往来中有制度话语权，同时要高度关注外籍人士在中国的“衣食住行”问题。N市近年来积极打造互惠互利、开放包容、共同繁荣发展的国际形象，在服务国家战略、推动区域发展、优化营商环境等方面不断提升国际影响力和美誉度。“外籍驾驶证验真快办”就是积极有效的实践探索。

由于中国未加入《联合国道路交通公约》，许多国家的驾驶证和国际驾照（International Driving Permit）不能直接在中国驾驶车辆。因出行不便利，致使部分外籍人士认为中国的旅游、学习、经商、投资条件不够好。2019年9月20日，在公安部推出的六项服务经济社会发展、服务群众、服务企业公安交管新措施中，免予身体条件检查和提交身体条件证明。政策实施后，各地交警部门在办理临时驾驶许可时发现，在基层实践中，因各国驾驶文化和语言差异，大量外国驾驶证存在换证困难，大部分外国驾驶人无法当场拿到临时驾驶许可，导致公安部改革红利难以释放。

困难主要表现在三方面：一是翻译难。临时驾驶许可涉及近200个国家，驾驶证上语言种类繁多，国内民警无法准确了解准驾车型代码、驾照信息，

需要申请人提供翻译件，大部分申请人需找翻译公司提供翻译件，大大增加了换证时间成本，办理便利度不高。二是解读难。各国驾驶体系不同，车型代码繁杂。申请人即使提交驾照翻译件也无法确认能开什么车；部分国家还有限驾条件代码和许可条件代码等。因翻译件信息不全、民警无法解读，部分外国人因此多次翻译也无法成功申领驾驶许可。三是验真难。外国驾驶证版本多，部分国家同时有几十甚至上百个有效的驾驶证版本；部分国家驾驶证防伪差，仅为一张纸上手写信息后盖章，国内民警无法鉴别其真伪。即便部分国家有在线验真网址，大部分国内民警也因语言问题难以熟知和运用。鉴于上述问题，N市作出了积极主动的改革探索。

（二）主要做法

为有效解决外国驾驶证换证这一全国性难题，最大限度释放改革红利，N市交警推出外籍驾驶证“验真快办”业务，主要做法如下。

1. 以问题为导向，多方面收集换证中存在的困难和问题

梳理现存入境驾驶人换证数据，将换证量按国籍进行排序，将换证量排前60位的国家（地区）、东盟成员国、RCEP成员国等三类确定为重点国家。对换证中存在的共性困难和重点国家换证中存在的个性问题进行梳理，确定改革方案，即全面收集世界各国尤其是重点国家（地区）的驾驶证信息及防伪信息，建库备查。

2. 以资料为基础，多渠道收集翻译外国驾驶证信息

一是登录各国驾驶证管理部门（大部分为交通部、小部分为当地政府或警察部门）网站，收集翻译不同国家驾驶证信息和样本；二是在各国官方网站下载各国立法机关交通法规文件，提取与驾驶证换证信息有关的内容，并翻译成中文；三是联系部分外国驻中国使领馆，发照会请其提供本国驾驶证样本及信息；四是购买美国红木城出版社出版的、美加两国警察在执勤中经常使用的驾照样本集《证件查验指导》（“ID checking guide”）作为证件查验索引指南，并将里面的内容翻译成中文。

3. 以数据为抓手，建设系统方便民警速查快办

将收集到的各国证件样本、验真信息等资料做成外国驾驶证换证助手系统，方便检索查询，该系统包含 349 个国家和地区的驾照规定内容、3363 个准驾车型信息、8567 个准驾条件代码。系统不仅将驾照的关键信息进行了中文翻译，还将这些国家和地区的准驾代码对应的准驾车型、限制代码所包含的限制项目、许可代码对应的许可条件做了含义解释。系统还包括正确的驾照图样，对驾照证件使用的防伪技术做了描述，并提供防伪图案样本和国外验证的网址。除此之外，系统还提供日历转换功能，可以将外国驾驶证上的佛历、天皇年号、民国历、伊斯兰历等进行在线换算，民警可直接将换算后的日期录入应采集信息内。

4. 以服务为核心，延伸业务窗口到外籍人士聚集区域

依靠换证助手系统，N 市交警实现了 80% 以上的临时驾驶许可申领立等可取，并将业务窗口延伸到机场、东盟博览会主会场和自贸区内。同时，N 市交警支队积极争取省公安厅支持，联合出入境管理总队，选择在 N 市某国际机场口岸签证处，设立了全省第一个“临时入境人员临时驾驶许可服务”窗口，实现临时入境人员在办理签证的同时，即可一站式办理临时驾驶许可业务。在中国—东盟博览会、中国—东盟商务与投资峰会举行期间，针对会议期间东盟国家大批客商、游客集中参展观展的实际情况，交警部门主动介入，在 N 市国际会展中心现场，开设临时入境车辆人员牌证服务专场，改变了坐等业务上门的常规模式，让广大外国客商、游客在参展观展的同时也可便捷办理驾驶许可业务。除此之外，N 市交警还在自贸区开设业务窗口，可为自贸区内的企业、客商提供贴心周到的家门口服务。

5. 以安全为目标，充分做好配套服务让驾驶更安全

为提升临时入境人员的交通安全意识和遵守法规的自觉，做好道路交通安全源头管理。N 市交警认真制作清晰规范、中英文双语版的国内交通法规及安全驾驶的展板、视频光盘等宣传资料，办理民警可现场向外籍驾驶员宣讲交通安全知识，提升入境人员安全意识及对国内交通法规的知晓度，为其安全文明出行提供良好的延伸服务。同时，为方便外国友人了解换证流程，N市交警专门制作了中英文《临时入境人员驾驶许可业务办理指南》和《临时入境人员驾驶许可教育学习手册》，获得临时入境人员的一致好评。

（三）主要成效

1. 在全国率先实现车管部分业务全面与国际接轨

“外国驾驶证换证助手”系统目前包含349个国家和地区的驾照规定内容、3363个准驾车型信息、8567个准驾条件代码，能为200多个国家和地区来N市人士提供驾驶证换证服务，其涵盖了全球80%以上的国家和地区，对东盟及办理频次更高的60国的信息数据也更详尽，切实做到涉外驾驶证管理业务全面接轨国际。2019年的第16届中国—东盟博览会期间，该套系统试运行，共接待12个国家办证人员200余人的相关咨询，为符合条件的临时入境人员核发临时驾驶许可26个。成为全国第一个把“验真+快办”应用到现实场景的城市。

2.“外国驾驶证换证助手”权威高效

一是数据权威。系统数据来自各国交通部门官网信息、中国驻各国使领馆、美加执法机构参考工具书《证件查验指导》（“ID checking guide”）等各类官方权威渠道，可信度高。通过系统可及时发现假证和不符合换发要求的驾驶证，为临时入境人员申领临时驾驶许可业务的标准化、规范化提供坚实权威的数据基础保障，把好源头关。二是开发成本更低、覆盖国家范围更广。该系统属于国内原创开发技术、原创数据库，与分别购买国外数据库并建设系统相比，开发成本更低（比从国外购买数据并翻译评估成本降了90%以上）、覆盖的国家范围更广（涵盖换证人群80%以上国家和地区驾驶证信息）。三是办理更高效。“外国驾驶证换证助手”能快速、准确、高效地解读国外驾驶证准驾车型、代码、驾驶证发放日期（伊斯兰历、佛历、天皇年号）等相关信息，民警和工作人员只需按照系统提示操作解读即可快速了解换证所需信息，并依照国内相关法规及流程，为外籍临时驾驶员提供驾驶证翻译解读文本、办理换证业务，把获取驾照翻译件所需要的 2—4 天，减少至目前的 5 分钟，业务全流程所需时间压缩至 10 分钟。实现了业务办理的高效便捷。

3. 提高了“N 市服务”国际美誉度

外籍人士办理临时驾驶许可时，系统可解读的驾驶证，民警可现场免费提供翻译件，实现了临时驾驶许可资料全国最简。避免外籍人士为提供驾驶证翻译件而往返，为其减少换证过程中的时间、经济成本。第 16—21 届中国—东盟博览会期间，N 市交警支队在 N 市国际会展中心开设临时入境车辆人员牌证服务专场，为博览会的各国政府代表、国内外客商和嘉宾提供优质便捷的换证服务，对凸显 N 市优良的投资环境优势、提升外籍人士投资积极性起到良好促进作用。展会中多名重要商会代表和贸易部官员表示，此举展现了 N 市对外开放的诚意和形象，让他们对到中国到 N 市投资充满信心。

4. 创新举措作为经验受到高度关注

N 市交警全国首创“外国驾驶证换证助手”系统和外国驾驶证便捷快办业务模式，实现 80% 以上办理临时驾驶许可的外籍驾驶人免提供翻译解读资料，驾驶证立等可取。该做法成为当地自贸区首批“改革试点经验”，得到上级政府发文推广。“验真快办”得到公安部交通管理科学研究所的关注。2021 年，公安部交通管理科学研究所交通管理牌证技术领域首席研究员带领团队到 N 市调研后，向公安部申请课题立项，对“验真快办”如何提质升级并全国推广进行调研。业务主创人员受邀到公安部全国培训班授课、介绍先进做法，并得到《平安行 2019》《人民公安报》等中央媒体的宣传和报道。

（四）经验启示

1. 坚持运用国际化数字化改革思维

将交通管理服务和外籍人士出行需求结合起来，坚持国际化视野，针对往来 N 市外籍人士国籍广泛、需求多样等特点，推动外国驾驶证换证、出入境免签等各项涉外业务与国际接轨，提升 N 市涉外服务的国际化水平，以需求为导向，提升外籍人士来 N 市旅游、考察投资等的便利度，加强对外服务软实力建设，营造良好的外商营商环境，切实以“软服务”提升N市国际美誉度和影响力，推动N市国际化大都市建设，在服务国家面向东盟开放合作的战略中发挥N市独特作用。树立数字化思维，强化科技赋能，跳出原有管理思维定式和路径依赖，利用数字技术促进各领域流程再造、制度创新，将数字技术广泛应用于现实工作中，主动顺应经济社会数字化转型趋势。N市交警将众多的信息和模板变成电子资料，做成方便查询的系统，推动临时驾驶许可发放等政府管理服务更加智能化、精准化，进一步提升营商环境便利度，提升企业、外籍人士感受度、满意度。为国外高水平人才来N市提供国际化、高品质的配套服务和环境，让更多创新创业、专业服务等领域的国际化人才会聚N市。

2. 坚持顶层设计和基层创新相结合

在公安部新政策实施和本地鼓励制度创新改革的驱动下，N市交警部门将上级政策和基层创新有效结合。在遵循上级文件精神的前提下，鼓励基层因地制宜、大胆探索、先行先试。市县区、基层单位、窗口部门等坚持需求导向、问题导向、效果导向，聚焦开放工作中痛点、堵点、难点，以“小切口”推动大变化，设计数字化“微改革”“微创新”，从局部领域提供“数字化”服务，推动政府服务、营商环境“数字化”转型，推进高水平对外开放，稳步扩大规则、规制、管理、标准等制度型开放，打造出具有N市特色的数字化改革亮点成果。以公安部《关于推行公安交管服务经济社会发展服务群众服务企业6项措施的通知》中关于“临时驾驶许可便捷快办”的条款为政策依据，大胆实践，针对全国尚无配套实施细则和具体操作手册的“空白点”，主动作为、前置服务、创新工作模式，通过不同渠道搜索、汇集、完善各国驾驶证模板数据库，制定工作流程，并率先在中国—东盟博览会期间、在N市国际机场大胆试用。

3. 致力于业务流程标准化规范化改造

业务流程标准化规范化改造，避免了工作的盲目性和随意性，减少了不必要的环节和重复劳动，使服务更加便捷高效。在此次改革中，规范统一了驾驶证模板和解读信息，解决了在临时驾驶许可中容易出现的人工审核因个人主观判断不一产生证件发放标准不同的问题。依据《国务院关于加强数字政府建设的指导意见》（国发〔2022〕14 号）等文件要求，充分汇聚整合多源数据资源，依据决策、服务、治理等多方面需求，构建底层数据库，强化数据汇聚，构建开放共享的数据标准规范化体系，夯实数据化决策的大数据基础，解决数据标准化、通道、权责及更新等问题，搭建统一应用平台。健全大数据辅助科学决策、政务服务、社会治理等机制。提升“数据思维”，善于获取、分析、运用数据，以大数据为核心，推进数据开发利用、系统整合共享、共性办公应用、关键政务应用等标准制定，推动构建多维标准规范体系，这些基础工作是改革取得成效的重要保证。

4. 积极争取上级支持和社会资源参与

国家正快步进入全域数字化改革阶段，数字化改革及数字政府的打造均具有整体性、系统性，需要系统整合、流程再造和业务协同，是一项系统化工程，仅凭单个部门的力量是难以推动系统性改革的，必须善于凝聚团队合力，形成改革共识，充分发挥团队中每个人的积极性、主动性和创造性，以集体的力量推动改革进程顺畅开展。在改革过程中，N 市交警第一时间取得了公安厅交警总队的支持和指导。在改革过程中，积极争取上级对改革任务的支持，争取从更高层面、更早阶段审视改革的合理性、科学性和可行性，对改革业务进行指导，实现更广泛的应用场景的运用、更宽范围的业务协同，提升改革成功率。懂得借用更专业、更成熟、技术水平更高的社会化资源参与政府业务的数字化改造，在信息化管理架构、业务架构和组织架构等方面协助重塑政府服务，最终实现业务数据化、数据业务化。

第九章

N 市优化营商环境未来展望

N市作为西部地区的重要省会城市，近年来虽然在政策支持、基础设施建设、政务服务等方面做出了诸多努力，优化营商环境也取得了较为显著的效果。但随着经济发展，营商环境日益复杂，市场主体诉求和期望正日渐提升、一些政策在执行过程中效果不明显、政务服务效率有待提高、中小企业的融资环境仍没有得到较好改善、人才问题也制约着城市的发展、基础设施建设与发达地区存在不小差距等问题不仅影响了企业的生产经营效率和竞争力水平，也在一定程度上制约了N市经济社会的高质量发展。本章将从五个主要方面出发，分析N市在优化营商环境过程中存在的问题，并提出相应的改进建议。

一、存在问题与挑战

（一）政策执行效果有待进一步加强

一是部门的积极性、主动性有待提高。一些部门对上级的政策制度理解不够深透，特别是对创新型政策的理解停留在表面，未能准确把握核心要义。比如在推动“放管服”改革过程中，有些人简单地将“放”理解为放任不管，导致市场秩序混乱。还有些部门存在“不求有功，但求无过”的保守心态，对新事物完全持观望态度。这种消极态度往往导致政策执行流于形式，难以取得实质性效果。

二是政策执行机制设计和方法运用方面存在缺陷。一方面，缺乏有效的监督机制，导致政策执行过程中存在大量“暗箱操作”和“选择性执行”。例如，在一些招投标过程中，常存在“上有政策，下有对策”的现象，严重削弱了政策效果。另一方面，执行方法缺乏创新。一些部门仍然沿用传统的执行方法，难以适应新形势下的政策执行需求，如在环保政策执行方面，仍然依赖传统的现场检查和人工记录方式，未能充分利用现代科技手段（如无人机监测、大数据分析等），方法的滞后性直接导致政策执行效率低下，难以达到预期效果。

三是政策执行中的支持与约束力度不足。新政策的执行往往需要配套的制度支持，但在实际操作中，这种支持往往难以到位。例如，在推动科技创新政策时，缺乏政府、企业、社会组织以及个人相关的系统集成制度，合力不足就会制约政策执行效果。同时，公众参与度低、社会监督乏力等会导致政策执行缺乏必要的社会约束，这种约束作用的缺失，使政策执行过程中存在的问题难以及时发现和纠正。

（二）政务服务效率仍需持续提升

一是线上线下融合不足，仍存在割裂问题。线上受理与线下审批脱节，一些政务平台仅作为“记录台”，部分企业在完成线上申请后仍需多次跑线下大厅。信息协同性差，线上线下办事指南内容存在不一致，例如，针对个人所得税方面，办理时限、所需材料等关键信息在线上平台与线下窗口存在差异，导致群众反复确认。服务渠道分散化，政务热线、网上平台和实体大厅的后台知识库未完全统一，跨渠道信息共享不足，增加了群众获取完整信息的难度。

二是部门数据壁垒与协同仍然不够畅通，制约“一网通办”效率。尽管国家推动政务数据共享，但“信息孤岛”问题仍是阻碍政务服务效率的核心瓶颈。现实工作中，公安、税务、市场监管等部门的核心业务系统仍存在不少独立运行板块，数据共享技术标准和接口不统一、技术兼容性不足，导致跨部门并联审批难以实现。部分部门以数据涉密或上级政策限制为由拒绝共享，导致基础数据库（如电子证照库）建设滞后。涉及多部门的事项缺乏统一牵头机制，责任划分模糊，审批流程冗长，“谁牵头、谁负责”的机制尚未明确，业务协同能力薄弱。

三是服务标准化与便利化不足，未达到使用便捷高效的要求。政务服务目前正从“可办”“有用”向“好用”过渡，但便利性仍与公众期待存在差距。具体表现在服务标准难统一，同一事项在不同县区的办理要件、流程和时限差异较大。场景化指引缺失，一些政务大厅未提供针对高频事项的全流程场景化指南，群众需自行串联分散的审批环节。服务体验待优化。部分窗口人员业务能力不足，对线上办理流程不熟悉，还存在"生、冷、硬"的服务态度问题；自助设备操作指导不足，增加了群众的学习成本。

（三）融资环境改善程度未达企业预期

一是中小企业融资难。这是一直以来制约其健康快速发展的关键瓶颈。多年来，N 市政府已经高度关注并出台了一系列旨在缓解中小企业融资难题的政策措施，如设立专项基金、提供税收优惠、优化信贷环境等，但实际效果并不尽如人意。银行等金融机构在放贷决策中，往往出于风险控制的考虑，更向大型企业倾斜，而对中小企业的贷款申请则持更为审慎的态度。这不仅体现在贷款审批流程的烦琐和漫长上，更体现在对中小企业信用评估的严苛标准上。这种倾斜性的贷款政策，使中小企业在寻求资金支持时面临极大困境。许多有潜力、有市场、有前景的中小企业，因为资金链的紧张而难以扩大生产规模、提升技术水平、拓展市场份额，从而错失了宝贵的发展机遇。

二是融资成本高。一些金融机构在向中小企业提供贷款时，出于风险防控的考量，往往要求企业提供价值不菲的抵押物或强有力的担保措施，这无疑增加了企业的融资门槛和成本。更为严重的是，这些金融机构往往还会对中小企业收取相对较高的贷款利率，以弥补潜在的风险损失。此外，部分中小企业在融资过程中还需要借助中介机构的力量，以获取更为专业的融资咨询和服务。然而，这些中介机构往往会收取一定的服务费用，这无疑进一步加重了企业的财务负担。高昂的融资成本使中小企业在资金运用上更加捉襟见肘，难以将有限的资金投入技术创新、市场拓展等关键领域。

三是融资渠道单一。N 市多数中小企业主要依赖银行贷款这一传统融资方式，而对于股权融资、债券融资等多元化融资渠道的运用则显得力不从心。

这种融资渠道的局限性，不仅极大地限制了企业的融资选择，还使企业在面对资金缺口时难以迅速找到有效的解决方案，从而增加了融资的难度和风险。另外，N市的资本市场发展相对滞后，尚未形成完善的融资体系，这使企业难以通过资本市场这一重要的融资渠道获得更多的资金支持，进而影响了企业的长期发展和战略规划。在市场竞争日益激烈的今天，单一的融资渠道和滞后的资本市场发展无疑成了制约N市中小企业做大做强的关键因素。

（四）人才引进和培养机制不甚完善

一是人才引进政策吸引力不足。这是N市在人才竞争中面临的一大挑战。尽管政府已经出台了一系列旨在吸引和留住人才的政策措施，如提供住房补贴、科研经费支持等，但这些政策的吸引力仍有待提升。与北上广深等一线城市相比，N市在薪资待遇、职业发展机会等方面存在明显的差距，即便与周边的长沙、南昌等地相比也没有优势。许多高层次人才在选择就业城市时，往往会优先考虑一线城市，因为这些城市不仅提供了更为丰厚的薪酬福利，还拥有更为广阔的发展空间和更多的职业机会。相比之下，N市在这些方面显得逊色，导致许多优秀人才流失或选择不来N市发展。这种人才引进政策吸引力不足的现状，不仅影响了N市的人才储备和创新能力，还制约了城市的整体竞争力和可持续发展。

二是人才培养机制不健全。这是制约N市人才发展的重要瓶颈，也是本地人才供给无法满足企业日益增长的高素质人才需求的原因。具体而言，N市的高等教育资源相对匮乏，不仅数量有限，而且在学科设置和教学质量上也难以与发达城市相媲美，这使本地培养出来的人才在数量和质量上都难以满足企业的实际需求。更为严重的是，企业在人才培养方面的投入明显不足。许多企业缺乏系统的培训机制，对员工职业技能和综合素质的提升重视不够，导致员工成长缓慢，难以适应快速变化的市场环境。这种人才培养机制的缺失，不仅影响了企业的创新能力和市场竞争力，还制约了N市整体人才结构的优化和升级。

三是人才流失问题严重。相关研究机构数据显示，N市的人才流失率在过去几年中一直居高不下。与贵阳等城市相比，N市的人才流失率偏高，2022年已达到12%，这一数字显示出N市在吸引和留住人才方面面临的挑战。具体来看，N市的薪资水平相对较低，房价却偏高，这使许多人才在选择就业城市时更倾向于前往薪资更高、生活成本相对较低的一线城市或其他经济更为发达的地区。此外，N市的部分企业在人才培养和职业发展机会方面也存在不足，难以满足人才对于个人成长和职业发展的需求，这进一步加剧了人才流失的态势。

（五）基础设施和公共服务配套存在不足

一是交通基础设施的不完善。尽管近年来N市政府在交通基础设施建设方面投入了大量资源，并取得了一定的成效，但在某些关键领域和区域，仍存在明显的短板。特别是在部分工业园区和商业区，交通条件仍然较为落后，企业员工通勤不便，不仅影响了企业的正常运营，还限制了区域经济的发展活力。例如，离市中心较远的新开发区的交通网络布局不够合理，公共交通线路不足，班次不够密集，这不仅增加了员工的通勤时间和成本，还可能导致企业生产效率下降。同时，由于交通不便，企业的原材料采购和产品销售也受到一定制约，增加了企业的运营成本，还可能对企业的招聘和人才保留产生负面影响。

二是公共服务配套的不足。公共服务设施是企业运营和员工生活的重要支撑，其完善程度直接影响企业的投资意愿和发展潜力。然而，在N市的部分工业园区和商业区，医疗、教育、文化等公共服务设施仍然不够完善，难以满足企业和员工的基本需求。部分区域的医疗资源短缺、医疗服务水平不高，导致员工就医不便，影响了企业的健康保障；一些县区教育设施落后，难以满足员工子女的教育需求，影响了企业的招聘和人才吸引力。此外，N市的公共资源分配也存在县区之间不均衡的问题，部分区域的公共服务水平较低，影响了企业的投资意愿和区域经济的发展潜力。

三是信息化建设的滞后。随着信息技术的快速发展和普及，企业数字化转型已成为提升竞争力和创新能力的重要途径。N市信息化建设相对滞后，阻碍了企业的数字化转型进程。一方面，网络基础设施不完善，数据传输速度和稳定性不足，难以满足企业进行信息化改造的需求；另一方面，数据共享和交换机制不健全，导致企业之间和企业与政府之间的信息共享不畅，影响了企业的运营效率和决策水平。N市在智慧城市建设方面的进展也较为缓慢，未能为企业提供足够的数字化支持。智慧城市的建设是推动企业数字化转型和创新发展的重要平台，但N市在智慧交通、智慧医疗、智慧教育等领域的建设仍处于起步阶段，未能形成有效的数字化生态体系，影响了企业的竞争力和创新能力。

二、改革路径与举措

（一）构建激励体系，强化多元保障

营商环境的持续优化是系统性工程，需要激励体系提供持续动力，执行机制确保运转效能，保障体系夯实制度根基。通过构建“目标导向—过程控制—结果反馈”的完整治理链条，形成政策制定科学化、执行高效化、保障立体化的新型治理模式。未来应更加注重数字技术赋能，建立营商环境动态优化机制，通过政企协同、社会参与构建共建共治共享的营商环境生态体系，持续释放制度性改革红利。

1. 构建多维度激励体系激发主体动能

科学的激励体系需要形成“市场主导、政府引导、社会协同”的复合动力机制。在市场激励层面，应当建立以要素获取便利度、制度性交易成本为核心的评价指标体系，对政务服务效率提升显著的单位给予奖励。可借鉴深圳前海自贸区首创的“营商服务星级评定”制度，将企业满意度与窗口人员职级晋升直接挂钩，有效激发基层服务创新活力。继续强化将营商环境指标纳入地方政府绩效考核体系，对改革成效突出的部门实施专项奖励。比如浙

江省推行的“亩均效益”领跑者计划，通过差别化用地、用能政策激励企业转型升级，形成“正向激励 + 反向倒逼”的双重作用机制；又如江苏昆山打造的“政策计算器”智能平台，运用大数据技术实现惠企政策精准推送，将政策红利转化为企业发展的现实动力。这些创新举措的部门均得到了嘉奖。就市场主体来说，应当构建企业信用积分管理系统，对信用优良主体给予行政审批“绿色通道”、公共资源交易加分等实质性激励，形成守信受益的价值导向。

2. 创新执行机制提升政策转化效率

政策执行机制创新需要破解“最后一公里”难题，构建全流程闭环管理体系。在制度设计层面，应当建立“政策制定—效果预评估—动态调整”的迭代机制。可借鉴上海市推行的营商环境改革“体验官”制度，邀请企业家参与政策设计全流程，确保制度供给与企业需求精准匹配。在流程再造环节，建议全面深化推行“综合窗口”改革，建立跨部门联席审批机制。例如，2023 年 2 月北京市“一业一证”改革通过整合 25 个部门的审批事项，实现准入准营同步办理，审批时限压缩 76%。技术赋能方面，要加快构建智慧监管体系，推广非接触式执法、信用风险分类监管等新型模式。如广州开发区建设的“政策兑现”信息系统，实现惠企资金“一键申报、自动比对、智能审批”，资金拨付周期由 3 个月缩短至 15 个工作日。监督评估体系需要建立“三维度”评价机制：持续引入第三方机构开展营商环境评估，设置企业满意度实时监测系统，建立重大政策执行审计制度，形成“监测—预警—整改”的完整链条。

3. 强化保障体系筑牢制度实施根基

立体化保障体系需要破解资源碎片化配置难题，构建政策落地的支撑网络。在法治保障方面，应加快营商环境立法进程，建立规范性文件合法性审查机制。例如海南自贸港实施的“市场准入承诺即入制”，通过立法形式固化改革成果，增强制度稳定性。资源保障需创新财政资金使用方式，设立营商环境专项基金，推广“财政 + 金融”联动支持模式。可借鉴成都市建立的

“蓉易贷”普惠金融体系，通过风险补偿资金池放大信贷规模，有效缓解了中小企业融资难题。人才保障要实施“营商环境专业能力提升工程”，建立政务服务人员分级培训体系，引入国际权威认证机构开展专业资质认定。基础设施保障应聚焦数字政府建设，构建统一的数据共享交换平台，比如山东省“一网通办”总门户整合全省 2.3 亿条数据资源，实现政务服务“一次认证、全网通行”。风险防控体系需要建立政策实施压力测试机制，构建营商环境改革容错清单，设立企业权益救济快速通道，确保改革进程行稳致远。

（二）提升基础设施与公共服务配套能力

营商环境是区域经济发展的重要软实力，而基础设施与公共服务配套则是支撑营商环境优化的硬条件。当前，N 市在优化营商环境过程中面临交通基础设施不完善、公共服务配套不足、信息化建设滞后等问题，制约了企业的发展和经济活力的释放。今后可以从以下三个维度出发，结合国内外的实践经验做一些探索。

1. 构建多层次交通网络，提升综合运输效率

交通基础设施是区域经济发展的“动脉”，其完善程度直接影响物流效率和企业的运营成本。针对交通网络覆盖不足、拥堵严重等问题，可采取以下措施：首先，大力发展智慧交通，充分利用大数据、人工智能等先进科技手段，对交通信号控制进行优化升级，实现交通流量的智能调度。同时，要积极推广智能停车系统，通过数字化管理手段解决停车难的问题，并推广“一码通乘”服务，为乘客提供更加便捷、高效的出行体验。这些措施的实施，将显著提升交通管理的效率、减少交通拥堵现象的发生。以杭州市为例，该市通过“城市大脑”系统实时调控交通信号，有效缓解了城市交通拥堵问题，为市民创造了更加顺畅的出行环境。

其次，应着力完善物流基础设施，特别是在产业园区和城市边缘区域，应科学规划并建设一批现代化的物流枢纽。通过推动“区港联动”模式，实现物流资源的有效整合与高效利用，进一步提升跨境物流效率。重庆市就是一个成功的范例，该市通过建设中欧班列枢纽站，不仅提升了物流运输能力，还显著降低了企业的国际物流成本，为地方经济发展注入了新的活力。

2. 创新投融资机制，保障建设资金

基础设施建设需要投入大量资金，单纯依赖政府财政难以满足需求。为了有效推进交通基建项目，我们可以采取多种策略来拓宽融资渠道。一方面，可以吸引社会资本参与交通基建项目，这样不仅能够减轻政府的财政压力，还能通过市场竞争机制提高项目的运营效率，实现双赢。另一方面，政府可以通过发行绿色债券、专项债等金融工具，定向筹集资金机制用于特定项目的建设。广州市通过发行绿色债券，成功支持了新能源交通设施的建设，既满足了资金需求，又推动了绿色经济的发展。此外，可以探索发行基础设施不动产投资信托基金，将存量基础设施资产证券化，从而盘活存量资产。随着金融科技的不断进步，可以创新融资方式，利用区块链、大数据等技术提高融资的透明度和效率。例如，通过区块链技术发行数字债券，可以确保融资过程的公开、公正和透明，提高融资效率。同时，还可以利用众筹平台为小型基础设施项目筹集资金，降低融资门槛，吸引更多的社会资金参与交通基建项目。

3. 多方扩大和强化公共服务供给

公共服务是营商环境的重要组成部分，其效率和质量直接影响企业的满意度。针对资源分布不均、供给不足等问题，第一，要扩充教育医疗资源，优化宜居环境，优质的教育资源和医疗资源是吸引企业和人才的重要因素。第二，要增加优质教育资源供给，通过新建公办学校、引入民办教育机构等方式，扩大优质教育资源覆盖面。第三，要提升基层医疗服务能力，积极依托远程医疗平台，打破地域限制，推动优质医疗资源向基层下沉。可借鉴浙江省通过构建“互联网 + 医疗健康”平台，有效整合医疗资源，使基层医疗机构能够共享优质医疗服务，实现基层医疗服务的提质增效，为群众带来了实实在在的便利。第四，要完善养老服务体系，加快社区养老设施建设，推广“长者饭堂”和家庭养老床位等创新模式，更好地满足老年人的生活需求。

以广州市为例，该市已建成覆盖全市的社区养老服务网络，为老年人提供了全方位、多层次的服务保障。

（三）加快推动信息化建设

信息化建设作为现代社会发展的强大引擎，对于提升政务服务效率和营商环境透明度具有不可估量的价值。在信息技术日新月异的今天，如何高效整合并利用政务数据资源，构建透明、高效、可信的政务服务环境，已成为政府工作的重要课题。信息化建设不仅关乎政府治理能力的提升，更是推动经济社会高质量发展的重要支撑。

1. 推进数据共享与平台整合

政府应积极推动跨部门、跨层级的数据共享与交换机制建设，通过构建统一的政务数据平台和数据中心，实现数据的集中存储、统一管理和高效利用。这不仅有助于消除“信息孤岛”，提升数据资源的价值挖掘能力，还能为优化营商环境提供更加全面、准确的数据支持，促进科学决策和精准施策。在数据整合的基础上，大力推广区块链技术，利用区块链技术提升数据安全性和可信度。例如，北京市通过区块链存证技术，实现了企业信用信息的透明化管理，有效打击了虚假注册、恶意逃债等不法行为，为营造公平竞争的市场环境提供了有力支持，这不仅提升了政府监管的精准度和效率，还增强了企业的信用意识，促进了社会信用体系的完善。此外，要加快智慧城市建设，通过 5G、物联网等技术提升城市管理智能化水平，这是提升政务服务效率和优化营商环境透明度的又一重要途径。智慧城市利用现代信息技术，将城市运行中的各类要素进行数字化、网络化、智能化改造，实现了城市管理的精准化、智能化和高效化。比如杭州市通过“城市大脑”系统，整合了交通、环保、公安等多部门的数据资源，实现了交通拥堵预警、空气质量监测、社会治安防控等领域的智能化管理，极大地提升了城市管理的效率和水平，增强了市民的获得感和满意度，为优化营商环境、吸引投资创造了有利条件。

2. 加强新型基础设施建设

一是加快5G网络建设。5G技术以其超高速度、大容量、低延迟的特性，被誉为开启万物互联新时代的钥匙。为了充分发挥5G的潜力，需要在产业园区和重点区域优先部署5G基站，这不仅能够显著提升网络覆盖率和传输速度，还能为智能制造、远程医疗、自动驾驶等新兴应用提供坚实的网络基础。在工业园区内，5G网络的广泛应用可以支持远程设备操控、实时监测与数据分析，极大提升了生产效率和安全性。二是建设数据中心和算力设施。随着人工智能、大数据、云计算等技术的蓬勃发展，对算力的需求呈现爆炸式增长。数据中心作为数据存储与处理的中心节点，其规模、效率与安全性直接关系到数字经济的运行效率和质量。N市可依托中国—东盟人工智能计算中心，高水平打造跨境人工智能合作平台，为跨境贸易、智慧城市、智慧医疗等领域提供强大的算力支持，促进本地产业升级，在国际合作中发挥重要作用，提升N市在东南亚数字经济版图中的地位。三是推广智慧园区。智慧园区通过集成技术，构建能耗监控、安防预警、智能物流等数字化管理系统，可实现园区管理的精细化、智能化。深圳市作为先行示范区，就是通过智慧园区建设，显著提升了园区管理效率，降低了运营成本，还促进了企业间的协同创新，增强了园区的综合竞争力。未来，数字化转型是推动产业园区高质量发展的必由之路。N市应进一步推广智慧园区模式，鼓励更多园区采用先进的信息化手段，提升服务水平和创新能力，形成具有示范效应的智慧产业集群。

3. 培育数字人才与创新生态

一是继续深化产学研合作。为促进数字技术的研发与应用，需要建立高校、科研机构与企业之间的紧密合作关系。这种合作不仅限于理论研究与实践应用的结合，更在于通过设立专项基金、共建实验室等具体方式，为数字技术研发提供充足的资金支持和实验条件。例如，目前N市通过低空经济产业协会，成功集聚了50余家相关企业在无人机、遥感测绘等领域展开深度合作，不仅推动了低空经济的快速发展，也为本地信息化建设提供了强大的技术支撑。二是多路径支持创新创业。继续优化孵化器、加速器等创新创业服务平台，为初创企业提供资金、场地、技术、市场等多方面的支持。通过举办创新创业大赛、创业沙龙等活动，搭建创业者之间的交流合作平台，促进创意与资本的有效对接。成都市“菁蓉汇”平台是较为成功的范例，它吸引了大量创新创业项目落地，这些项目涵盖了人工智能、大数据、云计算等多个前沿领域，不仅为当地信息化建设增添了新的增长点，也为经济转型升级提供了有力支撑。

（四）着力解决中小企业融资难问题

着力解决中小企业融资难问题，是推动经济社会高质量发展的关键一环。中小企业作为市场经济中最具活力的部分，能否获得充足的发展资金，对实现稳健经营与持续创新、有效激发市场活力、带动就业增长、促进技术创新与产业升级影响巨大，同时对整个中小企业群体的健康发展、提升市场主体的竞争力具有深远意义。新时代多路径打破中小企业融资瓶颈对于营造更加公平、透明、高效的营商环境至关重要。

1. 大力加强企业信用建设

加强企业信用建设是中小企业持续健康发展不可或缺的内容。在当前竞争激烈的市场环境中，中小企业不仅要关注产品与服务的提升，更要高度重视财务管理和信用体系的建设，这是赢得市场信任、吸引投资与合作伙伴的关键。财务管理作为企业运营的基石，其规范性和透明度直接影响到企业的信用评级。因此，中小企业应建立健全财务管理制度，定期进行财务审计，确保每一笔账目清晰可查、无虚假记载。同时要及时、准确地发布财务报告，这不仅是对法律法规的遵守，更是向投资者、债权人及社会公众展示企业经营状况、盈利能力及未来发展前景的重要途径。通过开放透明的财务信息，可以有效降低信息不对称、增强外界对企业的信任度。另外，要利用社交媒体和行业专业平台，着力提升企业的知名度和影响力。通过发布行业动态、企业新闻、成功案例等内容，积极与受众互动，不仅能够塑造积极向上的企业形象，还能有效传播企业文化和价值观，从而在消费者和投资者心中建立起良好的口碑。这种正面的品牌曝光，对于企业扩大市场份额以及吸引潜在投资者具有不可估量的价值。

2. 搭建政金企交流对接平台

首先，要建立多方参与机制，邀请政府机构代表、金融机构高管及企业负责人加入交流对接平台，形成定期会议、专题研讨、项目路演等多种形式的交流机制，确保各方需求与建议能被充分听取和响应。比如民营小微企业首贷续贷中心 + 企业融资服务中心 + 股权融资服务中心“三合一”融资服务平台，就有效促进了企业与金融机构的密切合作。其次，要强化信息共享系统建设，利用云计算、大数据等技术构建信息数据库，收集并发布政策解读、项目信息、金融产品、市场需求等内容，提高信息透明度，降低信息不对称成本。再次，要设计高效对接流程，根据企业不同发展阶段和融资需求，设计定制化对接流程，如快速响应机制、一对一洽谈会、线上融资超市等，加速资金与项目的有效匹配。提供专业培训与服务，组织财务规划、融资策略、风险管理等培训课程，提升企业金融素养；同时，设立咨询服务窗口，为企业提供法律、财务等专业指导。对于交流后效果要持续优化与反馈。最后，要建立平台使用反馈机制，定期评估平台效能，根据参与方意见调整优化策略，确保平台能够持续适应市场需求变化。

3. 提升政府金融服务和监管作用

大力发展区域性金融机构，鼓励和支持民间发起、民间参股的区域性股份制银行、小担保公司以及小租赁公司、小财务公司等金融机构的发展。这些金融机构通常更加贴近中小企业，能够为其提供更加灵活多样的金融服务。当然，也要加强对民间“小金融机构”的监管，确保其合法合规经营。为了维护健康稳定的融资市场秩序，必须严厉打击非法中介机构，并加大打击力度。非法中介机构往往利用信息不对称，进行虚假宣传、高额收费，甚至欺诈，严重扰乱市场秩序，损害企业和个人的合法权益。因此，相关部门应建立健全监管机制，通过强化日常监管、开展专项整治行动、加强跨部门协作等方式，对非法中介机构实施精准打击。同时，要加大对合法中介机构的引导和支持力度，鼓励其提供优质服务，满足市场正当需求。政府大力引导金融机构对中小企业实行更为灵活的贷款政策，创新金融产品，满足中小企业特殊需求。比如，推出小额信贷产品，降低信用记录要求；开展融资租赁业务，提供低首付、低利率的设备租赁服务等。同时，政府可引导企业根据自身需求制订合适的融资计划。除银行贷款外，考虑股权融资、债券发行、众筹、政府资助和风投等多种融资方式，比如通过搭建企业自身的众筹平台，吸引社会资金的支持，实现资金的快速筹集等。

（五）健全完善人才引进和培养机制

优化营商环境背景下的人才机制改革，本质上是一场涉及制度创新、资源重组、文化再造的深刻变革。需要以系统思维破解“引育留”难题，通过政策精准供给、培养机制重构、留用生态营造的协同推进，最终形成“人才驱动创新，创新赋能产业，产业反哺人才”的良性循环，为经济高质量发展注入持久动能。

1. 增强人才政策的吸引力

要打破政策同质化陷阱。当前人才政策普遍存在“撒胡椒面”式福利堆砌，缺乏精准定位。某省会城市曾推出“百万年薪引才计划”，却因忽视配套科研平台建设导致引才效果不佳，当前的破解之道在于建立“人才画像系统”，对领军型、技术型、管理型人才实施分类施策，对顶尖人才可采取“一人一策”定制服务，对青年人才重点提供职业发展通道，对技能人才加大职业资格认证支持力度。要构建政策兑现的闭环机制。政策执行层面需要建立“承诺—兑现—反馈”的全流程监管体系。借鉴深圳前海深港合作区推行的“政策兑现 AI 助手”，通过区块链技术实现人才政策申领透明化，可将兑现周期缩短 60%。同时，建议建立人才服务专员制度，设立政策兑现“负面清单”，对拖延推诿现象实施行政问责。打造人才友好型城市生态。大城市需要构建“15 分钟人才服务圈”，将国际学校、高端医疗、文化休闲设施纳入城市规划，对人才的吸引力才能增强。例如，杭州未来科技城通过建设人才主题公园、智慧社区，营造“类硅谷”创新氛围，使人才保留率提升至85%。

2. 重构产教融合的人才培养体系

建立需求导向的培养机制。可以借鉴苏州工业园区实施的“产业人才雷达”工程，通过大数据分析精准捕捉企业技能缺口，指导院校动态调整30%的专业课程。建立“企业出题、院校解题”的协同机制，推广现代学徒制，实现人才培养与产业需求“零时差”对接，激活企业培养主体动能。华为公司的“天才少年计划”和格力集团“技能大师工作室”证明，企业深度参与能显著提升人才培养效能。企业可建立“培训积分银行”，将员工培训投入转化为企业信用资产，政府可通过税收抵免，如将研发费用加计扣除比例提高至200%，以及采用各项补贴等方式激励企业建设企业大学。大学可建立创新能力本位的培养模式，如清华大学实践显示，将企业真实项目引入课堂，推广“做中学”模式，建设虚实结合的元宇宙实训平台，通过数字孪生技术模拟复杂工作场景，建立“学分银行”实现学习成果互认，使人才适岗周期缩短40%。

3. 构筑人才留用生态防护网

构建区域协同发展新格局。借鉴粤港澳大湾区“人才环流”机制，建立跨区域人才共享平台。强化已经起步的“人才飞地”模式，特别是针对原籍在N市的人才，实现“工作在大湾区，贡献在家乡”。推行弹性工作制，支持远程办公、多地执业等柔性用才方式，打造事业成长增值平台。比如合肥量子信息实验室通过“揭榜挂帅”机制，让青年人才主持亿元级项目，3年内培育出20余名行业领军者。建议建立“人才成长路线图”，设置阶梯式挑战目标，构建“技术创新＋成果转化＋股权激励”的价值实现闭环。完善全生命周期服务链。比如，雄安新区“人才服务一卡通”集成23个部门的152项服务，实现“一卡畅行”。建立人才服务联席会议制度，设立“人才服务日”现场办公机制，创新“人才养老计划”，将服务链条延伸至家属安置、健康管理等非工作领域。

培育开放包容的人才文化。借鉴深圳的“失败宽容计划”，建立创新容错机制，鼓励创新者勇于尝试、敢于冒险，制定鼓励创新的政策，营造宽容失败的社会氛围，为人才提供一个宽松、自由的创新环境，大力激发人才的创新潜能，吸引更多优秀人才，共同推动城市进步与发展。

下　篇

经验篇

第十章

新加坡全面优化营商环境实践

新加坡营商环境多年位居全球前列。长期以来，新加坡都是企业通往东南亚的门户，无论是大型跨国企业还是发展迅速的初创公司，其决策者都无一例外地将它视为最重要的经商地，选择在那里建立总部。在历年世界银行营商环境评估结果中，新加坡始终居于前三名，尤其在开办企业、办理建筑许可证、纳税、执行合同等方面指标得分突出。新加坡在世界经济论坛、世界知识产权组织、瑞士洛桑国际管理发展学院等机构发布的历年营商环境相关排名亦靠前。综合来看，新加坡营商环境建设亮点多多，主要表现在简约的政务机构设置与管理、规范严密的法律制度、智慧高效的政务服务能力、全方位高水平的开放格局、公开透明的企业经营环境、领先亚洲的创新能力等。

一、主要做法与举措

（一）简约的政务机构设置与管理

1. 行政层级与专业化分工提升治理效率

新加坡政务机构的精简性是其经济治理高效的核心特征，其行政体系以“去冗余、强专业”为原则，构建了全球罕见的“小政府、大市场”模式。这一模式的核心在于通过扁平化层级和专业化分工，最大限度地减少行政摩擦，提升政策传导效率。

新加坡中央政府仅设总理公署和16个部门，每个部门高度聚焦于特定领域，形成“战略制定—执行监督—效果评估”的闭环体系。以贸易与工业部（MTI）为例，其职能被严格限定为宏观经济战略规划、产业政策设计和国际贸易谈判，而具体执行则交由下属法定机构经济发展局（EDB）、企业发展局（Enterprise SG ）等。这种“政策制定与执行分离”的模式，既避免了部门权力过度集中导致的决策僵化，又通过专业化分工实现了资源的精准投放。在

2024 年 MTI 主导的“制造业 2030”战略中，EDB 负责对接全球半导体巨头，协调土地、税收和人才政策，最终促成台积电在新加坡设立先进封装厂，带动电子制造业产值增长 7.2%。

新加坡地方政府仅设五个社区发展理事会（CDC），其职能被严格限定为基层服务和社会治理，不参与经济政策制定。这种设计彻底消除了其他国家常见的“中央—省—市”多级博弈问题。以裕廊集团（JTC）为例，作为国家级工业园开发机构，其直接受 MTI 领导，无须与地方政府协调土地审批，仅用 18 个月便完成大士生物医药园的基础设施建设，比同类项目平均周期缩短 40%。这种垂直化管理模式，使国家战略能够无损耗直达执行端。

为避免部门割裂，新加坡建立了跨部门委员会制度。例如，国家生产力与创新委员会（NPIC）由 MTI、教育部、人力部共同参与，通过整合产业升级、技能培训和就业政策，系统性解决企业转型中的“人才—技术—资本”错配问题。这种以问题为导向重组政府职能模块，有显著决策效果，比如 2024 年该委员会推动的“技能创前程”计划，为企业提供高达 90% 的培训补贴，直接拉动制造业劳动生产率提升 3.8 个百分点。

从新公共管理理论视角看，新加坡的行政精简体现了“分权化治理”与“专业化效能”的深度融合。克里斯托弗·胡德（Christopher Hood）提出的“让管理者管理”原则在此得到极致实践：内阁部门专注于战略规划，法定机构承担市场化执行，基层行政剥离经济职能。2024 年，这种制度设计将行政成本占 GDP 比重控制在 4% 以下，远低于经合组织国家 12% 的平均水平，实现了政策响应速度全球第一。

2. 法定机构具备灵活性与市场化导向

新加坡独创的法定机构（Statutory Boards）体系，是其突破传统官僚制束缚、激活经济动能的核心制度创新。65 个法定机构作为“半政府半市场”的特殊实体，既保持公共属性，又具备企业化运营能力，在经济发展中扮演“政策转化器”和“市场加速器”双重角色。

法定机构依据国会专门立法设立，享有行政豁免权和财政自主权。以

EDB 为例，其预算不纳入政府常规财政，而是通过服务收费和投资收益自筹，这种“自负盈亏”机制倒逼其紧密跟踪市场需求。EDB 在全球设立 20 个办事处，雇员中 30% 为产业专家，能够为跨国公司提供从选址评估到税务筹划的全周期服务。2024 年，EDB 为生物医药企业设计的“风险共担”投资模式，成功吸引莫德纳在新加坡建设 mRNA 疫苗区域中心，带动生物医药产业投资增长 22%。

法定机构通过企业化管理工具实现公共效能最大化。金融管理局（MAS）采用“双峰监管”模式：一方面作为中央银行制定货币政策，另一方面以控股公司形式管理淡马锡等投资机构，2024 年其外汇储备投资收益达 420 亿新元，直接充实国家财政。“政策功能 + 商业能力”的复合结构使政府既能规避直接干预市场的争议，又能通过资本纽带引导产业方向。例如，MAS 通过淡马锡控股参股 Sea 集团，助推其成为东南亚首家市值超千亿美元的科技独角兽。

法定机构的决策链条极短，能够快速捕捉技术革命窗口期。资讯通信媒体发展局（IMDA）在 2023 年人工智能爆发初期，立即启动“AI 沙盒”计划，为初创企业开放政府数据接口，6 个月内催生了 23 家估值超 1 亿美元的 AI 企业。相较之下，欧盟同类政策从立法到落地平均耗时 18 个月。这种敏捷性源于法定机构的三层治理结构：董事会（战略决策）—管理层（运营执行）—独立审计（绩效评估），既避免了政治周期干扰，又确保了问责透明。

新加坡法定机构本质上创造了“第三种治理模式”——既非纯粹官僚机构，也非完全私有化实体。它们通过立法授权获得行动合法性，通过市场化机制提升服务效率，通过绩效合约（如 EDB 与 MTI 签订的年度 KPI）确保政策一致性。2024 年，新加坡在全球创新指数中跃居第三位，其每百万人口 PCT 专利申请量（532 件）是美国的 1.8 倍，印证了法定机构体系对创新生态的催化作用。

有效的制度设计使新加坡构建了“战略层高度集约、执行层极度敏捷”的经济治理体系。这大大降低了企业的制度性交易成本（世界银行测算新加坡企业合规成本仅为东南亚邻国的 1/5），新加坡通过精简架构保持战略定力，市场通过法定机构获得精准支持，最终推动经济在效率与创新间实现动态均衡，形成了“政策—市场”双向赋能机制。

（二）规范严密的法律制度

1. 官员权力受严格规范

新加坡官员权力受严格规范的首要保障是其高度法治化的制度设计。新加坡宪法和一系列专门法律（如《防止贪污法》《公务员行为准则》）为官员行为划定了清晰边界，确保权力运行始终在法治轨道上。《防止贪污法》赋予贪污调查局（CPIB）独立调查权，能够高效查处贪腐案件，可直接向总理报告，不受其他部门干预。2024 年数据显示，新加坡清廉指数连续 10 年位列全球前五。《公务员行为准则》明确规定官员不得接受任何形式的礼品、宴请或利益输送，违者将面临严厉处罚。2023 年，一名高级公务员因接受企业提供的免费旅游被开除公职并罚款 10 万新元。“零容忍”态度不仅震慑了潜在违规者，也加强了公众对政府的信任。法治化框架的核心在于将权力关进制度的笼子，通过明确的法律条文和严格的执法机制，确保官员行为透明、可预期。

新加坡通过透明化监督机制和公众参与渠道，进一步规范了官员权力运行。政府信息公开制度要求所有部门定期公布预算、决策过程和绩效数据，接受公众监督。财政部每年发布《财政预算案》，详细说明税收使用和项目拨款情况，公众可通过在线平台查询和监督。新加坡建立了多层次的反腐举报机制，公众可通过 CPIB 网站、热线电话或移动应用匿名举报官员不当行为。2024 年数据显示，CPIB 受理的举报案件中，70% 来自公众，其中 30% 最终立案调查。这种“全民监督”模式不仅提高了发现腐败行为的概率，也增强了公众对政府的信任感。透明化监督的核心在于将权力运行置于阳光下，通过信息公开和公众参与，形成对官员行为的全方位约束。

新加坡通过严格的绩效评估和问责机制，确保官员权力运行以结果为导向。公务员绩效评估体系（PMS）将官员的工作表现与薪酬、晋升直接挂钩，评估指标包括政策执行效果、公众满意度和经济贡献等。2024 年，MTI 官员因成功推动制造业复苏获得年度绩效奖金，而某部门因未能完成节能减排目标被公开批评并扣减预算。建立“部长问责制”，内阁部长需对其部门绩效负全责，重大失误可能导致辞职，如 2023 年，交通部长就因地铁系统故障频发引咎辞职。“结果导向”的问责机制，迫使官员在行使权力时始终以公共利益为出发点，避免滥用职权或推诿责任。绩效评估与问责机制的核心在于将权力运行和结果挂钩，通过严格的考核和问责，确保官员行为始终服务于公众利益。

2. 商业法律体系严密细致

新加坡通过一系列专门法律（如《公司法》《合同法》《竞争法》）为商业活动提供了清晰的法律框架。《公司法》详细规定了公司设立、治理结构、股东权利和义务等内容，确保企业运营有法可依。2024 年修订的《公司法》进一步简化了中小企业注册流程，将公司设立时间缩短至 1 天，显著降低了创业门槛。新加坡法律体系具有高度前瞻性，能够快速响应新兴业态的需求。为应对数字经济发展，2023 年通过的《数字资产法》明确了加密货币交易和区块链技术的法律地位，为金融科技企业提供了稳定的制度环境。完备且前瞻的法律体系，为企业提供了明确的行动指南，且不断更新法律内容，确保了制度始终与经济发展同步。

新加坡通过独立的司法体系和高效的执法机构，确保法律条文能够切实落地。新加坡国际商事法庭（SICC）作为全球领先的商业纠纷解决平台，以其高效、专业的裁决能力吸引了大量国际企业选择在新加坡解决跨境纠纷。2024 年数据显示，SICC 受理的案件平均审理周期为 6 个月，远低于国际平均水平（18 个月）。新加坡执法机构（如商业事务局）以“零容忍”态度打击商业犯罪。2023 年，一家跨国公司就因违反《竞争法》被罚款 1.2 亿新元，这一严厉处罚不仅震慑了潜在违法者，也维护了市场公平竞争秩序。法律执行的严格性与高效性为企业提供了稳定的法治环境，增强了投资者信心。

新加坡拥有全球顶尖的法律服务机构和专业人才，能够为企业提供高质量的法律支持。新加坡律师公会（Law Society）通过严格的执业资格认证和持续教育计划，确保律师队伍的专业水准。2024 年数据显示，新加坡每万人拥有律师执业资格证数量为 12.5 人，位居全球前列。新加坡法律服务高度国际化，能够满足跨国企业的多样化需求。多家国际律所在新加坡设立区域总部，提供跨境并购、知识产权保护等高端法律服务。专业化与国际化的法律服务提升了企业合规效率，还能通过法律咨询和风险防控帮助企业规避潜在法律风险，为商业生态的健康发展提供润滑剂。

3. 知识产权法律法规系统完备

新加坡政府一直致力于将新加坡打造成亚太地区的知识产权中枢。政府通过制定一系列知识产权法律法规，将专利、商标、注册设计、版权、集成电路、属地、品牌、植物品种及商业秘密都囊括在知识产权保护范围内。同时，新加坡是众多知识产权有关公约的成员国和缔约国，包括《巴黎公约》《马德里协议》《布达佩斯条约》等。在商标保护上，新加坡对商标采用使用取得制度，对于商标侵权的行为，可要求采取禁令，支付损害赔偿金，交出侵权行为所获利润等补偿方式，对于假冒商标的侵权行为，设有法定赔偿金救济制度。在版权保护方面，新加坡对于作品采用自动保护制度，包括小说、计算机程序、戏剧作品、音乐、录音录像、电影、电视等。在《新加坡版权法》中对于在公共场所销售、展示、许诺销售，或者有合理理由怀疑销售或出租任何盗版产品的人，警方可以在未有逮捕证的情况下将其拘留。在知识产权纠纷处理上，新加坡提供诉讼、仲裁、调解等争议解决方式，并设立世界知识产权组织仲裁和调解中心办事处。近年来，新加坡不断优化知识产权审批流程，加速人工智能专利申请通道。2019 年，新加坡在 3 个月内将一项人工智能专利授予阿里巴巴集团，成为全球最快通过人工智能发明专利的国家。一般情况下，人工智能专利平均审批周期为两年到四年。

（三）智慧高效的政务服务能力

1. 数字政府提升智慧政务水平

从 20 世纪 70 年代开始，新加坡政府将信息通信技术视为促进经济发展的重要手段，用于提升劳动生产效率和集约化生产服务过程、提升对客户的服务水平。80 年代，新加坡走上了政府和企业的数字化之路，目前新加坡电子政务指数排在全球前列，已成为世界上电子政务最发达的国家之一。新加坡仍在持续推进数字政府转型，现正处于“智慧国家 2025”计划实施的关键时期，致力于为公民、企业、政府等多方创造价值。新加坡拥有透明、简洁的经商制度和流程，即使人员不在新加坡，成熟的数字化流程也能够促使企业方便快捷地开展业务，设立公司仅需 0.5—1.5 天，远远低于地区平均水平。在商业领域，新加坡政府针对个人和企业分别建立了两种数字认证身份，以实现一个账号处理所有在线事项，目前营商环境几乎所有事项实现在线办理。

新加坡的数字政府推行之路仍然是立法先行，通过制定系统的政策法规，推动国家和政府的数字化进程。前置的蓝图规划是新加坡数字政府发展建设的依据。20 世纪 80 年代至 90 年代的新加坡政府制定《国家计算机计划（1980—1985）》《国家 IT 计划（1986—1991）》推动信息化在政府中的普及；20 世纪 90 年代至 21 世纪初的《国家科技计划（1991—2000）》《IT2000 智慧岛计划（1992—1999）》《覆盖全国的高速宽带多媒体网络计划》加速了新加坡信息的互联互通；21 世纪初的 e-Government Action I、e-Government Action II 等政策建立了网络化政府；2006 年至今的《智能国家 2015 计划（2006—2015）》《智慧国家 2025 计划（2015—2025）》两项国家战略加速了新加坡以公民为中心的整体型政府建设。与此同时，新加坡对应出台了一系列法律法规，包括《电子交易法》《新加坡电子交易规则》《信息公开法》《滥用计算机法》等支撑数字政府建设的发展过程。

数字政府为公民和企业提供全方位服务。在新加坡政府推出的数字政府蓝图计划中，数字政府以数字信息为核心，形成做什么、谁来做、怎么做三层结构。数字政府主要服务民众、企业、公共部门人员，采用整合民众和企业需求、加强政策操作及技术整合、运用可靠的安全系统、民众和企业共建、提升追求创新的数字能力、公用数字和数据平台等措施。以贸易领域为例，新加坡实施基于数据驱动的贸易“一站式”服务新模式。互联贸易平台（NTP）是新加坡政府以智慧国家建设为核心，为提升贸易商生产力和竞争力，为物流和数字贸易相关服务企业提供机会的“一站式”贸易服务平台。NTP 集聚贸易商、物流服务商、金融机构、货运公司等行业主体，利用数字化手段再造贸易流程，相关企业可以在平台上获取、存储相关贸易文件，推动信息数据的共享互联，实现了集约化的海关服务功能。新加坡政府服务 TradeNet 贸易网络系统可以整合货物流动的文件流程，在境外货物进入海关时，报关人只需在网上快速完成货物清关程序即可。通过全面信息化的实现，监管部门与港口之间的协作更加紧密，进一步提升了整体通关效率和监管透明度。

2. 低税率制度吸引全球企业

新加坡政府实行全国统一的税收制度，企业所得税基本税率为 17%，且对外资实行国民待遇，是全球税率最低的几个国家之一。新加坡政府为吸引更多的企业来投资，设立了一系列税收优惠及减免政策，主要围绕贸易、研发、总部、金融、海事、企业扩张、知识产权等多方面。针对符合优惠条件的企业，可以在一段时间内免征企业所得税或享有优惠税率。新加坡还不征收资本利得税，在符合一些条件的情况下，新加坡公司的境外子公司汇回股利时可以免征股利税，这让很多跨国公司乐意将新加坡公司作为中介，把股利留存在新加坡，避免直接分红回母国总公司缴纳股利税。新加坡还和 50 多个国家（地区）签署了避免双重征税协定（DTA），避免跨国公司的双重征税问题，降低了企业成本。新加坡除了具备有吸引力的企业税收环境，个人所得税方面，也很有吸引力，新加坡个人所得税实行累进税率制，最高档不超过 24%，显著低于很多国家。

新加坡政府为吸引企业总部投资实施了一系列优惠税率。1986 年，新加坡引入运营总部奖励计划，专门针对总部企业实行更加优惠的企业所得税，1991 年，新加坡政府为吸引金融企业总部，再次引进金融和财政中心税收奖励计划，2003 年，新加坡在原先运营总部奖励计划的基础上，针对总部企业能级规模的区别提出了区域总部奖励（RHQ Award）和国际总部奖励（IHQ Award）两项刺激政策，而针对国际企业总部，新加坡虽然设立了一定严苛的认证条件，但是经认证后的国际企业总部企业所得税税率范围在 5%—10%。总部企业可以同时享受额外的财政补贴、贸易限制豁免特权、投资补贴等政策优惠。

（四）全方位高水平的开放格局

1. 充分依托全球化发展

在全球化时代，新加坡的发展离不开它自身的全球化定位，新加坡从全球化经济体系中获益甚大，它还从全球经贸体系中找到了一个税收“套利”的模式，给其带来了很大的价值。新加坡的经济发展依托于全球化，以在新加坡的公司为例，虽然外国控股公司占新加坡企业总量只有 18%，但雇员数量占到 31%，对 GDP 的贡献占比更是达到近 70%，可见大型跨国企业对新加坡经济的影响之大。这些年新加坡在吸引跨国公司方面取得了惊人的成绩，比如，香港吸引了不到 1400 家跨国企业设立亚太总部或其他形式的区域总部，东京大约 600 家，而上海和北京均低于 500 家，但新加坡则吸引了 4200 家左右的跨国公司设立区域总部，全球最大的 100 家跨国公司中有近 50% 将总部选定在新加坡，这些公司中不乏微软、谷歌、亚马逊、苹果、星巴克等巨头。如果不局限于区域总部的话，入驻新加坡的大大小小的外国公司达 26000 余家，其中 10000 家以上来自北美、欧洲和日本。

2. 实行宽松的外汇管制

1978 年，新加坡政府以大胆的改革举措全面放开外汇管制，开启了国际资本自由流动的新篇章。它不仅允许外汇自由汇入汇出，还彻底取消了对外资银行、外资企业、外国投资者以及外籍人员的汇款币种和金额限制，本地借款融资以及汇回投资收益等方面的种种限制也被一并解除，真正实现了国际资本的自由流动。1984年，新加坡政府批准设立国际金融交易所（SIMEX），这是亚洲首家兼具金融期货与商品期货功能的交易所，标志着新加坡金融市场的重大突破，也成为继芝加哥、纽约和伦敦之后全球第四个综合性期货市场。20世纪90年代初，新加坡构建了一个功能多元化的金融市场体系，涵盖货币市场、证券股票市场、期货市场、外汇市场、黄金市场以及亚洲美元市场等多个领域，进一步巩固了新加坡作为国际金融中心的地位，也为亚洲乃至全球的资本流动提供了重要平台。外资企业在新加坡各大银行，如星展银行、大华银行、华侨银行等均可申请开立多币种外汇账户，企业利润汇出无限制也无特殊税费。

3. 贸易和投资自由化便利化

新加坡一直以来都积极致力于推进贸易和投资的自由化便利化，为外国投资者和企业创造了极为有利的营商环境。其关税政策极为宽松，对绝大多数商品都实行免征关税的政策，这一举措极大地促进了商品的自由流通，使新加坡成为全球贸易的重要枢纽。此外，新加坡还推行了负面清单管理模式，明确规定了在清单之外的行业中，外国投资者和企业享有与本国企业同等的待遇。这一政策的实施，进一步降低了市场准入的门槛，极大地激发了外国投资者的投资热情，吸引了大量外资涌入新加坡。这些举措不仅增强了新加坡的国际竞争力，也为其经济的持续繁荣和发展奠定了坚实的基础。

（五）公开透明的企业经营环境

1. 多渠道信息公开

新加坡对于营造公平透明的商业环境不遗余力，主要政策和监管均通过建立综合性网站等方式为企业提供信息公示、政策申报、动态跟踪等服务。新加坡政策制度的公开路径主要包括以下几个方面：一是政府官方网站。这是市场主体获取政策制度信息的重要途径。政府网站上通常会发布最新的政策文件、公告和法规，公众可以通过浏览相关栏目或搜索特定关键词来找到所需的信息。这些网站不仅提供政策的全文内容，还附有政策的解读、实施细则以及相关的背景资料，有助于公众全面理解政策。二是政府部门网站。这些网站上会发布与该部门职责相关的政策信息。例如，关于移民政策，可以访问新加坡移民与关卡局的官方网站；关于教育政策，可以访问新加坡教育部的官方网站。这些部门网站通常会提供详细的政策解读、申请流程、所需材料等信息，方便公众了解和办理相关业务。三是新闻媒体。新加坡的报纸、电视台和新闻网站会及时报道政府的政策动态和相关新闻。这些媒体通常会通过采访政府官员、专家解读等方式，为公众提供深入的政策分析和解读。公众通过关注这些媒体，可以了解到最新的政策变化及其对社会和经济的影响。四是专业咨询机构。这些机构通常拥有丰富的研究资源和专业知识，能够为客户提供详细的政策分析和解读，他们还会根据客户的需求，提供定制化的政策咨询服务，帮助客户更好地理解和应对政策变化。总之，这些路径共同构成了新加坡政策制度信息公开的立体网络，确保了企业和个人能够及时、准确地获取相关政策信息，参与政策讨论和监督政策实施。

2. 严格的政府审计与监管

新加坡政府审计是确保企业透明度与合规性的重要手段。新加坡审计署（AGO）作为独立机构，负责对政府机构和公共机构的财务状况和业务运营进行审计。审计工作严格遵循国际审计准则和标准，确保审计的公正性和专业性。审计报告通常会公开发布，以保证审计的透明度和公信力。法定审计也是企业可持续发展和投资保护的重要一环。根据《公司法》和《注册会计师法》规定，所有新加坡注册公司都需要在一定时间内进行审计，且审计报告必须由新加坡注册会计师事务所颁发。此外，新加坡证券交易所还设立了一个专门的委员会负责监督上市公司审计，并确保其符合国际会计标准。新加坡政府通过加强监管和审计，提高了企业环境的透明度。企业和公众可以通过审计报告了解企业的财务状况和运营情况，从而评估企业的可信度和稳定性。同时，审计报告也可以作为投资决策和商业合作的重要参考依据。

（六）亚洲领先的创新能力

1. 制订可持续产业创新计划

通过产业创新发展计划，新加坡实现了显著的生产力提升和经济快速增长。自 2016 年新加坡政府推出第一版产业转型蓝图，鼓励各行业进行创新突破，提高生产力和发展新技能。2022 年，新加坡政府推出了第二版产业转型蓝图，涵盖的 23 个产业领域占据了新加坡经济的近 80%，整个蓝图由未来经济委员会（FEC）负责制定和实施，确立新加坡经济的未来发展将主要依靠科学技术和创新的能力。政府通过“研究、创新与企业 2025 计划”，在 2021 年至 2025 年期间投入了大量资金用于研发，加快推动了城市可持续发展以及医疗保健和先进制造业等领域的发展。

新加坡还在积极制订 2026 年至 2030 年的研发计划，鼓励企业加大科技和创新的投入力度，并寻求与国际伙伴建立研发合作关系。政府继续巩固劳资政之间的互相信任关系，以继续合作发展。此外，新加坡还明确了接下来国家的四大发展重点之一，即巩固新加坡作为企业在亚洲开展业务的基地地位。东南亚作为全球经济增长最快的地区之一，新加坡认为自身有能力促进并参与亚洲经济的持续增长，希望成为企业进行研究、创新和产品开发的基地。新加坡工商联合总会每年都会推出系列活动，让企业界那些在未来经济创新和可持续发展方面已有所成的领先公司，成为其他公司学习和发展的榜样。

2. 设立高层次的创新实验室

作为全球的创新中心，新加坡以全球研发实验室为特色，为财富 500 强公司打造出生机勃勃的创新生态体系。新加坡的创新实验室众多，涵盖金融科技、人工智能、生物技术等多个领域。比如，成立于 2016 年的 PayPal 创新实验室，一站式融合了创企、开发者、学生和创新者，针对不同阶段的公司提供不同的项目，通过与政府机构、行业协会和中小企业合作支持新加坡创新和研发、创业、人才和技术发展；又如 Visa 创新中心可供客户、供应商和合作伙伴与亚太地区的各地金融科技开发者一起合作、设计并测试新的数字支付体验。而花旗创新实验室则利用新的网络、移动端、供应链和分析技术，让花旗的机构客户更有创意地参与进来，为客户打造最有效的产品和服务。另外，还有华为AI实验室、澳大利亚和新西兰银行集团的ANZ蓝色空间创新实验室、中国银行的创新实验室、渣打数字加速实验室、埃森哲新加坡数字中心、EY新加坡交织空间、IBM新加坡工作室、微软新加坡科技中心（MTC），等等，这些实验室在各自的领域内发挥着重要作用，成为新加坡科技创新的重要引擎，推动了新加坡经济社会快速发展。这些实验室还通过举办国际学术会议、技术研讨会等活动，加强了与国际科技界的交流与合作，提升了新加坡在全球创新中的地位。

二、借鉴价值与启示

（一）政府主导，顶层设计

新加坡政府将营商环境建设视为国家发展的核心战略，通过设立专门机构如经济发展局，制定明确的目标和详细的实施路线图，确保政策的连贯性和执行力。这种自上而下的顶层设计不仅为营商环境的持续优化提供了制度保障，还确保了各项政策能够高效落地。政府实施的“智慧国家2025”计划，就是将数字化作为提升政府服务效率的重要手段，另外推动“一站式”服务平台建设，极大简化了企业开办和运营的流程。这些政府主导的模式，让新加坡能够在全球范围内保持竞争力，成为企业投资的首选地之一。

新加坡政府在优化营商环境方面展现出了卓越的长远规划和持续改进能力，这不仅体现在其对当前问题的解决上，更反映在其对未来发展趋势的前瞻性布局中。政府建立了完善的评估机制，定期对营商环境进行系统性审查，并通过国际对标，学习全球最佳实践。例如，积极参与世界银行的《营商环境报告》评估，并根据评估结果精准识别短板，制定有针对性的改革措施。这种以数据为导向的政策优化方式，使新加坡能够快速适应全球经济环境的变化、及时调整政策方向，确保其营商环境始终处于全球领先水平。

（二）法治保障，公平透明

新加坡通过建立完善的法律体系和严格的执法机制，为企业提供了稳定、可预期的营商环境。它的法律体系以清晰、简洁和高效著称，涵盖了商业活动的各个方面，从企业注册、知识产权保护到合同执行、破产清算，都有明确的法律规定。一方面，法律的全面性和透明度，让企业能够清晰地了解自身的权利和义务，降低了运营中的法律风险；另一方面，政府通过严格执法，确保法律得到有效执行，如反腐败法律极为严厉，任何形式的贪污行为都会受到严惩，零容忍的态度最大可能地杜绝了腐败和权力滥用的现象。

新加坡在政策制定和执行过程中始终坚持公平透明的原则，任何经济发展政策，都广泛征求企业和公众的意见，确保决策的科学性和合理性。在制定新的商业法规时，政府会通过公开咨询、听证会等形式，听取各利益相关方的建议，并在政策实施前进行充分的宣传和解读，确保企业能够及时了解并适应新政策。政府还通过数字化手段提升政策执行的透明度，如企业可以通过在线平台实时查询政策信息、办理各类手续，极大地提高了政府服务的效率和透明度。

（三）数字赋能，高效便捷

新加坡通过大力推进“智慧国家”战略，将数字化技术广泛应用于政府服务和商业活动中，显著提升了营商环境的效率和便捷性。一方面，开发了多个数字化平台，如企业注册系统和个人数据平台，使企业能够在线完成注册、税务申报、许可证申请等各类手续，极大地简化了流程，缩短了办理时间；另一方面，还通过数据共享和互联互通，打破了部门之间的“信息孤岛”，实现了“一站式”服务，企业无须重复提交材料，减少了烦琐的行政负担。技术创新和数字化转型实现了政府服务的高效化和便捷化，降低了企业的运营成本，提升了区域整体竞争力。

新加坡在数字赋能过程中注重用户体验和数据安全，为企业提供了可靠和透明的数字化服务。政府始终以用户需求为导向，通过不断优化数字化平台的功能和界面，确保企业和个人能够轻松使用。它的“SingPass”数字身份系统为企业和个人提供了安全便捷的登录方式，用户可以通过一个账户访问多个政府服务，极大地提升了使用体验。新加坡政府高度重视数据安全和隐私保护，制定了严格的数据保护法律，如《个人信息保护法》(PDPA)，并建立了完善的数据安全管理机制，确保企业和个人的信息不被滥用或泄露。对用户体验和数据安全的双重关注，让新加坡的数字化服务不仅高效便捷，而且值得信赖。

(四)开放包容，吸引外资

新加坡通过实行高度开放的经济政策和自由贸易战略，成功吸引了大量外资企业入驻。政府始终秉持开放的态度，积极参与全球贸易体系，签署了多项自由贸易协定(FTA)，为企业提供了丰富的市场准入机会。新加坡与全球主要经济体如中国、美国、欧盟等签订了自贸协定，使在当地注册的企业能够以较低的关税进入这些市场，极大地增强了其国际竞争力。政府还通过建立自由贸易区和港口枢纽，为企业提供高效的物流和供应链支持。新加坡港作为全球最繁忙的港口之一，其高效的物流网络和先进的仓储设施使企业能够快速将产品运往全球各地。开放的经济政策加之优越的地理位置，新加坡成为跨国公司设立区域总部的首选地。

新加坡在吸引外资过程中注重营造公平透明的政策环境，并通过一系列激励措施增强外资企业的信心。政府通过完善的法律体系和严格的执法机制，确保外资企业在新加坡享有与本土企业同等的权利和义务。新加坡的《公司法》和《竞争法》明确规定了市场公平竞争的规则，禁止任何形式的垄断和不正当竞争行为，为外资企业提供了公平竞争的平台。政府还通过税收优惠、补贴和融资支持等激励措施，吸引外资企业投资。比如，新加坡的企业所得税率远低于全球平均水平，加之为特定行业和高新技术企业提供额外的税收减免政策，增强了外资企业长期发展的信心和安心经营的归属感。

（五）人才为先，创新发展

新加坡通过实施积极的人才战略，吸引了全球顶尖人才，为企业的创新和发展提供了强大的智力支持。政府始终将人才视为国家发展的核心资源，通过一系列政策吸引和留住高层次人才。政府推出的“全球投资者计划”和“科技准证”为高技能人才和企业家提供了快速签证和居留权，使他们能够在新加坡工作和生活。新加坡还通过与国际顶尖大学和研究机构合作，建立了世界一流的教育和科研体系，培养了大量本土人才。新加坡国立大学和南洋理工大学在全球大学排名中名列前茅，为企业输送了大量高素质的毕业生。“引才”与“育才”相结合让新加坡成为全球人才高地，为企业创新提供了源源不断的动力。

新加坡通过营造良好的创新生态系统，为企业提供了广阔的创新空间和支持。政府高度重视科技创新，通过一系列政策和资金支持，鼓励企业进行研发和创新。比如政府设立“研究、创新与企业 2025 计划”，在未来五年内投入 250 亿新元，支持人工智能、生物医药、可持续能源等前沿领域的研发。通过建立创新孵化器和科技园区，为企业提供从初创到成熟的全程支持。新加坡的“启奥城”和“启汇城”是亚洲知名的生物医药和信息技术研发中心，吸引了大量初创企业和跨国公司入驻。创新生态系统为企业提供了技术支持和资源共享的平台，大大促进了企业之间的合作与交流，推动了整个产业的创新发展。

第十一章

国内优化营商环境典范城市

一、上海：构筑高水准金融营商环境的样板

上海作为中国的金融中心，始终致力于打造国际一流的金融营商环境。近年来，上海实施了一系列卓有成效的举措：率先设立金融法院，完善金融法治保障；加速外资金融机构集聚，提升金融市场的国际化水平；打造一站式金融服务平台，提高金融服务效率；不断完善金融人才培养体系，为金融行业发展提供智力支持；建立健全金融风险预警和处置机制，筑牢金融安全防线。通过这些举措，上海持续优化金融生态，提升国际金融中心能级，为实体经济发展注入了强劲动力。上海优化金融营商环境的成功实践，不仅为实体经济发展提供了强有力的金融支持，也为我国其他省市提供了可复制、可推广的经验。可以预见，随着各地积极借鉴上海经验，不断优化自身的金融营商环境，我国金融业将迎来更为广阔的发展空间，为经济高质量发展提供更加坚实的支撑。

（一）主要做法

1. 健全完善金融政策体系：以制度创新引领金融开放

（1）构建多层次政策框架，服务国家战略需求

上海市围绕“国际金融中心”“自贸区建设”“长三角一体化”等国家战略，构建“中央授权 + 地方创新”的立体化政策体系。2020 年上海自贸区临港新片区推出《全面深化国际一流营商环境建设实施方案》，在跨境资金池、离岸金融等领域突破传统监管限制，允许跨国公司开展本外币一体化资金池试点，2023 年超百家跨国企业通过该政策实现跨境资金高效调配，累计结算规模突破 5000 亿元。上海还印发了《关于加快推进上海全球资产管理中心建设的若干意见》，明确到 2025 年资产管理规模突破 30 万亿元的目标，通过税收优惠、市场准入放宽等政策吸引贝莱德、桥水等国际资管巨头落户。

（2）聚焦重点领域精准施策，破解行业痛点

针对科创与绿色金融等引领未来经济发展的关键领域，上海积极出台了一系列差异化支持政策。2023 年，上海市政府印发了《上海高质量推进全球金融科技中心建设行动方案》，提出通过优化科技信贷服务、强化资本市场支持等举措，助力国际科技创新中心建设。该方案的一项重要内容是深化与央行政策性工具的联动，例如推动商业银行积极运用人民银行科技创新再贷款（2022 年国家层面设立，额度 2000 亿元），为科创企业提供低成本资金。在绿色金融领域，上海环境能源交易所主动担当，牵头制定了《上海市碳普惠体系建设工作方案》，旨在构建完善的碳减排激励机制，在此基础上，金融机构积极开发出了一系列碳质押融资产品，浦发银行积极探索，2022 年为宝武钢铁集团提供了 10 亿元的碳排放权质押贷款，这一创新融资模式不仅拓宽了企业的融资渠道，更为其低碳转型提供了强有力的金融支持，展现了绿色金融在推动可持续发展方面的巨大潜力。

（3）强化政策动态评估，提升落地实效

上海致力于构建"政策制定—实施评估—动态优化"的闭环管理机制，以提升金融政策的精准性和有效性。2023 年，上海市地方金融监督管理局与复旦大学等高校合作开展金融政策实施效果评估研究，相关成果通过学术报告形式发布。评估显示，通过普惠金融贴息、担保增信等政策组合，上海中小微企业综合融资成本较 2021 年下降约 1.5 个百分点；但在直接融资领域，科创企业股权融资占比（2023 年约 12%）仍低于硅谷等国际创新中心（25%+）。针对这一问题，上海提出优化创投生态的具体措施，包括对符合条件的天使投资个人，按国家政策给予投资额 70% 抵扣应纳税所得额；通过上海科创基金等平台扩大对早期项目的覆盖，2023 年新增合作子基金规模 150 亿元等。

2. 提升金融政务服务效率：打造"数字政府 + 人性服务"双引擎

（1）深化"一网通办"改革，实现全流程数字化

上海在全国范围内率先实现了金融类政务服务的全面数字化转型，即

100% 的事项均可通过“一网通办”平台高效办理，极大地优化了外资金融机构的设立审批流程。现在外资金融机构仅需通过“随申办”平台，便能轻松实现材料的线上提交、电子签章的快速认证，以及审批进度的实时追踪，这些数字化举措使办事效率显著提升。2023 年，渣打银行就充分利用了这一平台的便捷性，成功设立了中国首家外资独资期货公司——渣打期货，整个审批流程仅耗时 8 个工作日，再次验证了“一网通办”的高效与便捷。上海还推出了创新的“智能预审”系统，该系统运用先进的 AI 算法，能够自动识别并提示申报材料中可能存在的缺失项，这一举措使企业的申报一次性通过率从原来的 60% 大幅提升至 92%，进一步提升了政务服务的质量和效率。

（2）建立“服务专员 + 首问负责”制度，优化政企互动

陆家嘴金融城在全国率先推行“金融管家”这一创新服务模式，旨在为每一个重点金融机构提供专属的、全方位的服务体验。这一模式下，每个金融机构都配备有服务专员，他们如同企业的贴身助手，随时准备解决各种问题和需求。以 2022 年瑞银证券为例，当公司计划进一步扩大在华业务范围时，遇到了包括 QFII 额度申请、跨境担保备案等在内的多项复杂问题。得益于“金融管家”服务模式的支持，服务专员迅速协调市场监管、外汇管理等相关部门，仅用 3 天就成功解决了 6 项棘手问题，为瑞银证券的业务拓展铺平了道路。随后一年内，该公司的资产管理规模实现了 40% 的显著增长。与此同时，上海金融局也建立了“首问负责制”台账管理系统，确保企业的每一个诉求都能在 48 小时内得到响应。2023 年，该系统累计解决企业提出的 3200 余个问题，满意度高达 98.6%。

（3）创新监管沙盒机制，平衡安全与效率

上海自贸区在全国范围内开创性地设立了首个“金融科技监管沙盒”，这一创新举措为金融科技企业在特定且安全的场景内测试其前沿产品提供了宝贵的平台。通过这一机制，企业能够在实际运营场景中，对新技术、新产品进行充分的验证与优化，有效降低了市场风险。以支付宝为例，该公司充分利用了“金融科技监管沙盒”的优势，成功试点推出了“区块链跨境汇款”

服务。该服务实现了从香港至上海的跨境汇款在短短 3 秒内即可到账，同时手续费相比传统方式降低了 80%，极大地提升了跨境支付的效率与便捷性。截至 2023 年，上海自贸区的“金融科技监管沙盒”已经助力 47 个创新项目完成了测试并成功实现了商业化落地，这些项目的成功不仅推动了金融科技行业的快速发展，更为上海金融科技交易规模的持续扩大注入了强劲动力。据统计，上海金融科技交易规模已突破 3 万亿元大关，彰显了上海在全球金融科技领域的领先地位与强大竞争力。

3. 强化金融基础设施建设：构建全球领先的金融“硬实力”

（1）打造国际级支付清算网络

上海在金融领域的创新举措不断推动着人民币国际化的进程，其中人民币跨境支付系统（CIPS）与 SWIFT 系统的成功互联尤为引人注目。这一互联不仅拓宽了人民币跨境支付的渠道，更提升了支付效率。据统计，2023 年 CIPS 日均处理的业务量已达到惊人的 1.2 万笔，业务范围覆盖全球 108 个国家和地区，彰显了人民币跨境支付系统的强大处理能力和广泛影响力。在实际应用中，中石油通过 CIPS 系统成功完成了对俄罗斯天然气工业股份公司的 50 亿元跨境结算，这一过程相比传统方式节省了 2 天，极大地提高了资金流转的效率。此外，上海票据交易所推出的“供应链票据平台”也在推动应收账款票据化流转方面取得了显著成效。三一重工便是这一平台的受益者之一，通过该平台，三一重工成功将账期从 90 天缩短至 7 天，有效盘活了 80 亿元的资金，为企业的稳健运营提供了有力的金融支持。这些创新举措不仅提升了金融服务的效率与质量，更为上海乃至中国的金融开放与国际化进程注入了新的活力。

（2）建设高能级金融数据枢纽

上海金融数据港作为国内金融科技的领头羊，成功建成了首个“金融云数据中心集群”，这一集群不仅汇聚了上交所、中债登等金融核心机构的海量数据，还通过先进的云计算技术，实现了数据的高效存储与处理。2023 年，上海金融数据港再次迈出重要一步，上线了“金融数据共享平台”。该平台整合了来自工商、税务、海关等30个政府部门的权威数据，形成了一个全面、准确、及时的数据资源池。这一创新举措极大地丰富了金融机构的数据来源，为其开发更加精准、高效的金融产品提供了有力支持。以微众银行为例，该行依托金融数据共享平台，成功推出了小微企业智能风控模型，使贷款审批时间从原来的3天大幅缩短至3分钟，同时不良率也成功控制在0.8%以下，有效缓解了小微企业的融资难题。

（3）完善市场化征信体系

上海资信有限公司在推动区域信用体系建设方面迈出了坚实步伐，创新推出了“长三角征信链”。这一征信链打破了地域限制，实现了三省一市（江苏、浙江、安徽三省和上海）企业信用信息的互联互通。通过这一平台，企业的信用记录得以跨区域共享，极大地拓宽了企业的融资渠道。例如，江苏某科技型企业，虽然注册地在江苏，但凭借其在浙江的良好纳税记录，成功通过长三角征信链获得了上海银行的500万元信用贷款。这一案例不仅彰显了长三角征信链在破解跨区域融资难题方面的独特优势，也为企业信用体系的进一步完善提供了宝贵经验。截至2023年，长三角征信链已归集数据超过4.2亿条，服务企业数量超过10万家，为区域经济的健康发展注入了新的活力。

4. 推动科技赋能金融发展：构建“技术＋场景”双驱动生态

（1）区块链技术重塑金融信任机制

上海票据交易所积极响应金融科技发展趋势，成功搭建了“区块链数字票据平台”。该平台自上线以来，凭借其不可篡改、透明公开的特性，在2023年处理了高达1.8万亿元的电子商业承兑汇票，有效杜绝了假票风险，极大地保障了票据市场的健康、有序发展。上汽财务公司作为平台的积极用户，通过该平台为其供应商签发了大量票据，不仅流程更加便捷高效，还使融资成本降低了2个百分点，实现了互利共赢。此外，上海法院也充分利用区块链存证技术，在审理金融案件时，通过电子合同哈希值上链存证，确保了数据的真实性和完整性，极大地缩短了审理周期。在某证券纠纷案中，得益于区块链技术的应用，审理周期从原本的 6 个月缩短至 20 天，为案件的快速公正解决提供了有力支持。

（2）人工智能提升金融服务效能

交通银行在金融科技领域不断探索创新，于上海率先试点推出了“AI 智能投顾”服务。该服务通过先进的机器学习技术，深度分析客户的投资偏好和风险承受能力，为客户提供个性化的资产配置建议。截至 2023 年，AI 智能投顾已服务超过 100 万名客户，资产配置准确率也提升至 89%，赢得了广大客户的信赖和好评。在反欺诈领域，银联商务同样展现强大科技实力，利用 AI 模型实时监测交易数据，及时发现并拦截异常交易。据统计，2022 年银联商务成功拦截了电信诈骗交易 120 万笔，为受害者挽回经济损失高达35 亿元，为金融市场的安全稳定贡献了力量。

（3）开放银行构建场景金融生态

浦发银行紧跟开放银行的发展趋势，推出了“API Bank”开放平台，致力于构建更加丰富的场景金融生态。该平台已成功接入滴滴、美团等 200 余家场景方，为用户提供了更加便捷、高效的金融服务。以滴滴司机为例，他们现在可以通过 API 接口实时申请营运贷款，授信审批时间从原来的 3 天大幅缩短至 30 秒，极大地缓解了资金压力。据统计，该服务已累计放款超过50 亿元，为滴滴司机群体提供了有力的金融支持。此外，上海还在积极推动“金融 + 医疗”场景的深度融合，平安医保科技通过开放银行接口实现了商业保险的直接赔付功能，使患者住院押金垫付率下降了 70%，有效减轻了患者的经济负担，提升了医疗服务的质量和效率。

5. 加强金融监管与风险防范：构建“科技 + 法治”双重防线

（1）智能监管系统实现风险穿透式管理

上海银保监局在金融风险管理领域迈出重要一步，成功开发了“金融风险监测平台”。该平台全面接入了全市 2.3 万家金融机构的实时数据，形成了一个庞大而全面的金融风险监测网络。2023 年，通过平台内置的 AI 智能分析模型，成功预警了某 P2P 平台的资金异动情况。监管部门迅速响应，提前 3

个月介入处置，有效避免了可能发生的200亿元资金损失，维护了金融市场的稳定。此外，国家外汇管理局上海市分局也不甘落后，建立了“跨境资金流动监测系统”。该系统在2022年成功发现了1.2万笔异常交易，涉及金额高达800亿元，为打击跨境金融犯罪、维护国家金融安全提供了有力支持。

（2）法治化手段破解金融纠纷难题

上海金融法院在金融纠纷解决机制上进行了大胆创新，首创了“示范判决＋平行案件调解”机制。这一机制在2023年发挥了巨大作用，全年共审结证券虚假陈述纠纷案1.5万件，平均审理周期从以往的数月缩短至45天，大大提高了审判效率。以“康美药业案”为例，该案涉及众多投资者，案情复杂。但通过示范判决的引领作用，成功推动了5.2万名投资者获得总计24.6亿元的赔偿，且执行到位率高达100%，为投资者权益保护树立了典范。

（3）压力测试筑牢系统性风险防线

中国人民银行上海总部在银行业风险防控方面始终保持着高度警惕，每年都会组织银行业金融机构开展极端情景压力测试。2023年的测试模拟了房地产价格下跌30%的极端情景，结果令人欣慰：上海银行业的资本充足率仍然保持在13.5%以上，远高于监管要求的10.5%，显示出上海银行业较强的风险抵御能力。基于这一测试结果，上海监管部门及时采取前瞻性措施，要求银行对高杠杆房企的贷款占比有了新变化，进一步降低了银行业的潜在风险。

6. 促进金融与实体经济深度融合：构建“产业＋资本”共生体系

（1）供应链金融畅通产业循环

上海电气集团携手工商银行，共同推出了“装备制造链金融平台”，这一创新举措为装备制造产业链上的供应商提供了全新的融资途径。供应商仅凭手中的订单，即可在该平台上获得急需的资金支持，极大地缓解了融资难、融资贵的问题。某零部件企业便是这一平台的受益者之一，通过该平台，该企业成功获得了3000万元的预付账款融资，不仅解决了资金短缺的燃眉之急，还使生产周期缩短了40%、生产效率大幅提升。2023年，这一成功的融资模式被复制到长三角区域的2000家供应商中，有效带动了整个产业链产值的增长，增幅高达 15%。

（2）科创板助力硬科技企业腾飞

截至 2023 年底，科创板上市企业数量已增至 580 家，其中上海企业占据了 25% 的份额，显示出上海在科技创新和资本市场领域的强大实力。中芯国际、君实生物等知名企业纷纷通过科创板成功融资，累计融资金额超过 5000 亿元，为企业的研发创新和市场拓展提供了坚实的资金支持。华虹半导体作为科创板的一员，上市后其研发投入大幅增长了 300%，科研实力得到显著提升。特别是在 7 纳米芯片领域，华虹半导体的良品率已突破 95%，达到国际领先水平，为中国半导体产业的发展贡献了重要力量。

（3）普惠金融润泽小微经济

建设银行上海分行积极响应国家支持小微企业的政策号召，推出了“惠懂你”App 这一便捷的线上贷款服务平台。该平台充分利用大数据和人工智能技术，基于企业的纳税数据，为小微企业提供快速、低息的贷款服务。2023 年，“惠懂你”App 已服务超过 10 万户小微企业客户，户均贷款金额达 38 万元，且贷款利率低至 3.85%，极大地降低了小微企业的融资成本。静安区某餐饮企业便是该平台的受益者之一，在新冠疫情后急需资金恢复经营时，通过“惠懂你”App 成功获得了 50 万元的贷款支持，使企业得以迅速恢复经营，为企业的持续发展奠定了坚实基础。

7. 打造国际化金融人才高地：构建“引育留用”全链条生态

（1）开放政策吸引全球顶尖人才

上海市政府为了吸引并留住海外高端金融人才，推出了“海外人才蓄水池计划”，旨在通过一系列优惠政策，打造更具吸引力的金融人才生态环境。该计划对符合条件的金融高管给予了 15% 的个人所得税优惠，极大地减轻了他们的税负压力。2023 年，高盛集团亚太区总裁施南德便成为这一政策的受益者，他通过该政策节省了超过 500 万元的个税，这不仅体现了上海市政府对金融人才的重视，也进一步坚定了施南德将高盛集团亚太总部迁至上海的决心。与此同时，浦东新区也积极响应，推出了“金融人才居留许可绿色通道”，将居留许可的办理时间从原来的 15 天大幅缩短至 3 天，为金融人才提供了更加便捷、高效的服务。

（2）校企合作培养复合型人才

上海交通大学上海高级金融学院与全球知名金融机构摩根大通携手共建了“量化金融实验室”，致力于培养精通人工智能与金融的复合型人才。2023 年，该实验室成功为金融行业输送了 300 名优秀毕业生，他们不仅掌握了先进的量化金融技术，还具备扎实的金融理论基础，成为金融行业的新锐力量。据统计，这些毕业生的平均起薪高达 45 万元，较传统金融专业的毕业生高出 40%，充分展示了量化金融领域对高端人才的强烈需求以及该领域的高薪待遇。

（3）国际社区营造人才归属感

前滩国际社区作为上海新兴的国际化社区，专为金融人才量身打造了“金融人才公寓”，提供了一系列贴心的服务。公寓不仅租金合理，还提供了子女国际学校学位等福利，让金融人才在上海的生活更加便捷、舒适。贝莱德集团中国区总经理汤晓东便是该社区的居民之一，他入住后表示：“从纽约到上海，我的生活衔接零障碍。”这充分说明了前滩国际社区在打造国际化生活环境方面的成功。目前，该社区已集聚了 2000 名外籍金融人才，形成了一个充满活力、多元文化的国际化生活圈，为上海的国际金融中心建设提供了有力的人才支撑。

（二）启示

1. 制度创新与动态治理是实现金融开放的核心引擎

上海市通过构建“中央授权 + 地方创新”的立体化政策框架，精准对接国家战略与市场需求，展现了制度创新对金融开放的引领作用。例如，自贸区临港新片区突破传统监管限制，允许跨国公司开展本外币一体化资金池试点，这一政策既服务于国家“双循环”战略，又解决了企业跨境资金调配的痛点。同时，上海通过动态评估机制，实时监测政策效果，并及时调整优化，例如，针对科创企业股权融资短板推出“创投税收返还计划”，体现了政策的灵活性与适应性。这种“顶层设计＋动态反馈”的治理模式，契合制度经济学中“适应性效率”理论，即通过制度弹性降低市场交易成本，实现资源配置效率的最大化。从更深层次看，上海实践揭示了现代金融治理的关键逻辑：制度创新需以市场需求为导向，通过“政策工具箱”的动态校准，实现激励相容。例如，差异化支持科创与绿色金融的政策设计，既符合产业升级趋势，又通过税收优惠、风险分担等机制调动市场积极性。这种“需求响应型”制度创新，超越了传统“一刀切”政策模式，为全球金融开放提供了新范式。

2. 数字治理与科技赋能重塑金融生态底层逻辑

上海“一网通办”改革与“金融科技监管沙盒”等实践，展现了数字技术对金融治理的范式革命。通过 AI 预审系统将申报通过率提升至超 92%，区块链跨境汇款实现 3 秒到账，本质是利用技术重构金融服务的生产函数——以近乎零边际成本扩展服务边界。这印证了金融科技理论中“长尾效应”与“网络外部性”的叠加作用：数字化平台打破时空限制，使普惠金融、跨境支付等过去高成本业务成为可能。而监管沙盒机制则通过“隔离环境测试＋风险可控推广”，在创新与安全间找到平衡点，体现了“敏捷治理”理念。从系统论视角看，上海构建的“支付清算—数据枢纽—征信链”基础设施网络，实质是打造金融生态的“数字孪生体”。例如，长三角征信链归集 4.2 亿条数据，形成跨区域信用映射，降低了信息不对称导致的摩擦成本。这种基于数据要素的新型基础设施，不仅提升了市场运行效率，更通过标准化接口（如 API 开放银行）重构了产业协作模式，推动了金融从“机构中心化”向“生态网络化”跃迁。

3. 法治化与智能化协同筑牢风险防控双支柱

上海金融风险防控体系以“科技＋法治”双重融合为特征，开创了现代金融监管的新路径。智能监管系统通过实时监测 2.3 万家机构数据，提前预警 P2P 平台风险，体现了“穿透式监管”理念；金融法院“示范判决＋平行调解”机制则将法治原则与效率诉求结合，使“康美药业案”5.2 万名投资者获赔率100%。这种“技术赋能监管穿透力+法治保障程序正义”的模式，呼应了“监管科技（Reg Tech）”理论的核心主张：通过技术手段提升监管效能，同时以法治框架约束技术应用的边界。进一步看，上海实践验证了“法治金融”理论的核心命题：金融市场稳定需以规则确定性为基础。压力测试将房地产下跌30%等极端情景量化，要求银行调整贷款结构，本质是通过“前瞻性规则”引导市场主体形成稳定预期。这种“规则透明化+压力测试常态化”的治理框架，将风险管理从被动应对转向主动防控，形成“制度韧性”，为系统性风险防范提供了可复制经验。

4. 产融共生与人才生态培育可持续发展动能

上海推动金融与实体经济深度融合的战略，揭示了现代经济中“资本—产业—人才”螺旋上升的发展规律。供应链金融平台将三一重工账期缩短至7天，科创板助力中芯国际研发投入增长300%，本质是通过金融工具重构产业资本循环路径，印证了熊彼特“创新理论”中“信用创造驱动技术革命”的经典论断。而“海外人才蓄水池”“量化金融实验室”等政策，则通过税收优惠、校企协同等组合拳，构建“人力资本增值闭环”，契合新增长理论中“知识溢出效应”的底层逻辑。从更深层看，上海经验凸显了“生态竞争”时代的制胜法则：单一政策优势已让位于“制度—技术—人才”协同生态的比拼。前滩国际社区通过“公寓+国际学校”留住贝莱德高管，展现了对“人才生命周期”需求的系统性响应；而科创贷、碳质押等产品创新，则通过金融工具将环境外部性内部化，推动绿色转型。这种“人才吸引—产业升级—可持续发展”的正向循环，为全球城市竞争提供了“生态位”构建的范例。

二、杭州：全力塑造数字化营商环境的标杆

当今信息化技术日新月异，互联网、物联网、云计算、大数据、人工智能等前沿科技蓬勃发展，正以前所未有的速度推动着工业4.0时代的到来。数字经济作为新兴而强大的力量，有力推动我国经济转型升级，更成为全球经济版图中不可或缺的增长极。在此背景下，构建数字中国的宏伟蓝图

已徐徐展开，浙江省杭州市凭借其前瞻性的战略眼光与坚实的实践基础，在这场数字变革中脱颖而出，成为引领潮流的先锋。自 2018 年始，杭州市政府发布了以《杭州市全面推进“三化融合”打造全国数字经济第一城行动计划（2018—2022 年）》为核心的系列政策文件，旨在通过深化政务改革与优化营商环境，为数字经济的蓬勃发展注入强劲动力。杭州市作为中国数字化改革的先行者，围绕“数字政务、数字平台、数字产业和数字城市”四大核心支柱，以系统性创新思维突破传统治理模式，通过技术赋能、制度重构与生态培育，构建了“整体智治、精准服务、生态共生”的数字化营商环境新范式。其探索实践不仅为全国提供了可复制的经验，更揭示了数字化转型中“技术—制度—人本”三位一体的深层逻辑，对城市治理现代化具有重要启示意义。

（一）主要做法

1. 建立数字治理新模式

（1）构建一体化数字平台，实现治理智能化

在数字化治理新模式的建立中，首要任务是构建一个一体化、智能化的数字平台。这一平台集成了城市管理、公共服务、应急响应等多个功能，实现了数据的互联互通和信息的实时共享。具体而言，杭州市城市管理局围绕“城市运行安全高效健康、城市管理干净整洁有序、为民服务精准精细精致”的目标，打造了城市运行管理服务平台，该平台通过集成各行业的运行数据，全面监管企业安全运行情况，实现了对城市运行的全面感知和智能预警。例如，通过搭建统一物联网平台，直连 19 类 6000 多个物联感知设备，对城市内涝、地下隐患、桥梁超限等城市运行风险进行早期识别预警，有效提升了城市治理的预见性和主动性。杭州市还注重平台的应急响应能力，依托城市运行管理服务平台，形成了从信息收集到协同处置再到分析复盘的闭环管理模式。通过构建“135 快速反应、103060 应急处置”机制，成功处置了多起城市运行突发事件，有效保障了城市的安全和稳定。在公共服务方面，杭州

市上线了“贴心城管”应用，提供了人行道违停罚缴、找车位、找便民服务点等14个在线服务事项，实现了民生事项“掌上办”。这些服务的智能化和便捷化，大大提升了市民的满意度和幸福感。

（2）推动行业应用数字化，实现治理精细化

在数字化治理新模式的建立中，注重推动行业应用的数字化。通过搭建市政公用、环卫固废、综合执法等系列行业应用，实现了行业管理的智能化和精细化。以“文管在线”为例，该平台是杭州市文化市场数字化治理的重要成果。它按照“一个驾驶舱、三大场景、23个子场景、N个多跨协同”的整体架构，打造了网络文化市场、旅游市场、文化经营场所等3个监管场景。通过自动抓取和构建风险评估预判模型等手段，实现了对网络文化市场的全量监测和智能审核，处理能力显著提升。例如，在网络表演主播的监管中，“文管在线”可进行24小时监测，每小时审核图片7.2万张，有效引导各经营主体和平台更加注重经营行为规范。在旅游市场监管方面，“文管在线”接入了全国旅游电子合同、旅行社ERP团队信息等基础数据，利用文字识别、结构化分析等技术，对团队旅游电子合同规范性签订情况进行智能分析，自动生成预警信息，实现了旅游市场全方位、数字化监管。这些行业应用的数字化，不仅提升了治理效率，也推动了行业的规范化和智能化发展。

（3）创新治理机制，实现治理协同化

在数字化治理新模式的建立中，注重创新治理机制，实现治理的协同化。通过打破部门间、政企间的信息壁垒和“数据孤岛”，推进了治理机制和治理方式的重塑。在市域社会治理方面，杭州市成功完成了市域治理数据中心的建设，并在智能创新应用、五大领域安全风险防范系统建设等方面取得了显著突破，通过数据驱动实现信息的全面整合，利用先进的分析技术深入挖掘数据背后的价值，构建了智能预警系统提前发现并处理潜在风险。在地下空间治理方面，杭州市运用数字孪生技术搭建了城市地下隐患智能防范应用场景与地下市政基础设施综合管理应用场景，通过全面排查城市家底、摸清风险源头，为精准、精细治理提供了支撑。同时，建立了迭代算法和风险研判

模型，实现了风险隐患的精准推送和快速处置，提升了地下空间治理的效率和精度，也保障了城市的安全运行。此外，杭州市还注重加强跨部门、跨地区的预警信息协同处置机制建设，通过贯通市、县（市、区）、乡镇（街道）三级政府和相关执法部门的数据共享及协同处置流程，实现了风险预警、实时取证、多跨处置、多维评价的数治监管闭环，这种协同化的治理机制大大提升了城市治理的整体效能和应对突发事件的能力。

2. 完善数字化法律环境

（1）构建数字经济法治框架

杭州市人大常委会在立法选题上展现出前瞻性和创新性，选择跨境电子商务、智能网联车辆、数字贸易、数据流通交易等数字经济的关键领域作为切入点，相继制定出台了一系列地方性法规。例如，《杭州市智能网联车辆测试与应用促进条例》为智能网联汽车的测试、应用和管理提供了法律依据；《杭州市数字贸易促进条例》则明确了数字贸易的概念、范围和业态模式，为数字贸易的健康发展提供了法律保障。尤为值得一提的是，《杭州市数据流通交易促进条例》的出台，标志着杭州市在数据流通交易领域的法治建设迈出了重要一步。该条例旨在促进数据要素市场化配置、优化数据流通交易市场环境、推动数据产业高质量发展，条例明确了数据权益、数据与授权、数据要素市场培育等关键领域，为数据流通交易提供了全面的法律保障。杭州市还注重立法内容的创新性和灵活性，通过“软法柔治”引领数字经济创新。在守牢数据安全底线的前提下，从制度上留足创新空间和监管弹性，以适应数字经济的快速变化。对于能够通过市场或自律机制解决的问题，政府不再干预；对于能够通过事后监管处理的问题，不再强调事前审批；对于能够通过经济、技术手段应对的问题，不再设定额外的行政负担。

（2）提升数字化执法效能

在执法层面，注重加大数字经济领域的执法力度，维护市场秩序和公平竞争。杭州市市场监管局、网信办等部门积极开展数字经济领域的执法检查，打击各类违法违规行为。针对网络交易中的虚假宣传、不正当竞争、侵犯消费者权益等问题，杭州市市场监管局加大了网络交易监管力度，建立了网络交易监测平台和举报投诉机制，及时查处违法行为，维护了网络交易市场的秩序。杭州市还注重加强数字经济领域的知识产权保护。杭州市知识产权局积极开展知识产权执法检查，打击侵犯知识产权的违法行为，通过加强知识产权保护，激发了数字经济领域的创新活力、推动了数字经济的健康发展。在数字经济领域的执法过程中，杭州市还注重加强跨部门协作和信息共享。例如，杭州市数据主管部门与公安、市场监管等部门建立了信息共享机制，实现了数据资源的互通共享和协同执法，这种跨部门协作和信息共享的方式，提高了执法效率和准确性，为数字经济的健康发展提供了有力的保障。

（3）强化数字化司法保障

两级法院积极构建适应数字经济社会高质量发展的司法保障机制。以杭州互联网法院为例，该法院发布了《关于高标准打造新时代互联网法院的行动计划》，形成“135 行动计划”，充分发挥网络空间治理法治化效能。其审理的一系列案件，如首例“虚拟数字人”侵权案、“AI 换脸”技术侵害公民个人信息案等，不仅彰显了司法在数字经济领域的前沿探索，也为相关领域的法律实践提供了重要参考。杭州市法院系统深化数字法院建设、提升数字诉服水平，通过推动数字技术与司法审判的深度融合，打造以“司法链智能合约、电子督促程序、执前督促程序”等数字化应用为基础的现代化法院，为数字经济企业提供更加便捷、高效的司法服务。此外，还依托数字经济共享法庭，为数字经济企业量身定制司法服务，通过定期走访、座谈交流、在线解疑、远程调解等形式，指导企业防范涉诉风险、化解矛盾纠纷。

3. 打造数字化政务服务平台

（1）构建完善“数智杭州”总门户

以“数智杭州”总门户为核心，推动了政务服务的全面整合与升级，该门户作为全市统一的数字化服务平台，集成了多个部门的政务服务功能，实现了“一站式”服务。首先，各部门对政务服务事项进行了全面梳理和优化，确保事项清单的准确性和完整性。通过数字化手段，企业或群众可以便捷地查询、办理各类政务服务事项，无须再跑多个部门或窗口。其次，“数智杭州”总门户还提供智能导服、在线预约、在线办理、进度查询等功能，进一步提升了政务服务的便捷性和效率，群众只需通过手机或电脑即可随时随地享受政务服务，显著节省时间和精力。最后，杭州市还注重政务服务的数据共享和协同办理。通过跨部门的数据交换和共享，实现了政务服务事项的并联审批和协同办理，有效避免了办事人员在多个部门之间来回奔波的情况。

（2）完善提升“城市大脑”智能中枢

在升级数字化服务平台的过程中，尤为注重提升“城市大脑”这一智能中枢系统，将其作为推动城市智慧化治理的关键引擎。该系统通过深度整合城市运行的海量数据，并运用先进的大数据技术和算法构建智能分析模型，实现了对城市治理全过程的智能化管理和科学决策。“城市大脑”的覆盖范围广泛，涵盖了交通、城管、环保、教育等多个关键领域。在交通领域，它能够实时捕捉并分析交通流量、拥堵状况等信息，为交通管理部门的决策和调度提供精准的数据支持，有效缓解城市交通压力；在城管领域，“城市大脑”则利用高清摄像头和传感器等设备，对城市环境卫生、市容市貌等方面进行全天候的智能监管，及时发现并预警各类城市治理问题，提升城市管理效率。“城市大脑”还具备强大的智能决策功能，通过对数据的深入分析和挖掘，它能够揭示城市运行的内在规律和潜在风险，为政府提供更加科学、合理的决策依据和建议，进一步推动城市治理体系和治理能力现代化，提升城市治理的整体水平和效率。

（3）推动数字技术在细分平台创新应用

积极推动数字技术在公共服务领域的应用和创新。杭州市通过引入各类先进技术，提升了公共服务的智能化和个性化水平。在医疗领域，推出了“健康杭州”平台，实现了医疗资源的整合和共享，市民可以通过该平台享受预约挂号、查询检查报告、在线问诊等服务，大大提高了就医的便捷性和效率。在教育领域，杭州市打造了“学在杭州”平台，为市民提供了丰富的教育资源和学习机会，通过该平台，市民可以参加在线课程、参与学习活动、获取教育资讯等，进一步提升了市民的文化素养和学习能力。杭州市还积极推动了数字技术在社会保障、文化体育等领域的应用和创新，通过数字化手段，实现了对社会保障对象的精准识别和服务；通过数字化平台，提供了多样的文化体育活动和资源，丰富了市民的精神文化生活。

4. 构建数字经济产业生态

（1）数字基础设施建设成效显著

致力于打造全国领先的数字基础设施体系，为数字经济发展提供坚实支撑。杭州率先实现5G网络主城区全覆盖，并积极推进5G网络向乡镇延伸，打造“双千兆”城市。同时，杭州积极布局下一代互联网（IPv6），推动网络基础设施向更高速率、更低时延、更广连接演进。加快建设国家（杭州）新型互联网交换中心，打造全国领先的算力枢纽。积极布局人工智能计算中心、区块链算力平台等新型算力基础设施，为人工智能、区块链等新兴技术发展提供强大算力支撑。积极推进“城市大脑”建设，构建城市级数据资源平台，实现数据资源的汇聚、共享和开放。加强数据安全体系建设，保障数据安全可控。早在2022年，杭州市就已新建5G基站数千个，累计建成基站数量位居全国前列，实现了重点场所5G网络通达率100%的目标。积极推动百兆宽带和千兆接入能力的FTTH建设，行政村宽带覆盖率达到100%，千兆接入能力的FTTH家庭覆盖率为247.6%，为数字经济发展提供了坚实的网络基础。

（2）打造高水平数据交易生态系统

先后出台了《杭州市数据流通交易促进条例》《杭州市公共数据开放管理暂行办法》等政策法规，明确了数据资源管理、数据开放共享、数据流通交易等方面的规则，为数据交易提供了制度保障。成立了华东大数据交易中心，打造数据交易枢纽，并积极推动其升级为国家级数据交易平台，该平台提供数据确权、数据定价、数据交易、数据清算等一站式服务，为数据供需双方搭建了安全、高效、透明的交易环境。积极培育数据经纪人、数据服务商等数据商生态，鼓励企业参与数据交易，激发市场活力，促进数据资源高效流通。设立数据交易专项资金，支持数据交易平台建设、数据产品研发和数据交易生态培育。高度重视数据安全，建立数据分类分级管理制度，加强数据安全风险评估和监测预警，完善数据安全事件应急处置机制，为数据交易提供安全保障。积极参与数据跨境流动国际合作，探索建立数据跨境流动安全管理机制，推动数据安全有序跨境流动，为数字贸易发展提供数据支撑。

（3）加速开发区（园区）企业数字化建设

一方面，大力推进开发区（园区）数字化平台建设。通过建设围绕企业产业链、人才链、创新链、资金链的数字化平台服务体系，加强信息的整合和共享。这些数字化平台不仅为企业提供了便捷的服务和支持，还促进了企业之间的合作与交流、推动了产业链上下游企业的协同发展。另一方面，积极推动企业数字化转型升级。通过引导企业加强数字化建设，推动企业生产环节的标准化和智能化，鼓励企业利用大数据、云计算等先进技术进行业务创新和管理优化，提升企业核心竞争力和市场适应能力，这些举措不仅促进了企业的快速发展，也推动了开发区（园区）整体经济的转型升级和高质量发展。相关部门积极搭建数字经济服务平台，为企业提供政策咨询、技术支持、融资服务等全方位的服务。例如，设立数字经济产业基金，为数字经济企业提供资金支持；建立数字经济专家智库，为企业提供智力支持和技术咨询等。

5. 强化数字人才队伍建设

（1）构建多层次多维度的数字人才培养体系

高度重视数字人才的培养，通过构建多层次、多维度的培养体系，为数字人才队伍建设提供坚实的基础。一是实施数字技术工程师培育项目。积极响应国家号召，实施数字技术工程师培育项目，重点围绕大数据、人工智能、智能制造、集成电路等数字领域新职业，制定颁布国家职业标准，开发培训教程，并分职业、分专业、分等级开展规范化培训和社会化评价，这不仅提升了数字人才的专业技能水平，还为他们提供了更广阔的职业发展空间。二是开展数字技能提升行动。加快开发一批数字职业（工种）的国家职业标准、基本职业培训包和教材课程，并依托互联网平台加大数字培训资源的开放共享力度，同时全面推行工学一体化技能人才培养模式，深入推进产教融合，支持行业企业、职业院校、职业培训机构等加强创新型、实用型数字技能人才的培养。三是举办数字职业技术技能竞赛。积极参与和举办全国技能大赛中的数字职业竞赛项目，如智能制造、集成电路、人工智能等，通过竞赛选拔和激励优秀数字人才，进一步推动数字人才队伍的建设和发展。

（2）创新数字人才引进和激励机制

为了吸引更多优秀的数字人才，杭州市不断创新人才引进和激励机制，为数字人才提供广阔的发展平台和优厚的待遇。一是拓宽引才渠道。杭州市通过项目引进、合作引进等多种方式招才引智，同时积极参与和组织各类引才活动，如“杭向未来”系列引才品牌活动，吸引海内外优秀人才来杭创新创业。二是优化人才政策。出台一系列优惠的人才政策，如住房补贴、子女教育保障、创业扶持等，为数字人才提供全方位的生活和工作保障。同时，将高层次数字人才纳入地方高级专家库，并在住房、落户、就医服务等方面给予支持或提供便利。三是建立激励机制。注重激发数字人才的创新创业活力，通过建立完善的激励机制，如职称评审、荣誉奖励、成果转化收益分配等，鼓励数字人才在科技创新、产业发展等方面发挥更大作用。此外，还积极培育数字经济细分领域专业投资机构，支持数字人才创办或运营“专精特新”企业。

（3）完善数字人才管理和服务体系

为了保障数字人才队伍的稳定和发展，杭州市不断完善数字人才管理和服务体系，为数字人才提供高效、便捷的服务和支持。一是加强人才流动管理。畅通企业数字人才向高校流动渠道，支持高校设立流动岗位，吸引符合条件的企业高层次数字人才按规定兼职。同时鼓励和支持高校、科研院所数字领域符合条件的科研人员按照国家规定兼职创新、在职和离岗创办企业。二是优化人才资源配置。注重优化数字人才资源配置，通过建立健全人才信息库、搭建人才交流平台等方式，促进数字人才在不同行业之间的交流和合作，加强数字人才市场动态监测和分析，为政府决策提供科学依据。三是提升人才服务质量。不断提升数字人才服务质量，通过设立人才服务窗口、开通人才服务热线等方式，为数字人才提供政策咨询、项目申报、就业指导等一站式服务。同时，加强数字人才创新创业载体的建设和管理，为数字人才提供优质的创新创业环境和条件。

（二）启示

1. 以制度创新破除体制壁垒，构建协同高效的政务服务体系

杭州市的实践表明，数字化改革需以制度基座为保障，通过权责重构，形成“数据说话、规则驱动”的治理机制，而非单纯依赖技术升级。这一改革路径的深层逻辑在于：技术赋能必须与制度创新相协同，才能实现治理效能的实质性提升。

从实践维度看，数字化改革面临三重制度性挑战：首先，权责边界模糊导致的治理困境。在传统治理模式下，部门间数据壁垒高筑、权责交叉与真空并存，严重制约了数字化效能的发挥。其次，规则体系滞后带来的适配难题。现有制度框架难以适应数字化时代的需求，往往陷入“新瓶装旧酒”的困境。最后，治理机制僵化引发的创新阻滞。过度依赖技术工具而忽视制度创新，容易导致数字化改革流于表面。破解这些难题，需要构建“制度—技术”双轮驱动的改革范式。在制度层面，应当着力推进权责体系重构，明确数据治理的主体责任，建立跨部门协同机制。通过制度创新打破“数据孤岛”，实现数据资源的整合与共享。在技术层面，要注重将技术应用嵌入制度框架，使技术赋能与制度创新相互促进、相得益彰。

杭州市改革路径的本质是以制度创新释放技术潜能，重构政企互动模式。具体而言，需要构建三个维度的制度保障：其一，建立数据确权与流通规则，明确数据所有权、使用权和收益权的边界；其二，完善数字治理的法律框架，为数字化改革提供法治保障；其三，创新政企协作机制，构建开放包容的数字生态。数字化改革的深入推进，还需要建立动态调适机制。这要求我们既保持制度设计的稳定性，又预留足够的弹性空间，以适应技术快速迭代带来

的新挑战。唯有如此，才能真正实现数字化改革的可持续发展，推动治理体系和治理能力现代化。

2. 以技术赋能驱动精准治理，打造数据驱动的服务生态

杭州市数字技术不仅是效率工具，更是治理范式变革的催化剂，它揭示了数字技术在现代社会治理中的深层价值。从工具理性到价值理性的跃迁，说明数字技术正在重塑社会治理的底层逻辑。

数字技术创新对产业规则的重构体现在三个维度：首先，生产要素的重组。数据作为新型生产要素，正在重构传统的资本、劳动、土地等要素组合方式，推动产业价值链的深度变革。其次，组织形态的革新。平台经济、共享经济等新型组织形态的涌现，打破了传统的企业边界，创造了更具弹性的生产组织方式。最后，价值创造方式的转型。杭州市基于数字技术的个性化定制、柔性制造等新模式，重塑了价值创造的基本逻辑。杭州市"技术—场景—生态"的联动创新，为政务服务开辟了新路径。在技术层面，人工智能、区块链等新兴技术的应用，正在重构政务服务的基础设施。区块链技术的不可篡改性提升了政务服务的可信度，人工智能的智能决策能力提高了行政效率。在场景层面，数字技术催生了"互联网＋政务服务"等新型服务模式，实现了从"群众跑腿"到"数据跑路"的转变。在生态层面，数字技术促进了政府、企业、社会多元主体的协同共治，构建了开放、包容的数字治理生态。

数字化变革对营商环境的影响是深远的。首先，它降低了制度性交易成本。通过数字化手段简化了审批流程、压缩了办理时限，显著提升了市场主体的获得感。其次，它增强了市场透明度。数据共享和信息公开机制的完善，有效降低了信息不对称带来的交易成本。最后，它提升了治理效能。基于大数据的精准监管和智能服务，实现了从粗放式管理向精细化治理的转变。展望未来，数字技术将继续深化对治理范式的重塑。这要求我们以更开放的思维拥抱技术变革，以更包容的态度构建数字生态，以更创新的精神推进治理现代化。唯有如此，才能充分释放数字技术的治理效能，打造更具竞争力的营商环境。

3. 以生态思维培育数字生产力，激活市场主体创新活力

杭州市跳出"政府主导"的传统思维，通过开放数据资源、搭建创新平台，构建"政府—企业—社会"协同共生的数字生态，有效激发了市场主体的创新活力，这一实践探索为数字经济时代的高质量发展提供了有益范式，核心在于构建多元主体协同共治的生态系统，通过制度创新、平台赋能和生态培育，实现了创新要素的优化配置和创新活力的持续释放。

在政府层面，杭州市通过制度创新为数字生态建设提供制度保障。率先推出"城市大脑"建设标准，制定数据开放共享管理办法，建立数字经济领域容错纠错机制。在企业层面，数字生态建设促进了创新主体的协同联动。阿里云、海康威视等龙头企业通过开放平台、共享技术，带动中小微企业创新发展。据统计，杭州数字经济核心产业中，中小企业占比超过80%，形成了"大树底下好乘凉"的良性生态。这种大中小企业融通发展的格局，既提升了创新效率，又增强了产业韧性。在社会层面，数字生态建设激发了全民创新活力。通过举办云栖大会、2050大会等创新活动，营造了浓厚的创新创业氛围。建设"梦想小镇"等众创空间，为创业者提供全方位支持，数字经济领域人才净流入率连续多年位居全国前列，充分体现了数字生态对创新人才的集聚效应。

杭州市协同共生的数字生态有效激发了市场主体创新活力。首先，显著降低了创新成本。通过建设城市数据大脑和产业数据平台，实现了政务数据和产业数据的有效归集与开放共享，企业可以便捷获取研发所需的基础数据、低成本使用先进技术进行创新。其次，大幅提高了创新效率。政府搭建产学研对接平台，促进创新要素高效配置。企业间形成创新联盟，缩短了技术研发周期，数字技术的应用加快了从创意到产品的转化速度。最后，持续拓展了创新空间。数字生态的开放性打破了行业边界，催生了大量跨界创新。传统制造业与数字技术融合，产生了智能制造新模式，这种跨界创新不仅开辟了新的市场空间，还培育了新的经济增长点。总之，良好的数字生态不仅为杭州建设数字经济第一城提供了强大动力，也为全国数字经济发展提供了有益借鉴。

4. 以人本理念弥合数字鸿沟，实现包容性发展

杭州市数字化营商环境的终极目标不是追求技术升级，而是强调“人人可参与、企业得实惠”的发展包容性。这个目标突破了将数字化简单等同于技术升级的认知局限，深刻揭示了数字化改革的本质价值取向。

从理论维度看，这一目标定位体现了数字经济时代的发展伦理。技术升级只是手段，而人的发展才是目的。数字化营商环境建设必须坚持以人民为中心的发展思想，通过技术赋能实现发展机会的普惠共享。这种价值取向的确立，既是对传统发展模式的超越，也是对数字时代发展规律的深刻把握。在实践层面，“人人可参与”意味着要构建开放包容的数字生态。这要求我们弥合数字鸿沟，确保不同群体都能平等参与数字经济活动。要完善数字基础设施，提升全民数字素养，创新数字化公共服务，将数字化服务延伸至社区、乡村，让普通市民也能享受数字化便利。“企业得实惠”则强调要让市场主体真正从数字化改革中获益。通过数字化手段简化审批流程、优化监管方式，减轻企业负担。建设数据交易市场，促进数据要素有序流动，提高资源配置效率。搭建数字化创新平台，促进产学研协同创新，增强企业创新能力，优化创新环境。

实现发展包容性还需要构建长效机制。这包括：建立数字化改革成效评估机制，将发展包容性作为重要评价指标；完善数字权益保护制度，确保数据安全和个人隐私；创新数字治理模式，构建多元主体协同共治格局。未来，数字化营商环境建设将会在全国进一步深化。这要求我们始终坚持以发展包容性为导向，在技术应用中体现人文关怀，在制度创新中彰显公平正义。唯有如此，才能实现数字时代的高质量发展，让数字化改革成果更多、更公平惠及全体人民。

三、深圳：优化新质生产力营商环境的先锋

随着全球经济格局的深刻变化和科技革命的不断推进，发展新质生产力成为世界各国提升竞争力的共同选择。新质生产力强调技术层面的突破，更注重生产要素的创新配置和产业结构的深度转型。营商环境与新质生产力之间存在紧密的互动关系，相互影响。优质的营商环境能够为新质生产力的发展提供良好的基础条件，而新质生产力的发展反过来也要求不断优化营商环境作为支撑。深圳作为中国改革开放的重要窗口，长期以来以其独特的地理优势和政策支持吸引着全球投资者的目光。在全球化加速和数字经济崛起的大背景下，深圳市积极顺应时代潮流，通过构建高效、公平、透明的营商环境来激发新质生产力的发展潜能，对推动区域经济增长具有重要作用。研究深圳市优化营商环境赋能新质生产力的发展路径，可以更好地理解营商环境与新质生产力之间的互动关系，有助于理解城市如何在全球竞争中保持领先地位，为其他城市在制定相关政策时提供有益启示。

（一）具体做法

1. 集聚教育人才资源，营造创新创业的良好氛围

（1）引进国际优质教育资源

深圳自 2017 年起推动引入海外知名高校和教育项目，与美国、英国、新加坡等地的多所大学开展合作，设立联合研究中心和创新实验室，提供国际化的教育资源。例如，深圳大学与美国密歇根大学合作建立联合创新平台，双方共享教育资源、共同开展科研，逐步培养出大量具有国际视野和创新能力的技术人才。深圳市还推出了“孔雀计划”，鼓励海外高端人才来深创业，设立了专项人才引进基金，并为创新型青年创业者提供政策支持、融资补贴及办公空间。通过这些举措，深圳在本地形成了高水平教育资源与产业实践的融合，不仅满足了新质生产力对人才的需求，也有效激发了青年人才的创业热情，带动了一批高成长性企业的兴起，逐步构建起有国际竞争力的创新

生态系统。

（2）促进产学研深度融合

2019年出台的《深圳市科技计划管理改革方案》为产学研合作提供了资金支持和制度保障，鼓励本地高校、科研机构和企业构建紧密合作关系。深圳大学积极响应，与大疆创新等知名企业共建创新实验室，重点研究无人机技术和智能控制系统，为企业提供重要的技术支持，并为学生提供丰富的实践机会，逐步形成应用型人才培养的合作机制。深圳市推动“深港科技创新合作区”建设，通过汇聚深港两地资源，打造区域性产学研协同创新中心。华为、腾讯等企业与香港高校深入合作，共同开展人工智能和大数据等前沿领域的研发，有效推动了科研成果向产业化转化。这些举措不仅促进了技术创新、提升了企业竞争力，也获得了良好的社会评价，为深圳构建开放、协同的创新生态奠定了坚实基础。

（3）鼓励青年创业与创新

2019年，深圳推出“青年创业引领计划”，设立“深圳青年创新创业专项资金”，每年投入约1亿元，为初创企业提供贷款贴息、房租补贴和专项补助，降低创业成本。深圳还建立了多个青年创业孵化基地和众创空间，如南山区的深圳湾创业广场，专注服务科技创新型青年创业团队。这些平台不仅为年轻创业者提供低成本办公场地，还提供技术指导、市场对接和资金支持，帮助他们快速进入市场。政策的支持也催生了众多成功的青年创业案例，如创立于深圳的大疆科技，获得了资本市场的高度认可并实现了迅速发展。这一系列鼓励青年创新的举措显著提升了城市的创业活力，营造了包容性强、资源丰富的创业环境，为深圳培育了一批具有国际竞争力的青年企业家。

（4）塑造创新文化氛围

2020年，深圳正式颁布《深圳经济特区科技创新条例》，首次在法律层面上明确了鼓励创新、保护创新的政策导向，并给予创新活动制度上的保障和支持。同年，深圳市政府启动了“深圳创新创业大赛”，为科技企业和创业者提供展示平台和投资机会，每年吸引数千家企业参赛，促成了一系列项目融资合作，有效推动了优质创新成果的孵化。深圳市政府还积极推动企业的内部创新文化建设，支持企业设立创新基金并建立员工激励机制，鼓励企业全员参与创新。深圳的公共文化机构也在创新文化推广中发挥了重要作用，如深圳图书馆和深圳博物馆定期举办科技展览和前沿讲座，面向公众普及创新理念。深圳通过这些多层次的政策支持和丰富的活动，逐步形成了充满活力的创新文化氛围，获得了社会各界的高度评价，奠定了其作为创新型城市的坚实文化基础。

2. 发挥战略导向作用，促进创新要素向企业集聚

（1）设立专项资金支持高科技企业发展

自 2016 年起，深圳设立了“深圳市科技创新专项资金”，每年投入超过 10 亿元，专门支持技术创新和高成长性企业的发展。这项资金涵盖了研发补助、创新奖励和技术升级支持等多个领域，特别是针对人工智能、生物医药和新材料等高新技术产业，企业在获得资金支持后，能够降低研发成本并加快技术突破。2023 年 10 月 8 日出台了《深圳市关于金融支持科技创新的实施意见》，深圳本土的企业如比亚迪和大疆创新等在享受政府专项资金扶持的同时加快了产品更新与技术迭代，并迅速扩大市场份额。该政策不仅为高科技企业的成长提供了坚实保障，也显著提升了深圳在全国范围内的创新竞争力，赢得了广泛的社会认可。

（2）出台制度促进产业集群形成

2018 年，深圳出台《深圳市关于进一步加快发展战略性新兴产业的实施方案》，聚焦人工智能、生物医药、新能源汽车、信息技术等重点领域，旨在打造特色鲜明的产业集群。政府通过土地优惠、研发补贴和产业基金等措施，吸引了一批龙头企业和中小创新企业集聚，形成产业上下游的协同效应。以南山区为例，在政策扶持下已形成完整的科技创新生态，聚集了华为、大疆、腾讯等知名企业，带动了众多配套产业的迅速发展。该政策使深圳成为国内外创新资源的重要集聚地，不仅推动了区域经济增长，也提升了城市在全球科技创新网络中的地位。

（3）优化人才引进和培养政策

自2011年起，深圳实施"孔雀计划"，为引进的高层次人才提供安家补贴、科研启动资金、住房保障等多种支持，吸引了大量海内外创新人才落户。此后，深圳还推出了"鹏城英才计划"，进一步扩展了支持范围，为创新创业人才、专业技术人才提供专项补贴和职业发展支持。政府还与高校和科研机构合作，培养本土化创新人才，为企业输送专业技术力量。通过这些政策，深圳已成为全国科技人才集聚度最高的城市之一，吸引了大量顶尖科研人员和青年创新人才。该政策为高新技术企业的快速发展提供了强有力的人才保障，显著提升了城市的创新活力和国际竞争力。

（4）实施创新驱动的税收优惠政策

2023—2024年，深圳市积极落实国家创新驱动税收优惠政策，科技型企业享受研发费用100%加计扣除（适用于制造业及科技型中小企业）、高新技术企业15%优惠税率等技术转让税收减免。地方层面配套出台研发投入后补助（最高500万元）、"20+8"产业集群税收绿色通道、深港创投税收返还等特色措施。2024年新增AI产业10%研发补贴及科技成果转化"即报即享"服务，2023年全市高企减免税超1500亿元，惠及2.3万家科技企业。通过这些税收激励政策，深圳有效促进了企业创新能力的提升，推动了一批本土科技企业在国际市场上取得领先地位，进一步巩固了深圳作为全国创新高地的地位。

3. 加快推动企业转型，促进实体经济与数字经济的深度融合

（1）推动5G技术应用与产业升级

大力推动5G技术在实体经济中的应用，助力传统产业升级转型。为支持5G的应用推广，政府设立专项补贴资金并制定优先支持政策，鼓励企业将5G技术应用于智能制造、远程操控和智慧物流等领域。作为5G技术的领先企业，华为积极响应政府号召，在深圳的智能制造工厂中广泛部署5G技术，将5G与工业互联网、物联网结合，实现生产流程的智能化和无人化、设备与数据的实时互联，提升了生产效率和灵活性。通过这些举措，华为不仅提升了自身制造效率，也为其他制造企业提供了5G应用的实践范例，推动深圳市整体产业向智能化、数字化迈进。

（2）建设数字化产业集群

积极引导智能制造产业园的发展，致力于打造以智能制造为核心的数字化产业集群。以龙华区为例，2022年出台了《龙华区关于支持智能制造产业集群发展的若干措施》，从土地供给、税收优惠和专项补助等方面给予园区内企业政策支持。政府在园区内布局5G基站、智能仓储和智慧物流系统，构建完善的数字化基础设施，吸引了大批高科技企业入驻。作为产业园的核心企业，华为带动了一批智能制造配套企业的集聚，通过产业链上下游的协作，形成了设备制造、软件开发、服务支持等产业链闭环。该数字化产业集群的形成，不仅提升了龙华区的创新能力和市场竞争力，还推动了区域经济的高质量发展。

（3）加强云计算与人工智能技术研发

积极支持云计算和人工智能技术的研发，以推动企业的数智化转型。市政府设立了专项研发资金，并提供了税收优惠政策，激励企业在云计算和人工智能领域加大投入力度。华为在政府支持下，打造了“华为云”平台，为本地企业提供基于云计算的智能解决方案，涵盖智能生产、供应链管理和客户服务等方面。华为通过与政府合作，建设了AI创新实验室，推进了人工智能在智能质检、生产预测和设备维护等方面的应用。云计算和AI技术的广泛应用，不仅优化了生产效率，还提升了企业的数字化能力，为实体经济和数字经济的深度融合提供了有力支撑。

（4）实施数字经济人才培养计划

高度重视数字经济人才的培养，为智能制造和数智化转型提供人才支撑。政府推出了“数字经济人才培养计划”，并在龙华区智能制造产业园设立了“智能制造人才培育基地”。深圳市通过与华为、各大高校及职业培训机构合作，提供5G、云计算和人工智能等领域的专业技能培训，帮助企业培养所需的高端技术人才。华为也在此框架下设立了内部培训项目和实训基地，为员工提供前沿数字技术培训，吸引了众多优秀技术人才在深圳发展。通过这一系列人才培养措施，深圳市有效保障了数字化产业集群的技能需求，提高了企业的创新能力和数智化转型效率。

4. 优化资源配置，充分激发生产要素活力

（1）完善知识产权收益分配机制

2020 年颁布的《深圳经济特区科技创新条例》率先突破知识产权收益分配机制，规定职务发明知识产权收益的 70% 以上可归属研发人员，这一改革较 2019 年国内普遍执行的 30%—50% 比例实现重大突破，大幅提高了发明人的收益权利。这一机制使科研人员和团队的创新成果能够直接转化为经济利益，激发了各类创新主体的研发积极性。例如，深圳大学通过这些政策转化了多项新技术成果，并与华为等企业建立了知识产权共享机制，带动了一批新兴技术的市场化应用。该机制不仅有效提升了知识产权的市场价值，也进一步推动了深圳科技成果的产业化，获得了良好的社会评价。

（2）推动数据交易市场化发展

2022 年，深圳在数据要素市场化领域实现两项突破：11 月成立深圳数据交易所（全国首批合规交易平台），12 月出台《数据要素市场化配置改革方案》，配套《深圳经济特区数据条例》实施，形成"立法 + 交易平台 + 改革方案"的系统性创新，实现了数据的市场化流通。例如，深圳的互联网和智能制造企业可通过平台共享供应链、生产和用户数据，优化上下游协同，推动了数据驱动创新模式的快速发展。数据作为生产要素的市场化，不仅增强了各企业在研发和决策中的数据支持，也提升了整个深圳经济的数字化和智能化水平，形成了良好的示范效应。

（3）发挥资本市场作用

支持多层次资本市场发展，推动企业通过科创板、创业板等进行融资，以解决创新企业的资金需求。2020 年深圳设立了专项科技创新基金，为科技型中小企业提供风险投资支持，降低企业融资成本。深圳积极吸引创投基金和风投机构，营造良好的投融资环境。深圳通过这一系列举措，为高成长性企业提供了稳定的资金支持，促进了资本要素向创新领域的流动。这种优化的资本配置机制加速了企业的技术进步和规模扩展，增强了深圳在全球创新经济中的影响力。

5. 高水平对外开放，打造具有全球竞争力的创新生态

（1）优化自贸区政策，吸引国际企业落户

积极依托前海自由贸易区的政策优势，通过优化外资准入条件、简化企业注册流程、提升资金自由流动性等措施，吸引了大量国际企业入驻。前海自贸区特别推出了包括跨境人民币结算、外汇管理便利化等一系列政策，提升了对外资企业的吸引力。多家跨国公司如安永、普华永道已在前海自由贸易区设立分支机构，为深圳带来了先进的管理经验和技术资源。这些政策助力深圳在全球创新资源整合上取得了显著进展，进一步提升了国际企业的参与度和开放创新生态的全球竞争力。

（2）加强知识产权保护，提升国际公信力

2020 年 4 月，深圳市出台《关于强化知识产权保护的实施方案》，提出 38 项具体措施，包括建立行政禁令制度、跨境保护协作等创新机制，2022 年发布《深圳市知识产权保护和运用“十四五”规划》，进一步完善知识产权保护机制，涵盖专利、商标、版权等领域。市政府设立了知识产权快速维权中心，提供便捷、高效的维权渠道，保障企业创新成果不受侵害。深圳还建立了知识产权仲裁和调解机制，为中外企业提供专业的争议解决服务，使知识产权保护更加完善和透明。这些举措有效提升了深圳在国际上的诚信形象，吸引了大量跨国企业和科研机构在此开展研发活动，形成了开放、安全的创新环境，推动了深圳创新生态的国际化发展。

（3）构建开放创新合作平台

构建开放的国际创新合作平台，推动全球技术和资源在本地的深度融合。深港科技创新合作区便是其中的典型案例，该区域鼓励深港两地高校、科研机构及企业进行资源共享和协同创新。合作区提供了便捷的跨境服务，并支持联合实验室和科研项目的开展，使国际创新资源能够更顺畅地流入深圳，这一平台已促成了一批具有国际水平的合作项目，增强了深圳的创新能力，并有效推动了两地在技术研发、市场拓展和人才流动等方面的深入合作。

（二）启示

1. 构建以企业为主体的技术创新体系

深圳市在优化营商环境赋能新质生产力的过程中，始终秉持“以企业为主体”的技术创新理念，构建了支持企业自主创新的制度体系。其经验表明，以企业为主体的创新体系能够更加灵活、精准地适应市场需求，激发企业的内在创新动力。

深圳市以企业为主体的创新制度体系，对于推动城市经济的高质量发展和构建具有国际竞争力的现代产业体系具有深远的意义。在这种制度框架下，企业不再仅仅是科技成果的接受者，而是成为创新活动的发起者、组织者和实施者。这不仅激发了企业的创新热情，还促进了科技成果的快速转化和应用。在政府的引导和支持下，企业能够更好地利用市场机制和资源配置手段，吸引和整合国内外的创新资源，形成优势互补、协同创新的良好局面。制度体系还注重保护企业的创新成果，这不仅增强了企业的创新信心，也提高了深圳在全球创新版图中的影响力和话语权，特别是在当前全球科技竞争加剧的背景下，深圳的创新制度体系为增强产业链、供应链自主可控能力提供了制度保障，对提升国家战略科技力量具有重要意义。从实践效果看，深圳市通过建立“基础研究 + 技术攻关 + 成果产业化 + 科技金融 + 人才支撑”的全过程创新生态链，有效激发了市场主体的创新活力。数据显示，深圳 PCT 专利申请量连续十八年居全国城市首位，国家级高新技术企业超过 1.8 万家，这些成果的取得与完善的创新制度供给密不可分。制度体系的构建不仅提升了深圳的创新能级，更为全国实施创新驱动发展战略提供了可复制、可推广的经验。

2. 围绕企业技术创新进行市场化要素配置

深圳市围绕企业技术创新进行市场化要素配置的实践探索，对于深化创新驱动发展战略具有重要的示范意义。深圳突破了传统要素配置模式的局限，通过建立“政府引导、市场主导、企业主体”的要素配置机制，实现了创新资源的高效配置和创新效能的最大化。

从实践效果看，深圳通过建设技术交易市场、创新要素配置平台等市场化载体，促进了人才、资本、技术等创新要素的自由流动和优化组合。数据显示，深圳技术合同交易额连续多年以 20% 以上的速度增长，充分体现了市场化配置的效率优势。同时，深圳建立的“悬赏制”“赛马制”等新型研发组织方式，有效激发了市场主体的创新活力，培育了一批具有全球竞争力的科技领军企业。深圳市场化要素配置实践价值还体现在其对创新规律的准确把握和对改革方向的科学引领。通过建立以企业为主体的技术创新体系，实现了创新链、产业链、资金链、人才链的深度融合；通过完善知识产权交易机制，促进了科技成果的资本化和产业化；通过创新科技金融服务，构建了覆盖创新全生命周期的金融支持体系。特别是在当前全球科技竞争加剧的背景下，深圳的探索为破解关键核心技术“卡脖子”难题提供了市场化解决方案。深圳的实践证明了市场化改革与自主创新可以相互促进、相得益彰，这一经验对于建设具有全球影响力的科技创新高地具有重要的启示意义。这一探索不仅彰显了中国特色社会主义制度的优越性，也为全球科技创新治理贡献了中国智慧。

3. 以企业技术创新诉求为导向创新政务服务

深圳市以企业技术创新诉求为导向创新政务服务，通过简化行政审批流程、强化知识产权保护、提供人才引进政策等多方面的精准服务，为企业营造了创新友好的营商环境，这些举措对于深化“放管服”改革、优化营商环境以及推动城市经济高质量发展具有深远的意义。

在传统政务服务模式下，政府往往更注重政策的制定和执行，而较少关注企业的实际需求和创新诉求。然而，深圳市政府通过深入了解企业的技术创新需求，有针对性地推出了一系列政务服务改革措施，为企业提供了更加便捷、高效的服务，不仅增强了企业的创新动力，也促进了政府与企业之间的良性互动，为城市的经济发展注入了新的活力。当前在创新驱动发展战略的背景下，企业的技术创新是推动城市经济发展的关键力量。深圳市政府通过创新政务服务，为企业提供了更加开放、包容、便捷的创新环境，这不仅吸引了更多的创新资源和企业入驻，也促进了创新成果的快速转化和应用。政府通过政策扶持和资金支持，鼓励企业加大研发投入力度，提升技术创新能力，同时推动政府与企业、高校、科研机构等创新主体的协同创新，形成了优势互补、资源共享的创新生态系统，这不仅增强了企业的市场竞争力，也提升了城市的整体创新能力，还为城市的可持续发展提供了有力的支撑。

4. 大力构建开放包容的产业生态系统

深圳市在赋能新质生产力过程中，通过构建开放包容的产业生态系统，不仅为城市吸引了全球范围内的优质创新资源，推动了产业的转型升级和城市的创新发展，还构建了更加公平、透明、可预期的营商环境，为企业的投资和发展提供了更加广阔的空间和机遇，也有助于提升深圳的国际竞争力和影响力。

开放包容的产业生态系统为深圳吸引了全球范围内的优质创新资源。在全球化日益加深的今天，创新资源的流动和配置已经超越了国界，成为推动城市经济发展的关键因素。深圳市通过构建开放包容的产业生态系统，吸引了国内外大量的优秀企业和人才，促进了技术、资本、信息等创新要素的跨境流动和高效配置，不仅促进了深圳与国际市场的深度融合、为深圳带来了先进的技术和管理经验，还推动了本地产业的转型升级，为深圳企业拓展国际市场、参与国际竞争提供了更加广阔的空间和机遇。在开放包容的产业生态系统中，政府、企业、高校、科研机构等创新主体之间的合作更加紧密，创新资源的配置更加高效，创新成果的转化和应用更加顺畅，与此同时，政府治理方式也进行了创新，政府行政效率得到提升，不仅增强了企业的投资信心，也提升了城市的整体吸引力和竞争力。

5. 加速实体经济的数智化转型

深圳市加速实体经济的数智化转型，对于推动城市经济高质量发展、提升产业竞争力以及促进产业升级具有重要意义。这一转型不仅有助于实体经济与数字经济的深度融合，还为深圳经济的持续增长注入了新的活力。

加速实体经济的数智化转型是提升深圳产业竞争力的关键举措。通过引入先进的信息技术和数智化手段，深圳的制造业、物流业等传统产业得以焕发新生。数智化转型使这些产业在生产效率、产品质量、成本控制等方面实现了显著提升，从而增强了其在国内外市场的竞争力。例如，深圳的智能制造企业利用物联网、大数据、人工智能等技术，实现了生产过程的自动化、智能化和精细化，大幅提高了生产效率和产品质量，同时促进了产业链的延伸和拓展、推动了上下游企业的协同创新、形成了更加紧密的产业生态。加速实体经济的数智化转型有助于推动产业升级和经济结构优化。数智化转型不仅提升了传统产业的竞争力，还为深圳的经济发展带来了新的增长点。随着数字经济的蓬勃发展，深圳涌现了一批以互联网、大数据、云计算等为代表的新兴产业。这些新兴产业不仅具有高附加值、高成长性的特点，还与实体经济形成了良性互动，推动了深圳经济的多元化、高端化发展。此外，数智化转型还促进了深圳创新体系的构建和完善，为城市的可持续发展提供了有力支撑，深圳通过加强科技创新、加大人才培养和知识产权保护等方面的投入力度，不断提升自身的创新能力和核心竞争力，为产业升级和经济结构优化奠定了坚实基础。

附录

优化营商环境条例

（2019 年 10 月 22 日中华人民共和国国务院令 第 722 号 自 2020 年 1 月 1 日施行）

第一章　总　则

第一条　为了持续优化营商环境，不断解放和发展社会生产力，加快建设现代化经济体系，推动高质量发展，制定本条例。

第二条　本条例所称营商环境，是指企业等市场主体在市场经济活动中所涉及的体制机制性因素和条件。

第三条　国家持续深化简政放权、放管结合、优化服务改革，最大限度减少政府对市场资源的直接配置，最大限度减少政府对市场活动的直接干预，加强和规范事中事后监管，着力提升政务服务能力和水平，切实降低制度性交易成本，更大激发市场活力和社会创造力，增强发展动力。

各级人民政府及其部门应当坚持政务公开透明，以公开为常态、不公开为例外，全面推进决策、执行、管理、服务、结果公开。

第四条　优化营商环境应当坚持市场化、法治化、国际化原则，以市场主体需求为导向，以深刻转变政府职能为核心，创新体制机制、强化协同联动、完善法治保障，对标国际先进水平，为各类市场主体投资兴业营造稳定、公平、透明、可预期的良好环境。

第五条　国家加快建立统一开放、竞争有序的现代市场体系，依法促进各类生产要素自由流动，保障各类市场主体公平参与市场竞争。

第六条　国家鼓励、支持、引导非公有制经济发展，激发非公有制经济活力和创造力。

国家进一步扩大对外开放，积极促进外商投资，平等对待内资企业、外商投资企业等各类市场主体。

第七条 各级人民政府应当加强对优化营商环境工作的组织领导，完善优化营商环境的政策措施，建立健全统筹推进、督促落实优化营商环境工作的相关机制，及时协调、解决优化营商环境工作中的重大问题。

县级以上人民政府有关部门应当按照职责分工，做好优化营商环境的相关工作。县级以上地方人民政府根据实际情况，可以明确优化营商环境工作的主管部门。

国家鼓励和支持各地区、各部门结合实际情况，在法治框架内积极探索原创性、差异化的优化营商环境具体措施；对探索中出现失误或者偏差，符合规定条件的，可以予以免责或者减轻责任。

第八条 国家建立和完善以市场主体和社会公众满意度为导向的营商环境评价体系，发挥营商环境评价对优化营商环境的引领和督促作用。

开展营商环境评价，不得影响各地区、各部门正常工作，不得影响市场主体正常生产经营活动或者增加市场主体负担。

任何单位不得利用营商环境评价谋取利益。

第九条 市场主体应当遵守法律法规，恪守社会公德和商业道德，诚实守信、公平竞争，履行安全、质量、劳动者权益保护、消费者权益保护等方面的法定义务，在国际经贸活动中遵循国际通行规则。

第二章 市场主体保护

第十条 国家坚持权利平等、机会平等、规则平等，保障各种所有制经济平等受到法律保护。

第十一条 市场主体依法享有经营自主权。对依法应当由市场主体自主决策的各类事项，任何单位和个人不得干预。

第十二条 国家保障各类市场主体依法平等使用资金、技术、人力资源、土地使用权及其他自然资源等各类生产要素和公共服务资源。

各类市场主体依法平等适用国家支持发展的政策。政府及其有关部门在政府资金安排、土地供应、税费减免、资质许可、标准制定、项目申报、职称评定、人力资源政策等方面，应当依法平等对待各类市场主体，不得制定或者实施歧视性政策措施。

第十三条 招标投标和政府采购应当公开透明、公平公正，依法平等对待各类所有制和不同地区的市场主体，不得以不合理条件或者产品产地来源等进行限制或者排斥。

政府有关部门应当加强招标投标和政府采购监管，依法纠正和查处违法违规行为。

第十四条 国家依法保护市场主体的财产权和其他合法权益，保护企业经营者人身和财产安全。

严禁违反法定权限、条件、程序对市场主体的财产和企业经营者个人财产实施查封、冻结和扣押等行政强制措施；依法确需实施前述行政强制措施的，应当限定在所必需的范围内。

禁止在法律、法规规定之外要求市场主体提供财力、物力或者人力的摊派行为。市场主体有权拒绝任何形式的摊派。

第十五条 国家建立知识产权侵权惩罚性赔偿制度，推动建立知识产权快速协同保护机制，健全知识产权纠纷多元化解决机制和知识产权维权援助机制，加大对知识产权的保护力度。

国家持续深化商标注册、专利申请便利化改革，提高商标注册、专利申请审查效率。

第十六条 国家加大中小投资者权益保护力度，完善中小投资者权益保护机制，保障中小投资者的知情权、参与权，提升中小投资者维护合法权益的便利度。

第十七条 除法律、法规另有规定外，市场主体有权自主决定加入或者退出行业协会商会等社会组织，任何单位和个人不得干预。

除法律、法规另有规定外，任何单位和个人不得强制或者变相强制市场主体参加评比、达标、表彰、培训、考核、考试以及类似活动，不得借前述活动向市场主体收费或者变相收费。

第十八条 国家推动建立全国统一的市场主体维权服务平台，为市场主体提供高效、便捷的维权服务。

第三章 市场环境

第十九条 国家持续深化商事制度改革，统一企业登记业务规范，统一数据标准和平台服务接口，采用统一社会信用代码进行登记管理。

国家推进“证照分离”改革，持续精简涉企经营许可事项，依法采取直接取消审批、审批改为备案、实行告知承诺、优化审批服务等方式，对所有涉企经营许可事项进行分类管理，为企业取得营业执照后开展相关经营活动提供便利。除法律、行政法规规定的特定领域外，涉企经营许可事项不得作为企业登记的前置条件。

政府有关部门应当按照国家有关规定，简化企业从申请设立到具备一般性经营条件所需办理的手续。在国家规定的企业开办时限内，各地区应当确定并公开具体办理时间。

企业申请办理住所等相关变更登记的，有关部门应当依法及时办理，不得限制。除法律、法规、规章另有规定外，企业迁移后其持有的有效许可证件不再重复办理。

第二十条 国家持续放宽市场准入，并实行全国统一的市场准入负面清单制度。市场准入负面清单以外的领域，各类市场主体均可以依法平等进入。

各地区、各部门不得另行制定市场准入性质的负面清单。

第二十一条 政府有关部门应当加大反垄断和反不正当竞争执法力度，有效预防和制止市场经济活动中的垄断行为、不正当竞争行为以及滥用行政权力排除、限制竞争的行为，营造公平竞争的市场环境。

第二十二条 国家建立健全统一开放、竞争有序的人力资源市场体系，打破城乡、地区、行业分割和身份、性别等歧视，促进人力资源有序社会性流动和合理配置。

第二十三条 政府及其有关部门应当完善政策措施、强化创新服务，鼓励和支持市场主体拓展创新空间，持续推进产品、技术、商业模式、管理等创新，充分发挥市场主体在推动科技成果转化中的作用。

第二十四条 政府及其有关部门应当严格落实国家各项减税降费政策，及时研究解决政策落实中的具体问题，确保减税降费政策全面、及时惠及市场主体。

第二十五条 设立政府性基金、涉企行政事业性收费、涉企保证金，应当有法律、行政法规依据或者经国务院批准。对政府性基金、涉企行政事业性收费、涉企保证金以及实行政府定价的经营服务性收费，实行目录清单管理并向社会公开，目录清单之外的前述收费和保证金一律不得执行。推广以金融机构保函替代现金缴纳涉企保证金。

第二十六条 国家鼓励和支持金融机构加大对民营企业、中小企业的支持力度，降低民营企业、中小企业综合融资成本。

金融监督管理部门应当完善对商业银行等金融机构的监管考核和激励机制，鼓励、引导其增加对民营企业、中小企业的信贷投放，并合理增加中长期贷款和信用贷款支持，提高贷款审批效率。

商业银行等金融机构在授信中不得设置不合理条件，不得对民营企业、中小企业设置歧视性要求。商业银行等金融机构应当按照国家有关规定规范收费行为，不得违规向服务对象收取不合理费用。商业银行应当向社会公开开设企业账户的服务标准、资费标准和办理时限。

第二十七条 国家促进多层次资本市场规范健康发展，拓宽市场主体融资渠道，支持符合条件的民营企业、中小企业依法发行股票、债券以及其他融资工具，扩大直接融资规模。

第二十八条 供水、供电、供气、供热等公用企事业单位应当向社会公开服务标准、资费标准等信息，为市场主体提供安全、便捷、稳定和价格合理的服务，不得强迫市场主体接受不合理的服务条件，不得以任何名义收取不合理费用。各地区应当优化报装流程，在国家规定的报装办理时限内确定并公开具体办理时间。

政府有关部门应当加强对公用企事业单位运营的监督管理。

第二十九条　行业协会商会应当依照法律、法规和章程，加强行业自律，及时反映行业诉求，为市场主体提供信息咨询、宣传培训、市场拓展、权益保护、纠纷处理等方面的服务。

国家依法严格规范行业协会商会的收费、评比、认证等行为。

第三十条　国家加强社会信用体系建设，持续推进政务诚信、商务诚信、社会诚信和司法公信建设，提高全社会诚信意识和信用水平，维护信用信息安全，严格保护商业秘密和个人隐私。

第三十一条　地方各级人民政府及其有关部门应当履行向市场主体依法作出的政策承诺以及依法订立的各类合同，不得以行政区划调整、政府换届、机构或者职能调整以及相关责任人更替等为由违约毁约。因国家利益、社会公共利益需要改变政策承诺、合同约定的，应当依照法定权限和程序进行，并依法对市场主体因此受到的损失予以补偿。

第三十二条　国家机关、事业单位不得违约拖欠市场主体的货物、工程、服务等账款，大型企业不得利用优势地位拖欠中小企业账款。

县级以上人民政府及其有关部门应当加大对国家机关、事业单位拖欠市场主体账款的清理力度，并通过加强预算管理、严格责任追究等措施，建立防范和治理国家机关、事业单位拖欠市场主体账款的长效机制。

第三十三条　政府有关部门应当优化市场主体注销办理流程，精简申请材料、压缩办理时间、降低注销成本。对设立后未开展生产经营活动或者无债权债务的市场主体，可以按照简易程序办理注销。对有债权债务的市场主体，在债权债务依法解决后及时办理注销。

县级以上地方人民政府应当根据需要建立企业破产工作协调机制，协调解决企业破产过程中涉及的有关问题。

第四章　政务服务

第三十四条　政府及其有关部门应当进一步增强服务意识，切实转变工作作风，为市场主体提供规范、便利、高效的政务服务。

第三十五条　政府及其有关部门应当推进政务服务标准化，按照减环节、减材料、减时限的要求，编制并向社会公开政务服务事项（包括行政权力事项和公共服务事项，下同）标准化工作流程和办事指南，细化量化政务服务标准，压缩自由裁量权，推进同一事项实行无差别受理、同标准办理。没有法律、法规、规章依据，不得增设政务服务事项的办理条件和环节。

第三十六条　政府及其有关部门办理政务服务事项，应当根据实际情况，推行当场办结、一次办结、限时办结等制度，实现集中办理、就近办理、网上办理、异地可办。需要市场主体补正有关材料、手续的，应当一次性告知需要补正的内容；需要进行现场踏勘、现场核查、技术审查、听证论证的，应当及时安排、限时办结。

法律、法规、规章以及国家有关规定对政务服务事项办理时限有规定的，应当在规定的时限内尽快办结；没有规定的，应当按照合理、高效的原则确定办理时限并按时办结。各地区可以在国家规定的政务服务事项办理时限内进一步压减时间，并应当向社会公开；超过办理时间的，办理单位应当公开说明理由。

地方各级人民政府已设立政务服务大厅的，本行政区域内各类政务服务事项一般应当进驻政务服务大厅统一办理。对政务服务大厅中部门分设的服务窗口，应当创造条件整合为综合窗口，提供一站式服务。

第三十七条　国家加快建设全国一体化在线政务服务平台（以下称一体化在线平台），推动政务服务事项在全国范围内实现“一网通办”。除法律、法规另有规定或者涉及国家秘密等情形外，政务服务事项应当按照国务院确定的步骤，纳入一体化在线平台办理。

国家依托一体化在线平台，推动政务信息系统整合，优化政务流程，促进政务服务跨地区、跨部门、跨层级数据共享和业务协同。政府及其有关部门应当按照国家有关规定，提供数据共享服务，及时将有关政务服务数据上传至一体化在线平台，加强共享数据使用全过程管理，确保共享数据安全。

国家建立电子证照共享服务系统，实现电子证照跨地区、跨部门共享和全国范围内互信互认。各地区、各部门应当加强电子证照的推广应用。

各地区、各部门应当推动政务服务大厅与政务服务平台全面对接融合。市场主体有权自主选择政务服务办理渠道，行政机关不得限定办理渠道。

第三十八条 政府及其有关部门应当通过政府网站、一体化在线平台，集中公布涉及市场主体的法律、法规、规章、行政规范性文件和各类政策措施，并通过多种途径和方式加强宣传解读。

第三十九条 国家严格控制新设行政许可。新设行政许可应当按照行政许可法和国务院的规定严格设定标准，并进行合法性、必要性和合理性审查论证。对通过事中事后监管或者市场机制能够解决以及行政许可法和国务院规定不得设立行政许可的事项，一律不得设立行政许可，严禁以备案、登记、注册、目录、规划、年检、年报、监制、认定、认证、审定以及其他任何形式变相设定或者实施行政许可。

法律、行政法规和国务院决定对相关管理事项已作出规定，但未采取行政许可管理方式的，地方不得就该事项设定行政许可。对相关管理事项尚未制定法律、行政法规的，地方可以依法就该事项设定行政许可。

第四十条 国家实行行政许可清单管理制度，适时调整行政许可清单并向社会公布，清单之外不得违法实施行政许可。

国家大力精简已有行政许可。对已取消的行政许可，行政机关不得继续实施或者变相实施，不得转由行业协会商会或者其他组织实施。

对实行行政许可管理的事项，行政机关应当通过整合实施、下放审批层级等多种方式，优化审批服务，提高审批效率，减轻市场主体负担。符合相关条件和要求的，可以按照有关规定采取告知承诺的方式办理。

第四十一条 县级以上地方人民政府应当深化投资审批制度改革，根据项目性质、投资规模等分类规范投资审批程序，精简审批要件，简化技术审查事项，强化项目决策与用地、规划等建设条件落实的协同，实行与相关审批在线并联办理。

第四十二条 设区的市级以上地方人民政府应当按照国家有关规定，优化工程建设项目（不包括特殊工程和交通、水利、能源等领域的重大工程）审批流程，推行并联审批、多图联审、联合竣工验收等方式，简化审批手续，提高审批效能。

在依法设立的开发区、新区和其他有条件的区域，按照国家有关规定推行区域评估，由设区的市级以上地方人民政府组织对一定区域内压覆重要矿产资源、地质灾害危险性等事项进行统一评估，不再对区域内的市场主体单独提出评估要求。区域评估的费用不得由市场主体承担。

第四十三条 作为办理行政审批条件的中介服务事项（以下称法定行政审批中介服务）应当有法律、法规或者国务院决定依据；没有依据的，不得作为办理行政审批的条件。中介服务机构应当明确办理法定行政审批中介服务的条件、流程、时限、收费标准，并向社会公开。

国家加快推进中介服务机构与行政机关脱钩。行政机关不得为市场主体指定或者变相指定中介服务机构；除法定行政审批中介服务外，不得强制或者变相强制市场主体接受中介服务。行政机关所属事业单位、主管的社会组织及其举办的企业不得开展与本机关所负责行政审批相关的中介服务，法律、行政法规另有规定的除外。

行政机关在行政审批过程中需要委托中介服务机构开展技术性服务的，应当通过竞争性方式选择中介服务机构，并自行承担服务费用，不得转嫁给市场主体承担。

第四十四条 证明事项应当有法律、法规或者国务院决定依据。

设定证明事项，应当坚持确有必要、从严控制的原则。对通过法定证照、法定文书、书面告知承诺、政府部门内部核查和部门间核查、网络核验、合同凭证等能够办理，能够被其他材料涵盖或者替代，以及开具单位无法调查核实的，不得设定证明事项。

政府有关部门应当公布证明事项清单，逐项列明设定依据、索要单位、开具单位、办理指南等。清单之外，政府部门、公用企事业单位和服务机构不得索要证明。各地区、各部门之间应当加强证明的互认共享，避免重复索要证明。

第四十五条 政府及其有关部门应当按照国家促进跨境贸易便利化的有关要求，依法削减进出口环节审批事项，取消不必要的监管要求，优化简化通关流程，提高通关效率，清理规范口岸收费，降低通关成本，推动口岸和国际贸易领域相关业务统一通过国际贸易“单一窗口”办理。

第四十六条 税务机关应当精简办税资料和流程，简并申报缴税次数，公开涉税事项办理时限，压减办税时间，加大推广使用电子发票的力度，逐步实现全程网上办税，持续优化纳税服务。

第四十七条 不动产登记机构应当按照国家有关规定，加强部门协作，实行不动产登记、交易和缴税一窗受理、并行办理，压缩办理时间，降低办理成本。在国家规定的不动产登记时限内，各地区应当确定并公开具体办理时间。

国家推动建立统一的动产和权利担保登记公示系统，逐步实现市场主体在一个平台上办理动产和权利担保登记。纳入统一登记公示系统的动产和权利范围另行规定。

第四十八条 政府及其有关部门应当按照构建亲清新型政商关系的要求，建立畅通有效的政企沟通机制，采取多种方式及时听取市场主体的反映和诉求，了解市场主体生产经营中遇到的困难和问题，并依法帮助其解决。

建立政企沟通机制，应当充分尊重市场主体意愿，增强针对性和有效性，不得干扰市场主体正常生产经营活动，不得增加市场主体负担。

第四十九条 政府及其有关部门应当建立便利、畅通的渠道，受理有关营商环境的投诉和举报。

第五十条 新闻媒体应当及时、准确宣传优化营商环境的措施和成效，为优化营商环境创造良好舆论氛围。

国家鼓励对营商环境进行舆论监督，但禁止捏造虚假信息或者歪曲事实进行不实报道。

第五章　监管执法

第五十一条　政府有关部门应当严格按照法律法规和职责，落实监管责任，明确监管对象和范围、厘清监管事权，依法对市场主体进行监管，实现监管全覆盖。

第五十二条　国家健全公开透明的监管规则和标准体系。国务院有关部门应当分领域制定全国统一、简明易行的监管规则和标准，并向社会公开。

第五十三条　政府及其有关部门应当按照国家关于加快构建以信用为基础的新型监管机制的要求，创新和完善信用监管，强化信用监管的支撑保障，加强信用监管的组织实施，不断提升信用监管效能。

第五十四条　国家推行“双随机、一公开”监管，除直接涉及公共安全和人民群众生命健康等特殊行业、重点领域外，市场监管领域的行政检查应当通过随机抽取检查对象、随机选派执法检查人员、抽查事项及查处结果及时向社会公开的方式进行。针对同一检查对象的多个检查事项，应当尽可能合并或者纳入跨部门联合抽查范围。

对直接涉及公共安全和人民群众生命健康等特殊行业、重点领域，依法依规实行全覆盖的重点监管，并严格规范重点监管的程序；对通过投诉举报、转办交办、数据监测等发现的问题，应当有针对性地进行检查并依法依规处理。

第五十五条　政府及其有关部门应当按照鼓励创新的原则，对新技术、新产业、新业态、新模式等实行包容审慎监管，针对其性质、特点分类制定和实行相应的监管规则和标准，留足发展空间，同时确保质量和安全，不得简单化予以禁止或者不予监管。

第五十六条　政府及其有关部门应当充分运用互联网、大数据等技术手段，依托国家统一建立的在线监管系统，加强监管信息归集共享和关联整合，推行以远程监管、移动监管、预警防控为特征的非现场监管，提升监管的精准化、智能化水平。

第五十七条 国家建立健全跨部门、跨区域行政执法联动响应和协作机制，实现违法线索互联、监管标准互通、处理结果互认。

国家统筹配置行政执法职能和执法资源，在相关领域推行综合行政执法，整合精简执法队伍，减少执法主体和执法层级，提高基层执法能力。

第五十八条 行政执法机关应当按照国家有关规定，全面落实行政执法公示、行政执法全过程记录和重大行政执法决定法制审核制度，实现行政执法信息及时准确公示、行政执法全过程留痕和可回溯管理、重大行政执法决定法制审核全覆盖。

第五十九条 行政执法中应当推广运用说服教育、劝导示范、行政指导等非强制性手段，依法慎重实施行政强制。采用非强制性手段能够达到行政管理目的的，不得实施行政强制；违法行为情节轻微或者社会危害较小的，可以不实施行政强制；确需实施行政强制的，应当尽可能减少对市场主体正常生产经营活动的影响。

开展清理整顿、专项整治等活动，应当严格依法进行，除涉及人民群众生命安全、发生重特大事故或者举办国家重大活动，并报经有权机关批准外，不得在相关区域采取要求相关行业、领域的市场主体普遍停产、停业的措施。

禁止将罚没收入与行政执法机关利益挂钩。

第六十条 国家健全行政执法自由裁量基准制度，合理确定裁量范围、种类和幅度，规范行政执法自由裁量权的行使。

第六章 法治保障

第六十一条 国家根据优化营商环境需要，依照法定权限和程序及时制定或者修改、废止有关法律、法规、规章、行政规范性文件。

优化营商环境的改革措施涉及调整实施现行法律、行政法规等有关规定的，依照法定程序经有权机关授权后，可以先行先试。

第六十二条 制定与市场主体生产经营活动密切相关的行政法规、规章、行政规范性文件，应当按照国务院的规定，充分听取市场主体、行业协会商会的意见。

除依法需要保密外，制定与市场主体生产经营活动密切相关的行政法规、规章、行政规范性文件，应当通过报纸、网络等向社会公开征求意见，并建立健全意见采纳情况反馈机制。向社会公开征求意见的期限一般不少于30日。

第六十三条 制定与市场主体生产经营活动密切相关的行政法规、规章、行政规范性文件，应当按照国务院的规定进行公平竞争审查。

制定涉及市场主体权利义务的行政规范性文件，应当按照国务院的规定进行合法性审核。

市场主体认为地方性法规同行政法规相抵触，或者认为规章同法律、行政法规相抵触的，可以向国务院书面提出审查建议，由有关机关按照规定程序处理。

第六十四条 没有法律、法规或者国务院决定和命令依据的，行政规范性文件不得减损市场主体合法权益或者增加其义务，不得设置市场准入和退出条件，不得干预市场主体正常生产经营活动。

涉及市场主体权利义务的行政规范性文件应当按照法定要求和程序予以公布，未经公布的不得作为行政管理依据。

第六十五条 制定与市场主体生产经营活动密切相关的行政法规、规章、行政规范性文件，应当结合实际，确定是否为市场主体留出必要的适应调整期。

政府及其有关部门应当统筹协调、合理把握规章、行政规范性文件等的出台节奏，全面评估政策效果，避免因政策叠加或者相互不协调对市场主体正常生产经营活动造成不利影响。

第六十六条 国家完善调解、仲裁、行政裁决、行政复议、诉讼等有机衔接、相互协调的多元化纠纷解决机制，为市场主体提供高效、便捷的纠纷解决途径。

第六十七条 国家加强法治宣传教育，落实国家机关普法责任制，提高国家工作人员依法履职能力，引导市场主体合法经营、依法维护自身合法权益，不断增强全社会的法治意识，为营造法治化营商环境提供基础性支撑。

第六十八条 政府及其有关部门应当整合律师、公证、司法鉴定、调解、仲裁等公共法律服务资源，加快推进公共法律服务体系建设，全面提升公共法律服务能力和水平，为优化营商环境提供全方位法律服务。

第六十九条 政府和有关部门及其工作人员有下列情形之一的，依法依规追究责任：

（一）违法干预应当由市场主体自主决策的事项；

（二）制定或者实施政策措施不依法平等对待各类市场主体；

（三）违反法定权限、条件、程序对市场主体的财产和企业经营者个人财产实施查封、冻结和扣押等行政强制措施；

（四）在法律、法规规定之外要求市场主体提供财力、物力或者人力；

（五）没有法律、法规依据，强制或者变相强制市场主体参加评比、达标、表彰、培训、考核、考试以及类似活动，或者借前述活动向市场主体收费或者变相收费；

（六）违法设立或者在目录清单之外执行政府性基金、涉企行政事业性收费、涉企保证金；

（七）不履行向市场主体依法作出的政策承诺以及依法订立的各类合同，或者违约拖欠市场主体的货物、工程、服务等账款；

（八）变相设定或者实施行政许可，继续实施或者变相实施已取消的行政许可，或者转由行业协会商会或者其他组织实施已取消的行政许可；

（九）为市场主体指定或者变相指定中介服务机构，或者违法强制市场主体接受中介服务；

（十）制定与市场主体生产经营活动密切相关的行政法规、规章、行政规范性文件时，不按照规定听取市场主体、行业协会商会的意见；

（十一）其他不履行优化营商环境职责或者损害营商环境的情形。

第七十条 公用企事业单位有下列情形之一的，由有关部门责令改正，依法追究法律责任：

（一）不向社会公开服务标准、资费标准、办理时限等信息；

（二）强迫市场主体接受不合理的服务条件；

（三）向市场主体收取不合理费用。

第七十一条 行业协会商会、中介服务机构有下列情形之一的，由有关部门责令改正，依法追究法律责任：

（一）违法开展收费、评比、认证等行为；

（二）违法干预市场主体加入或者退出行业协会商会等社会组织；

（三）没有法律、法规依据，强制或者变相强制市场主体参加评比、达标、表彰、培训、考核、考试以及类似活动，或者借前述活动向市场主体收费或者变相收费；

（四）不向社会公开办理法定行政审批中介服务的条件、流程、时限、收费标准；

（五）违法强制或者变相强制市场主体接受中介服务。

第七章　附　则

第七十二条 本条例自 2020 年 1 月 1 日起施行。

参考期刊论文

1. 杜运周、孙宁、刘秋辰：《运用混合方法发展和分析复杂中介模型——以营商环境促进创新活力，协同新质生产力和“就业优先”为例》，《管理世界》2024 年第 6 期，第 217—237 页。
2. 李文钊、翟文康、刘文璋：《“放管服”改革何以优化营商环境？——基于治理结构视角》，《管理世界》2023 年第 9 期，第 104—124 页。
3. 张柳钦、李建生、孙伟增：《制度创新、营商环境与城市创业活力——来自中国自由贸易试验区的证据》，《数量经济技术经济研究》2023 年第 10 期，第 93—114 页。
4. 牛志伟、许晨曦、武瑛：《营商环境优化、人力资本效应与企业劳动生产率》，《管理世界》2023 年第 2 期，第 83—100 页。
5. 范合君、吴婷、何思锦：《“互联网 + 政务服务”平台如何优化城市营商环境？——基于互动治理的视角》，《管理世界》2022 年第 10 期，第 126—153 页。
6. 潘越、谢玉湘、宁博等：《数智赋能、法治化营商环境建设与商业信用融资——来自“智慧法院”视角的经验证据》，《管理世界》2022 年第 9 期，第 194—208 页。
7. 杜运周、刘秋辰、陈凯薇等：《营商环境生态、全要素生产率与城市高质量发展的多元模式——基于复杂系统观的组态分析》，《管理世界》2022 年第 9 期，第 127—145 页。
8. 罗斌元、陈艳霞：《数智化如何赋能经济高质量发展——兼论营商环境的调节作用》，《科技进步与对策》2022 年第 5 期，第 61—71 页。

9. “中国城市营商环境评价研究”课题组、李志军、张世国、牛志伟等:《中国城市营商环境评价的理论逻辑、比较分析及对策建议》,《管理世界》2021年第5期，第98—112+8页。
10. 杜运周、刘秋辰、程建青:《什么样的营商环境生态产生城市高创业活跃度？——基于制度组态的分析》,《管理世界》2020年第9期，第141—155页。
11. 于文超、梁平汉:《不确定性、营商环境与民营企业经营活力》,《中国工业经济》2019年第11期，第136—154页。
12. 张三保、康璧成、张志学:《中国省份营商环境评价：指标体系与量化分析》,《经济管理》2020年第4期，第5—19页。
13. 夏后学、谭清美、白俊红:《营商环境、企业寻租与市场创新——来自中国企业营商环境调查的经验证据》,《经济研究》2019年第4期，第84—98页。
14. 李志军、张世国、李逸飞等:《中国城市营商环境评价及有关建议》,《江苏社会科学》2019年第2期，第30—42+257页。
15. 宋林霖、何成祥:《优化营商环境视阈下放管服改革的逻辑与推进路径——基于世界银行营商环境指标体系的分析》,《中国行政管理》2018年第4期，第67—72页。
16. 娄成武、张国勇:《治理视阈下的营商环境：内在逻辑与构建思路》,《辽宁大学学报（哲学社会科学版）》2018年第2期，第59—65+177页。
17. 孙玉山、刘新利:《推进纳税服务现代化 营造良好营商环境——基于优化营商环境的纳税服务现代化思考》,《税务研究》2018年第1期，第5—12页。
18. 董彪、李仁玉:《我国法治化国际化营商环境建设研究——基于〈营商环境报告〉的分析》,《商业经济研究》2016年第13期，第141—143页。
19. 杨涛:《营商环境评价指标体系构建研究——基于鲁苏浙粤四省的比较分析》,《商业经济研究》2015年第13期，第28—31页。

20. 董志强、魏下海、汤灿晴:《制度软环境与经济发展——基于30个大城市营商环境的经验研究》,《管理世界》2012年第4期,第9—20页。
21. 张兆国、徐雅琴、成娟:《营商环境、创新活跃度与企业高质量发展》,《中国软科学》2024年第1期,第130—138页。
22. 李坚飞、水会莉、宋闻:《营商环境、政策支持与企业创新激励——来自中国A股上市公司的经验证据》,《南开管理评论》2023年第5期,第39—51页。
23. 国务院发展研究中心课题组、马建堂、袁东明、马源等:《持续推进“放管服”改革 不断优化营商环境》,《管理世界》2022年第12期,第1—9页。
24. 李建伟:《习近平法治思想中的营商环境法治观》,《法学论坛》2022年第3期,第21—32页。
25. 史宇鹏、王阳:《营商环境与企业数字化转型:影响表现与作用机制》,《北京交通大学学报(社会科学版)》2022年第2期,第14—28页。
26. 李志军:《我国城市营商环境的评价指标体系构建及其南北差异分析》,《改革》2022年第2期,第36—47页。
27. 郭飞、马睿、谢香兵:《产业政策、营商环境与企业脱虚向实——基于国家五年规划的经验证据》,《财经研究》2022年第2期,第33—46+62页。
28. 王法硕、张桓朋:《“互联网+政务服务”优化地方营商环境了吗?——基于我国地级市面板数据的实证研究》,《电子政务》2022年第1期,第88—97页。
29. 韩春晖:《优化营商环境与数字政府建设》,《上海交通大学学报(哲学社会科学版)》2021年第6期,第31—39页。
30. 李本灿:《法治化营商环境建设的合规机制——以刑事合规为中心》,《法学研究》2021年第1期,第173—190页。
31. 石佑启、陈可翔:《法治化营商环境建设的司法进路》,《中外法学》2020年第3期,第697—719页。

32. 廖福崇:《审批制度改革优化了城市营商环境吗?——基于民营企业家“忙里又忙外”的实证分析》,《公共管理学报》2020 年第 1 期，第 47—58+170 页。
33. 许志端、阮舟一龙:《营商环境、技术创新和企业绩效——基于我国省级层面的经验证据》,《厦门大学学报（哲学社会科学版）》2019 年第 5 期，第 123—134 页。
34. 谢红星:《营商法治环境评价的中国思路与体系——基于法治化视角》,《湖北社会科学》2019 年第 3 期，第 138—147 页。
35. 杨继瑞、周莉:《优化营商环境:国际经验借鉴与中国路径抉择》,《新视野》2019 年第 1 期，第 40—47 页。
36. 彭向刚、马冉:《政务营商环境优化及其评价指标体系构建》,《学术研究》2018 年第 11 期，第 55—61 页。
37. 杨志勇、文丰安:《优化营商环境的价值、难点与策略》,《改革》2018 年第 10 期，第 5—13 页。
38. 娄成武、张国勇:《基于市场主体主观感知的营商环境评估框架构建——兼评世界银行营商环境评估模式》,《当代经济管理》2018 年第 6 期，第 60—68 页。
39. 周超、刘夏、辜转:《营商环境与中国对外直接投资——基于投资动机的视角》,《国际贸易问题》2017 年第 10 期，第 143—152 页。
40. 魏下海、董志强、张永璟:《营商制度环境为何如此重要?——来自民营企业家“内治外攘”的经验证据》,《经济科学》2015 年第 2 期，第 105—116 页。
41. 韩先锋、郑酌基、李勃昕等:《行政体制改革、营商环境优化与数字创新驱动——来自“放管服”的新证据》,《公共管理学报》2024 年第 4 期，第 1—15+166 页。
42. 敦帅、毛军权:《营商环境如何驱动“专精特新”中小企业培育?——基于组态视角的定性比较分析》,《上海财经大学学报》2023 年第 2 期，第

78—92 页。

43. 杨开峰、王璐璐、仇纳青：《营商环境建设、主观治理绩效评价与溢出效应——来自中国 29 省的经验证据》，《公共管理学报》2023 年第 1 期，第 106—120+174 页。

44. 涂正革、程烺、张沐：《中国营商环境地区差异及时空演变特征研究》，《数量经济技术经济研究》2022 年第 7 期，第 3—25 页。

45. 龚新蜀、靳媚：《营商环境与政府支持对企业数字化转型的影响——来自上市企业年报文本挖掘的实证研究》，《科技进步与对策》2023 年第 2 期，第 90—99 页。

46. 周泽将、雷玲、伞子瑶：《营商环境与企业高质量发展——基于公司治理视角的机制分析》，《财政研究》2022 年第 5 期，第 111—129 页。

47. 钱丽、魏圆圆、肖仁桥：《营商环境对中国省域经济高质量发展的非线性影响——双元创新的调节效应》，《科技进步与对策》2022 年第 8 期，第 39—47 页。

48. 邱康权、陈静、吕雁琴：《中国营商环境综合发展水平的测度、地区差异与动态演变研究》，《数量经济技术经济研究》2022 年第 2 期，第 121—143 页。

49. 吕雁琴、陈静、邱康权：《中国营商环境指标体系的构建与评价研究》，《价格理论与实践》2021 年第 4 期，第 99—103 页。

50. 何地、林木西：《数字经济、营商环境与产业结构升级》，《经济体制改革》2021 年第 5 期，第 99—105 页。

51. 邵传林：《地区营商环境与民营企业高质量发展：来自中国的经验证据》，《经济与管理研究》2021 年第 9 期，第 42—61 页。

52. 张蕊、余进韬：《数字金融、营商环境与经济增长》，《现代经济探讨》2021 年第 7 期，第 1—9 页。

53. 吴娜、于博、白雅馨等：《营商环境、企业家精神与金融资产的动态协同》，《会计研究》2021 年第 3 期，第 146—165 页。

54. 陈涛、郜啊龙:《政府数字化转型驱动下优化营商环境研究——以东莞市为例》,《电子政务》2021年第3期,第83—93页。
55. 唐红祥、李银昌:《税收优惠与企业绩效:营商环境和企业性质的调节效应》,《税务研究》2020年第12期,第115—121页。
56. 宋林霖、何成祥:《从招商引资至优化营商环境:地方政府经济职能履行方式的重大转向》,《上海行政学院学报》2019年第6期,第100—109页。
57. 江伟、孙源、胡玉明:《客户集中度与成本结构决策——来自中国关系导向营商环境的经验证据》,《会计研究》2018年第11期,第70—76页。
58. 袁莉:《新时代营商环境法治化建设研究:现状评估与优化路径》,《学习与探索》2018年第11期,第81—86页。
59. 武靖州:《振兴东北应从优化营商环境做起》,《经济纵横》2017年第1期,第31—35页。
60. 龚柏华:《国际化和法治化视野下的上海自贸区营商环境建设》,《学术月刊》2014年第1期,第38—44页。

参考书目

1. 习近平:《习近平谈治国理政》第一卷，外文出版社 2014 年版。
2. 习近平:《习近平谈治国理政》第二卷，外文出版社 2017 年版。
3. 习近平:《习近平谈治国理政》第三卷，外文出版社 2020 年版。
4. 习近平:《习近平著作选读》，人民出版社 2023 年版。
5. 中共中央宣传部、国家发展和改革委员会:《习近平经济思想学习纲要》，人民出版社 2022 年版。
6. 谢晓波、宁江、冯锐等:《优化营商环境：理论·实践·案例·评价》，天津人民出版社 2024 年版。
7. 国家发展和改革委员会:《中国营商环境报告 2020》，中国地图出版社 2020 年版。
8. 朱立新、王晓霞:《河北营商环境蓝皮书（2021）》，河北人民出版社 2021 年版。
9. 张跃国等:《广州全面优化营商环境发展报告（2022）》，中国社会科学出版社 2024 年版。
10. 国务院发展研究中心企业研究所:《中国营商环境国际化比较研究》，中国发展出版社 2021 年版。
11. 钱斌:《法治化营商环境建设的理论与实践》，法律出版社 2023 年版。
12. 王东京等:《优化营商环境与政府职能转变》，人民出版社 2022 年版。
13. 中国社科院财经战略研究院课题组:《全球视野下的中国营商环境改革》，社会科学文献出版社 2023 年版。
14. 张三保、陈国立:《制度环境与企业战略》，复旦大学出版社 2021 年版。

15. 车子龙、李钦:《中印跨文化营商环境研究》，光明日报出版社 2022 年版。
16. 中共云南省委组织部:《营造一流营商环境百问百答百案例》，云南人民出版社 2022 年版。
17. 张跃国、尹涛、戎明昌等:《广州法治化营商环境研究》，中国法制出版社 2021 年版。
18. 谢红星:《营商法治环境的地方评估及其优化——以江西为例》，中国民主法制出版社 2021 年版。
19. 徐现祥、毕青苗、马晶:《中国营商环境报告》，社会科学文献出版社 2020 年版。
20. 张善斌主编:《营商环境背景下破产制度的完善》，武汉大学出版社 2020 年版。
21. 赵海怡:《中国地方营商法治环境实证研究》，中国民主法制出版社 2020 年版。
22. 贵州省政协社会与法制委员会:《贵州营商环境百企调查（2019）》，社会科学文献出版社 2019 年版。
23. 徐现祥、林建浩、李小瑛:《中国营商环境报告》，社会科学文献出版社 2019 年版。
24. 周英、孟庆瑜主编:《河北省优化营商环境条例精释与适用》，中国民主法制出版社 2019 年版。

后 记

本书的撰写工作历时两年有余，终于得以完成。在撰写过程中，我经历了从资料收集、深入调研到文字梳理漫长而充实的过程。此刻，这部凝聚了无数心血的作品即将面世，我内心充满了感慨。营商环境作为经济发展的土壤，其优劣直接关系到企业的生存与发展，进而影响整个国家或地区的经济活力与竞争力。营商环境的优化充满复杂性和艰巨性，这不仅仅是一项政策制定与执行的任务，更是一场涉及政府、企业、社会等多方面的深刻变革。中央和地方在简政放权、放管结合、优化服务等方面做出了巨大努力，企业也在适应新环境、寻求新机遇中不断成长。而社会舆论的监督与引导，则为这场变革提供了不可或缺的力量。

选择 N 市作为本书优化营商环境的实践案例，不仅源于我对这座城市居民身份的认同与情感联结，更深层次的原因在于近几年我亲自参与并见证了 N 市行政审批评估和营商环境评估等一系列重要工作，这些经历让我对 N 市的营商环境有了更为全面、深入的了解与体会。在参与行政审批评估和营商环境评估工作的过程中，我目睹了 N 市各部门在提高审批效率、构建科技生态、加强市场监管、改善法治环境等方面所做的努力。一系列创新举措的实施，不仅提升了政府的行政效能，为企业创造了更加宽松、高效的经营环境，同时让我们更深刻感受到了 N 市在打造国际化、法治化、便利化营商环境方面的决心与成效。

回顾整个撰写过程，我深感责任重大。营商环境优化是一个持续不断的过程，需要政府、企业、社会等多方面的共同努力。本书虽然对这一课题进行了较为全面的梳理与展望，但受书籍篇幅、调研时间以及个人能力所限，难免存在疏漏与不足。因此，衷心希望读者在阅读过程中能够提出宝贵的意见与建议，以便后续不断完善与提升。

感谢所有在本书撰写过程中给予我支持与帮助的单位和个人（人数众多，不出现名字）。在过去的六七年里，我有幸站在讲台上为众多学员讲授关于营商环境的课程。每一次授课，都是与学员们共同探索、共同成长的过程，感谢党校各级培训班学员拓展了我的视野，让营商环境这个看似抽象的概念，在无数次的讨论与实践中，逐渐变得生动而具体。感谢桂商总会提供无数次调研机会，让我有机会到诸多类型的企业进行调研交流，能近距离观察本地企业的生存状态，聆听他们对优化营商环境的声音与诉求。感谢N市市委政研室提供的经验材料，为本书的撰写提供了重要参考，他们的材料详细记录了N市在营商环境优化方面的探索与实践，每一项内容都充满了创新与智慧。感谢N市行政审批局、科技局、市场监管局、政法委等部门提供的专项工作材料，感谢H市人大以及N市市场监督管理局、人社局、交警支队、出入境管理中心、发改委、金融办提供的案例素材。正是因为有各部门的大力支持，我才能够坚持并完成本书的撰写工作！最后，向不留姓名在背后默默支持我的领导、同事、学员、朋友、家人表示最诚挚感谢！向中共南宁市委党校给予本书出版资助表示诚挚感谢！我相信，只要大家携手并进、共同努力，我们的营商环境一定会越来越好，我们的城市发展一定会越来越好！